新时代高校
成才型资助育人
工作体系研究

张浩 刘小萍 著

四川大学出版社

图书在版编目（CIP）数据

新时代高校成才型资助育人工作体系研究 / 张浩，刘小萍著． — 成都：四川大学出版社，2023.11
ISBN 978-7-5690-6443-8

Ⅰ．①新… Ⅱ．①张… ②刘… Ⅲ．①高等学校—助学金—学校管理—研究—中国 Ⅳ．① G649.20

中国国家版本馆CIP数据核字（2023）第212126号

书　　名：新时代高校成才型资助育人工作体系研究
　　　　　Xinshidai Gaoxiao Chengcaixing Zizhu Yuren Gongzuo Tixi Yanjiu
著　　者：张　浩　刘小萍

选题策划：孙明丽
责任编辑：孙明丽
责任校对：王　锋
装帧设计：裴菊红
责任印制：王　炜

出版发行：四川大学出版社有限责任公司
　　　　　地址：成都市一环路南一段24号（610065）
　　　　　电话：（028）85408311（发行部）、85400276（总编室）
　　　　　电子邮箱：scupress@vip.163.com
　　　　　网址：https://press.scu.edu.cn
印前制作：四川胜翔数码印务设计有限公司
印刷装订：四川盛图彩色印刷有限公司

成品尺寸：170 mm×240 mm
印　　张：13.25
字　　数：256千字

版　　次：2023年11月 第1版
印　　次：2023年11月 第1次印刷
定　　价：68.00元

本社图书如有印装质量问题，请联系发行部调换

版权所有 ◆ 侵权必究

扫码获取数字资源

四川大学出版社
微信公众号

前　言

中国共产党自成立以来，高度重视党和国家的教育事业，不断总结教育规律、学生成长成才规律、教书育人规律，坚持以人民为中心，不断在实践中深化落实教育事业部署要求。中国特色社会主义进入了新时代，这是我国发展新的历史方位。党的十八大以来，以习近平同志为核心的党中央总览全局，统筹推进"五位一体"总体布局和"四个全面"战略布局，在习近平新时代中国特色社会主义思想的科学指引下，以全心全意为人民服务的高度责任感与"办好人民满意的教育"的政治高度，对党和国家教育事业作出了一系列重大部署，取得了彪炳史册的开创性、历史性成就。

党的二十大报告指出，教育、科技、人才是全面建设社会主义现代化国家的基础性、战略性支撑。教育是国之大计、党之大计。培养什么人、怎样培养人、为谁培养人是教育的根本问题。这表明，中国共产党从治国理政的政治高度，从强国建设、民族复兴的高度重视教育事业。中国的教育培养的是德智体美劳全面发展的社会主义建设者和接班人，培养的是担当民族复兴大任的时代新人，要坚持全员、全过程、全方位育人，落实十大育人体系，坚持为党育人、为国育才，落实立德树人根本任务，不断提高人才培养质量，办好人民满意的教育。

资助育人是高校人才培养的重要方式，是实现教育公平和社会公平的应有之义。党的十八大以来，习近平总书记亲自指挥，带领全国各族人民群众打赢了"脱贫攻坚战"，实现了全面建成小康社会的庄严承诺，"脱贫路上一个也不能少""不让任何一个学生因家庭经济困难而失学"，让亿万学生感受到了国家资助的温暖，以教育公平促进社会公平。党的二十大报告强调"完善覆盖全学段学生资助体系"，对新时代高校资助育人工作提出了明确要求。资助育人是高校思想政治教育工作的重要内容，也是落实立德树人根本任务的应有之义。资助育人就是要坚持"扶困"与"扶智""扶志"相互结合，将经济资助、心理帮扶、学业发展与能力培养合为一体，从教育的角度阻断贫困代际传递，培养更多德智体美劳全面发展的社会主义事业建设者和接班人。

我国资助育人工作要逐步实现保障型资助向发展型资助转变、粗放型资助向精准化资助转变、显性资助向隐性资助转变。坚持"扶困"与"扶智""扶志"相结合，实现"解困—育人—成才—回馈"的良性循环，深度挖掘资助育人内涵，逐步提升资助育人成效。因此，新时代高校成才型资助育人工作体系的构建至关重要。新时代成才型资助育人工作要坚持以经济资助为基础，以学生需求为中心，多维度、多重点，分阶段、分层次实现育人全方位覆盖和育人融于全过程，从而促进学生成才，适应社会发展需求、践行新时代学生资助工作使命、助力社会主义现代化强国建设。

在深入学习贯彻习近平新时代中国特色社会主义思想，以及党的十八大、十九大、二十大精神的基础上，尤其是在学习贯彻习近平总书记有关教育事业的重要论述的基础上，本书立足于新时代高校资助工作实际，结合国内外相关理论实践与经验做法，梳理了资助育人基本理论、发展历程，新时代成才型资助育人的工作目标与资助育人体系，介绍了资助工作典型案例，同时涵盖了四川省高校首批思想政治工作精品项目"基于'五个精准'的成才型资助育人工作体系实践与探索"、教育部2023年高校思想政治工作质量提升综合改革与精品建设项目"'五元·四维·五位'资助育人工作体系的构建与实践"以及西南石油大学2021—2023年高等教育教学改革研究项目"以'受助学生全面发展'为目标的新时代成才型资助育人工作体系探索与实践"等课题研究成果，力求为新时代高校资助育人工作提供借鉴和支撑，为党和国家的教育事业贡献应有之力。

由于新时代高校资助工作内涵丰富，研究还有待进一步深入，本书难免存在疏漏之处，敬请读者批评指正。

作者

2023年8月

目　录

第一章　资助育人概述 …………………………………………（1）
　第一节　资助育人的内涵 ………………………………………（1）
　第二节　资助育人的理论基础 …………………………………（6）
　第三节　资助育人的现实机遇 …………………………………（13）
　第四节　资助育人的深远意义 …………………………………（15）

第二章　高校学生资助育人的发展历程 ………………………（18）
　第一节　高校资助体系的演变过程 ……………………………（18）
　第二节　高校资助育人的基本现状 ……………………………（21）
　第三节　高校资助育人的问题及原因分析 ……………………（24）
　第四节　高校资助育人的现实机遇 ……………………………（28）

第三章　新时代成才型资助育人的工作目标 …………………（31）
　第一节　资助育人工作目标设定的原则 ………………………（31）
　第二节　宏观目标——助力社会主义现代化强国建设 ………（33）
　第三节　中观目标——践行新时代学生资助工作使命 ………（35）
　第四节　微观目标——促进学生成才以适应社会发展需要 …（37）

第四章　构建对象识别精准的资助育人体系 …………………（40）
　第一节　家庭经济困难认定的基本内容 ………………………（40）
　第二节　家庭经济困难认定的原则及方法 ……………………（43）
　第三节　高校家庭经济困难学生精准认定面临的问题与原因分析 ……（50）
　第四节　高校家庭经济困难学生精准认定的实现路径 ………（58）

第五章　构建资源分配精准的资助育人体系……（71）
第一节　资助育人资源概述……（71）
第二节　资助育人资源开发分配现状……（77）
第三节　资助育人资源分配利用存在的问题及优化路径……（81）

第六章　构建项目设置精准的资助育人体系……（88）
第一节　"三全育人"视角下的保障型资助……（88）
第三节　国家助学贷款……（94）
第四节　勤工助学……（100）
第五节　其他资助……（106）

第七章　构建帮扶措施精准的资助育人体系……（111）
第一节　价值塑铸与心理提升……（111）
第二节　学业支持与专业发展……（121）
第三节　能力拓展与个性发展……（131）
第四节　就业帮扶与创业引导……（142）

第八章　构建育人成效精准的资助育人体系……（154）
第一节　对学生成才达成度的评价……（154）
第二节　对资助育人有效性的评价……（175）
第三节　结　论……（202）

参考文献……（204）

第一章 资助育人概述

随着我国国民经济不断攀升，学生的需求呈现多元化发展趋势，因此资助育人工作在新时代背景下需要结合时代需求，与时俱进。资助育人是高校人才培养的重要方式，是实现教育公平和社会公平的应有之义。目前，我国已形成包含国家奖学金、国家励志奖学金、国家助学金、国家助学贷款、勤工助学、学费减免、绿色通道等多位一体的资助体系，为家庭经济困难学生这一特殊群体提供了一系列的政策、经济支持。放眼未来，资助育人工作既充满挑战，又具有深刻的历史意义。

第一节 资助育人的内涵

资助育人是高校思想政治教育工作的重要内容。立德树人是检验学生资助工作成效的根本标准。资助育人就是要坚持"扶困"与"扶智""扶志"相互结合，将经济资助、心理帮扶、学业发展与能力培养合为一体。我国资助工作要逐步实现保障型资助向发展型资助转变、粗放型资助向精准化资助转变、显性资助向隐性资助转变。真正把资助工作作为一项教育工作，才能有效改变家庭经济困难学生生活窘困、心理自卑、能力不足的局面，并阻断贫困代际传递，最终培养出一批德智体美劳全面发展的社会主义事业建设者和接班人。

一、资助

"资助"这一词语在《古今汉语词典》中的解释：一是指帮助和提供（动词），主要是一种广泛意义上的资助；二是指以财物帮助（名词），即以特定的物品或者资金来进行资助。高校资助工作中的资助政策、资助体系等词汇均可从第二个方面的含义来解释。"资助"属于经济学范畴，《辞海》中有关于"资助"的含义解释为"用钱财帮助"。学术界对"资助"的概念界定较为一致。

以梁红军为代表,关于资助的概念是"从研究的高校资助工作的现实情况来分析,可以简而言之称为'资金的帮助'。"

资助的主体除高校外,还包括个人、社会团体、政府机构等,以直接或间接的方式来帮助学生,比如直接发放资助金或介绍工作等。受资助的对象一般是指家庭经济困难学生,对于优秀学生的激励、奖励在广泛意义上也算作资助。本书所讨论的资助,主要是针对家庭经济困难学生而言。资助的目标是帮助学生满足基本的学习、生活需要,以顺利完成学业。资助的最终目的是为了维护社会稳定,促进学生发展,实现资源的合理化配制,并体现教育公平。

我国高等教育已经构建了较为完整的资助体系,具体包括国家奖学金、国家励志奖学金、国家助学金、国家助学贷款、勤工助学、学费减免、绿色通道等种类。现就主要资助方式介绍如下:①奖学金是为了激励高校学生勤奋学习、努力进取,在德、智、体、美、劳等方面全面发展。长期以来,高校都设有各类奖学金,自国家建立高校学生资助制度后,专项投入资金设立了国家奖学金和国家励志奖学金,其中国家励志奖学金专门资助贫困学生。②国家助学金是为了体现党和政府对高校贫困生的关怀,帮助学生克服生活困难。它与奖学金有显著不同,不仅降低了对学生成绩的要求,而且更能够满足贫困生的需求。相对于助学贷款、勤工助学,它是一种无偿的资助。③助学贷款主要有校园地助学贷款和生源地信用助学贷款,主要帮助学生解决学费交费困难。它是由政府主导、财政贴息、财政和高校共同给予银行一定风险补偿金,银行、教育行政部门与高校共同操作的专门帮助高校家庭贫困学生的银行贷款。借款学生不需要办理贷款担保或抵押,但需要承诺按期还款,并承担相关法律责任。借款学生通过学校向银行申请贷款,用于弥补在校学习期间学费、住宿费和生活费的不足,毕业后分期偿还。④勤工助学是指高校组织学生参加校内的助教、助研、助管、实验室、校办产业的生产活动和后勤服务及各项公益劳动,学生从中取得相应报酬的助学活动。勤工助学在帮助家庭贫困学生解决经济上的困难、顺利完成学业的同时,还能教育、引导学生自立自强、求实上进,促进大学生的健康成长。⑤学费减免是国家对公办全日制普通高校中部分确因经济条件所限,交纳学费有困难的学生(特别是其中的孤残学生、少数民族学生及烈士子女、优抚家庭子女等)实行的减免学费政策。⑥学费补偿代偿主要有两类:一是为了引导和鼓励高校毕业生到中部和西部以及艰苦边远的基层地区就业,教育部有关文件规定"高校毕业生到中西部地区和艰苦边远地区基层单位就业、服务期在3年以上(含3年)的,其学费由国家实行代偿,在校学习期间获得国家助学贷款的,代偿的学费优先用于偿还国家助学贷款本金及其全部偿还之前产生的利息。"二是为了鼓励高校毕业生应征入伍、提高我国兵员的质量，推进我国国防和军队现代化建设，教育部有关文件规定"国家对应征入伍服义务兵役的高校学生，在入伍时对其在校期间缴纳的学费实行一次性补偿或获得的国家助学贷款实行代偿；应征入伍服义务兵役前正在高等学校就读的学生（含按国家招生规定录取的高等学校新生），服役期间按国家有关规定保留学籍或入学资格、退役后自愿复学或入学的，国家实行学费减免"。⑦绿色通道是指为切实保证家庭经济困难学生顺利入学，教育部、发改委、财政部规定各公办全日制普通高等学校都必须建立"绿色通道"制度，即对被录取入学、家庭经济困难的新生，学校一律先办理入学手续，然后再根据核实后的情况，分别采取不同办法予以资助，这一资助方式有效地解除了经济困难学生入学前的忧虑，确保被录取的经济困难学生能够顺利入学。

二、精准资助

自1992年开始，我国开始施行高等教育试点收费，并且自2000年开始完全并轨收费。家庭经济困难学生问题逐渐突出，党和国家围绕不断提高困难学生资助水平与扩大资助覆盖面，做出了诸多探索。高校招生规模不断扩大，高校贫困生受教育的问题更加突出，做好学生资助不仅是维护社会和国家稳定的重要工作，更是事关社会公平、实现全面建设社会主义现代化国家的一项长期工作。

随着资助政策的不断完善，社会与学校对资助政策有了更深的认识。资助不应是大水漫灌式的给钱给物，而是应该用合适的方式给予合适的对象，这就要求在资助工作中做到精准。精准资助是指用差异化的资助内容与方式，使资助目标与资助对象契合，从而最大限度地实现育人成效。这就对资助提出了更高的要求，需要用准确的方式方法筛选出对应的资助对象。精准资助与精准脱贫联系密切，习近平总书记在党的十九大报告中强调："要健全家庭困难学生资助体系，推进教育精准脱贫，重点帮助贫困人口子女接受教育。"这深刻指出了学生资助的精准化和实现目标。

精准资助的内涵体现在目标、对象、内容、方式等方面。一是目标精准。让家庭经济困难学生顺利完成学业，获得党和国家的关怀，实现自我人生价值。二是对象精准。资助的帮扶对象是家庭经济困难的学生，用科学方法筛选出这些学生，如量化标准、严格制定认定贫困生程序等，实现尽力相助不遗漏。三是内容精准。每个学生的具体家庭环境、个体需求、生活目标都不尽相同，对他们的需求安排针对性的帮扶，对全面提升帮扶的效果至关重要。如就业指导、资助金补贴等方面的资助内容需要有针对性的、个性化的方案。四是方式精准。根据不同学生的情况，采取针对性的、差异化的资助方式，更能提升资助育人效果。比如开展隐性资助实践，利用大数据探索精准资助，充分挖掘学生在入学前填报的调查表，以及在校期间形成的校园大数据，快速扫描困难学生盲区，在精准定位资助对象后，尊重隐私，低调给学生校园一卡通发放营养补贴等，避免以往公开发放给学生造成的心理不适，彰显了资助的人文关怀，让学生资助成为暖心工程。

三、资助育人

资助育人是一种将特定的资助意识与目的作用于对象的行为，最终实现育人目的。资助育人就是"培养受助学生的科学精神、思想品德、实践能力和人文素养，引导青年学生树立正确的三观，最终实现成长成才"。资助育人是在确保家庭经济困难学生"应助尽助"的基础上，抓住困难学生的精神追求、人格养成、素质培育"三个关键"，把社会主义核心价值观引领融入资助育人的全过程，构建家庭经济困难学生的情感关怀和心理帮扶机制，搭建家庭经济困难学生学业发展等平台，充分发挥学生资助工作的育人功能，把"扶困""扶智"与"扶志"相结合，保障家庭经济困难学生安心完成学业，健康成长成才。

资助育人工作的内涵应该从以下五个方面进行解读。一是在经济方面，从经济扶贫切入，直接解决学生在经济上的困难。二是在思想方面，具有引领作用，帮助学生树立积极正确的价值观。通过资助让学生认识到社会主义制度的优越性，对提升高校学生的爱国情怀、振兴国家的责任感，以及激发爱国爱党情怀都大有裨益。三是在心理疏导方面，能够培养学生的受挫能力，提升独立意识。在奖学金评比、参与勤工助学活动中，学生增强与师长和同辈的沟通交流，提升与老师和同辈们的人际关系处理技巧、改变自身人际关系，增强适应能力。四是品格塑造方面，养成自强、诚信的美好品质。勤工助学不仅可以在一定程度上缓解学生在经济上的困难，改善生活，而且在实际工作中依靠学生自己处理各种问题时，能够有效引导学生独立思考、培养独立解决问题的能力。除此之外，国家奖学金、国家助学金对申请学生的基本要求就是要"诚实守信，道德品质优良"。学校应在奖学金评比、助学金评定、家庭经济困难认定等流程中，开展诚信教育，从而有力塑造学生的诚信品质。五是综合能力提升方面，拓宽学识边界和提升专业素养。随着时代经济的发展，社会对复合型人才的需求，尤其是有学科交叉背景的人才有强烈需求。高校学生资助工作就提供了这样的平台，使学生在校期间能够对不同领域的知识有所了解。学生不仅需要课本知识，还需要通过各种知识讲座、企业会谈、社会实践等方式增进学习。资助工作为学生们提供的公益性讲座和勤工助学等，能为学生奠定专业能力、社会实践能力与交往能力的基础。

四、精准资助育人

尽管资助育人政策日趋完善，资助育人体系也逐步确立起来了。但我国高校资助育人工作中仍存在对象定位不准确、培育内涵不清晰、工作机制不健全、育人体系不明确等问题。立德树人的新形势对资助育人提出了更高的要求，需要构建起精准认定、精准帮扶、精准管理、精准育人的资助育人机制，在常规的资助育人工作基础之上，鼓励学生参加实践活动，做到知行合一，在实践中长本领、增才干。

精准资助育人具有现实必要性，不仅是基于和谐校园、促进教育公平的需要，对学生而言也是健全学生思想品格的需要，同时对家庭而言还是阻断贫困代际传递的需要。精准资助育人对高校资助育人工作提出了更高的标准，应该做到四个方面的要求。

首先，从制度上加强育人考核，落实育人考核效果。建立动态帮扶机制，运用网络技术来分析学生大数据信息，建立学生动态数据库，比对学生的需求，合理分配资助资源。保持资金发放的合理性，并将考评内容制成可量化的标准。通过量化考评、多层面认定小组、多次评选，以及组织监管小组对评选对象进行长期观察考核，从而最大限度地做到精准识别帮扶对象。

其次，在精神层面上加强学生思想教育。社会资助是重要资助主体，也是高校资助育人资源的重要补充。加强社会资助中有偿资助与无偿资助的结合，并充分发挥勤工助学模式自立自强的教育功能，拓展校外勤工助学岗位，教育学生诚实劳动获取酬金，维护家庭经济困难学生的尊严。通过诚信主题班会、贷款政策宣讲等帮助学生塑造诚信品格。做好资助政策的讲解和说明，让学生充分了解政策的同时，营造国家和学校、家庭合力的互助氛围。

再次，打造育人平台，建立素质优良的资助队伍。依托资助育人服务管理系统和网站，及时发布资助政策，公示最新资助项目与评选结果，促进学生资助信息的搜集更新，提供各种数据的备案核查，提高资助服务的效率和精准性。资助中心工作人员与相关学院教师是直接面向学生开展资助政策宣传、育人辅导的重要力量，对已有资助队伍提升培训力度，增强资助业务素质与能力，并将优秀青年教师充实到资助育人队伍中。鼓励资助教师参加资助育人的相关课题研究并开展资助育人调研实践，提升教师的责任感，从而提升资助育人的精准度。

最后，以学生的需求作为资助工作导向，优化育人模式与内容。一是要做好动态化的信息跟进。利用学生入学前的报名信息、个人申请材料等，对学生的需求进行分析，并建立学生的资助需求档案，对学生入学后的情况进行跟踪管理。另外，根据学生的贫困等级与具体需求，匹配相关资助项目，力求有针对性地帮扶家庭经济困难学生。二是要造血式育人，培养学生的自助能力。学校要为困难生开设相关的人文课程，不定期开展人文沙龙、讲座等活动鼓励困难生积极参加，开展才艺大赛、学生论坛等大型活动，为贫困学生打造展示自我的舞台。

第二节 资助育人的理论基础

资助育人工作的有效开展，不仅需要科学有效的方案来落到实处，还需要扎实的理论支撑。资助育人不是空中楼阁，而是实实在在地立足于教育领域、立足于社会之中。本节从人的需要角度、人力资本角度等方面出发，通过剖析马克思人的需要理论、马斯洛需求层次理论、高等教育成本分担理论、人力资本理论、教育公平理论、习近平"三全育人"论述，厘清资助育人的相关概念和内在关联，为高校学生资助研究工作奠定理论基础。

一、人的需要理论

（一）马克思人的需要理论

需要是人活动的起点。马克思在其著作中指出："在任何情况下，个人总是'从自己出发的'，由于他们习得需要即他们的本性，以及他们求得满足的方式，把他们联系起来，所以他们必然要发生相互关系。"同时提出人的需要即人的本质，是人发展的最终目的和根本动力。

1. 需要层次与内涵

依据不同的作用，马克思需要理论划分为生存需要、享受需要和发展需要三个层次。人的最基本需要是生存需要。如果脱离了生存需要，那么其他需要也无从谈起。当生存需要得以满足后，人类将追求更高的生活条件、追求享受。在马克思的观点中，享受主要是指对生存条件优化的需要（如更加舒适的住宿条件）以及与生存需要没有直接联系的追求（比如审美需求）两种类型。当人类生产力提高到一定程度时，人类的生存需要和享受需要都容易得到满足，人们开始关注自身的发展，试图通过自有劳动发展自身、获得更高社会层次需求从而获得精神愉悦，也就是发展需要。

依据不同的主体，马克思将人类的需要划分为个体需要和社会需要。个体需要是人类最基本的需要，是与人类生活紧密相关的物质和精神需要，然而，个体需要又不能代表人类的全部需要，马克思在《关于费尔巴哈的提纲》中指出："人的本质不是单个人所固有的抽象物，在其现实性上，它是一切社会关系的总和。"因此，就产生了人类的另一种需要，即社会需要。个体需要是社会需要的主体，没有个体需要就没有社会需要。这是由人的社会属性所决定，因为人的社会属性是人区别于动物的根本属性，"狼孩"之所以不能够称为人就是因为他不具备人的社会属性。社会需要是作为人"从事社会生产和交换中产生的需要"。任何生活在社会中的人都主动或被动地参与各种社会生产或交换活动。从这个意义上说，社会需要是人的根本需要。它通常表现为人们参与经济活动、政治活动、社会交往活动、社会生产活动等方面的需要，涵盖社会生活的各个方面。

2. 人的需要与资助工作的关系

一方面，人的需要是大学生资助工作产生的重要依据。大学生资助政策制定的初衷就是为了更好地服务于人与社会发展的需要。资助工作的目的在于为家庭经济困难学生提供实现梦想的机会，从而帮助他们享受人生多样的精彩。

另一方面，大学生资助工作的最终目标就是要满足人们更多地需要。教育就是要教授人们生存的技能与手段，使得人们能够把握物质世界的精彩、建构自己的精神世界。大学生思想政治教育的有效途径之一是资助工作，不仅能够解决高校学生在物质和精神方面的困难，而且能够在满足学生现实需求的同时，提升大学生的思想道德素养。

（二）马斯洛需求层次理论

作为行为科学理论之一的马斯洛需求层次理论，亦称为"基本需求层次理论"。亚伯拉罕·马斯洛是美国著名心理学家，1943年提出了这一理论，将人的需求分为五类，按照需求层级呈阶梯状递增排列，从下往上递增依次为：生理上的需要、安全上的需要、情感和归属的需要、尊重的需要和自我实现的需要。马斯洛需求层次理论为精准资助育人体系提供了理论基础，时刻以学生的需求为工作着力点，理解学生对自我成长的期许、渴望被人尊重、追求自我实现，使个体的存在变得有意义、有价值。学生资助工作开展过程中，不仅要满足学生的基本生理、安全需求，还要满足学生情感与归属的需求，最终帮助学生在完成学业的过程中实现自我价值。通过激发贫困生的积极性、主动性和创造性，促进家庭经济困难学生自由全面的发展。学生的需求层次结构是符合马斯洛需求层次理论的，通过满足学生的需求（最大限度地满足学生的较低层次的需求，全力满足学生的最高需求），使学生在物质上获得了资助的同时，也提升了专业技能、兴趣空间，得到了人文关怀，并最终实现个人理想。

二、高等教育成本分担理论

约翰斯通是美国著名教育经济学家，他在1984年提出了教育成本分担思想。他提出：高等教育的成本应该由各方共同承担，包括政府、企业、学校、社会、学生个人及其家庭。该思想系统地论述了高等教育成本分担理论和实践，并分析了成本构成在高等教育中的体现。高等教育成本分担理论的核心观点主要有两方面。其一，学生提高了人力资本核心要素，并且在受高等教育后获得了一定的社会地位和经济收入，属于直接受益者。企业的生产率在接受毕业生后也将得到有效提升。因此学生及其家庭、企业都应该承担教育成本。其二，高等教育为社会经济发展起到了直接促进作用，其文化功能、社会政治功能的作用不容小觑。因此，政府和社会都应该从经济投资的角度来承担高等教育成本。

高等教育成本分担理论的基本依据在于：高等教育具有准公共产品的属性。增进学生获取知识的能力，形成人力资本，这是高等教育的直接产出。这种产出同时能够改善社会的精神文明程度、物质文明程度，具有巨大的社会收益，存在正外部性，具有私人产品与公共产品的双重属性。其社会效益和个人效益是一致的，政府和个人、社会都应该在一定程度上分担高等教育成本。

成本分担应该遵循两大基本原则，包括利益获得原则和能力支付原则。利益获得原则的核心是受益与分担的关系。高等教育成本的具体份额是由社会和个人的收益大小来决定的，受益各方都要承担相应的高等教育成本。无论是国家、社会、企业，还是个人及其家庭，都要承担投资的责任。从获得高等教育的个体角度来看，其收益是大于社会收益的，所承担成本的比例不能太低。这是符合经济学的等价交换原则的。如此一来，有助于提高教育资源的合理配置。能力支付原则的核心是根据各个受益方的承担能力来确定成本分担的费用标准。相对富有的一方支付更大份额的高等教育成本，是社会公平发展的内在需求，也有助于促进社会公平的实现。从经济学范畴来看，经济承担能力更大者的超额财富效用更低，符合边际效用递减规律。同时根据能力来支付费用的话，学生可以延迟支付学费分担教育成本，诸如办理国家助学贷款来支付学费，实现未来收入的跨期设置。

学费标准逐渐上涨，各国的高等教育学府中，部分家庭经济困难学生难以顺利完成学业。收益原则要求直接得到教育益处的个体负担教育成本。但低收入家庭难以提供相应的资源支撑子女支付学费和生活费，这一现象对教育公平有着巨大挑战。约翰斯通提出的能力原则更多的是要求社会阶层中的相对富有者承担大份额的教育成本，因此需要依靠税收方式强制筹集资金来支持高等教育的投入。由此可见，两种原则具有一定的关联性，都需要政府出面来收集这些投入。

三、人力资本理论

亚当·斯密的《国富论》提到人力资本的概念。在他的观点中，资本就是人获得的有用的能力，可以看作已经实现了的、固定在人身上的资本，而且可以通过学校、教育的过程来获得。固定资本的范围可以包括劳动者投资在学习上的花费，这是一种教育投资。这种投资还能对未来有更高预期的收益，并提升自我工作能力，创造更大的经济价值。根据亚当·斯密的观点，还可以得出这样的结论：教育投资和物质资本投资是可比的。受过教育或者经过学徒过程培训的人，更容易获得职业能力的提升，与没有受过教育的人相比，能有更大的经济收益，从而在一定程度上获得前期教育投资的补偿。

亚当·斯密的人力资本理论已经成为现代人力资本理论的核心。后期的诸多经济学理论都建立在人力资本的基本理论上。比如英国著名哲学家约翰·斯图亚特·穆勒认为，智力是劳动者的重要能力，是不可缺少的能力组成因素。国民财富的重要组成部分不仅包含劳动者所创造的劳动工具，还包含劳动者在学习过程中获得的能力。教育与培训能够超越劳动所创造的经济价值本身，有利于提高劳动者智力与生产能力，有利于提升劳动生产率。换言之，劳动者在学习职业技能过程中的劳动具有生产性。

诺贝尔奖获得者西奥多·W. 舒尔茨在1960年发表了演说《人力资本投资》，明确、系统地阐述了人力资本的观点。他主要侧重宏观层面的人力资本研究分析，而微观方面主要是分析教育因素。舒尔茨阐释了人力资本的相关基本概念，认为人力资本依附于人本身的技能、经验、知识等能力，人力资本是投资在人身上的一种资本类型。人力资本在各种生产要素之间发挥着补充作用和替代作用。一个国家或地区经济增长的主要来源是人力资本。其投资渠道主要有医疗保健、学校教育、就业迁移、在职培训等。舒尔茨通过定量研究美国教育投资与经济增长的关系发现，这种人力资本的投资从长期来看，是投资回报率较高的投资类型。舒尔茨也认为，教育能够提高人的知识水平，增加个人经济收入，从而减少社会分配不平衡现象。

四、教育公平理论

教育公平是一个内涵不断发展的理念、一个历史概念和范畴、一个社会发展与教育所追求的目标。早在古代社会就产生了教育公平思想，诸如"有教无类""因材施教"的思想就由孔子提出。古希腊的柏拉图在实现理想王国的途径中要求扩大民众的受教育机会。在亚里士多德看来，"相等的人就该配给到相等的事物"，儿童应该接受做公民所需要的同样的基础教育，他提出保证儿童受教育权利要以法律形式完成。如今的高等教育如果没有均等教育机会，又何从谈起社会公平？大学生资助问题的研究，首先应从教育公平理论入手，拔高站位和格局，进而客观科学地探索与构建高校大学生资助育人工作体系。教育公平理论形成了不同的理论学派，代表人物有詹姆斯·科尔曼、皮埃尔·布尔迪厄、托尔斯顿·胡森。

（一）詹姆斯·科尔曼的教育公平理论

20世纪60年代，美国社会经济地位低下的家庭中，父母往往受教育水平不高，儿童在教育上也有诸多问题。美国教育地方分权的制度下，各地区由各自的税收状况来决定教育经费，如农村地区由于征税少导致没有充足教育经费开展课程和完善学校设备，这直接导致教育质量与其他经济发达地区的巨大差异。60年代高涨的美国民权运动提出了各种族、肤色、年龄的人在教育与就业等各方面应享有平等权利的要求。因此，美国国会委托詹姆斯·科尔曼牵头成立调查组，意在撰写有关美国教育平等的报告。

科尔曼报告的调查对象共计64万余名学生，约覆盖美国4000多所学校，此项目在当时成为教育领域历史上较大规模的研究之一。调查内容是统计并分析各个种族类型学生在设施和师资、种族隔离、学习成就、与成就相关的学校特征因素这4个方面的现状和差异，种族类型包括亚裔、波多黎各人、白人、墨西哥人、黑人、美洲印第安人6种类型。最终科尔曼调查组于1966年向美国国会提交了《关于教育机会平等性的报告》。把学生的学业成就引入教育机会均等研究领域是此报告的创新点，主要结论：①校际差距对不同种族的学生影响有差异；②美国公立学校中存在严重的种族隔离问题；③黑人儿童学习水平较低是受到家庭社会经济背景和校内社会因素的影响;④不同的社会阶层学生受到同学间社会经济背景的影响不同。总体而言,教育机会均等是一种理想状态。詹姆斯·科尔曼的教育公平理论观点进一步深化了教育公平推进社会公平的意义所在。

(二) 皮埃尔·布尔迪厄文化资本理论中的教育公平理论

法国著名社会学家皮埃尔·布尔迪厄针对有关文化与权力之间关系的论述对西方社会学研究产生了重大影响。他将资本分为文化资本、社会资本、经济资本。文化资本是由家庭传递的,与其他两种资本相比更具有隐秘的继承性。文化资本是指"不同家庭教育行动所传递的文化财产,即所有与文化相关的财产或与文化活动有关的资产,依据表现形式的不同分为形体化、客观化和制度化三类文化资本,其中,形体化文化资本指以精神和身体的持久'性情'形式存在的文化产物,如通过家庭熏陶所获得的兴趣、修养或生活习惯等无形的文化资产;客观化文化资本表现为以文化商品的形式存在的资本形态,如集成的图书、器械等有形的物质文化资产;制度化文化资本则指以教育资格形式存在的资本,即通过学校教育获得文凭等方式所具备的处于无形与有形之间的文化财产"。

皮埃尔·布尔迪厄强调的是文化差异对教育不公平的影响。他通过研究法国不同阶层在接受高等教育方面的不平等问题,发现各社会阶层中接受了高等教育的人员比例存在巨大差异。他认为,教育机会不均的显性表现就是这种受教育机会不均等。教育机会不均的隐形表现方面,各社会阶层的子女教育选择和愿望存在差异:一是越低的社会阶层,其接受高等教育的主观愿望越低,且在专业选择上存在更多选择限制;二是在学校没有组织统一教学的领域里,上层阶级子女与下层阶级子女对文化资本的占有量具有显著差异,导致不同阶级子女间的明显学业差异。

在皮埃尔·布尔迪厄看来,社会经济背景较好家庭的子女相较于家庭经济贫困的子女在学校教育中往往能获得优先权,从而在学习上领先;优越家庭背景在经济与文化方面加速这些学生在学习和生活上的发展。因此,社会与学校对不同文化资本的承认以及学生间不同的文化资本造成了教育不公平现象。皮埃尔·布尔迪厄的文化资本理论揭示了不平等的社会资源分配体系,从社会分层和隐性文化资本的角度解析了教育机会不均的现象。其理论思想为高校学生资助体系构建提供了理论支撑,从经济上援助大学生,助其获得文化资本、顺利完成学业,为进一步实现教育公平夯实了理论基础。

（三）托尔斯顿·胡森的公平三阶段论

在第一次世界大战前，多数西方工业国家在教育投资领域占据主导地位，其教育界观点认为法律赋予所有人受教育的权利，但囿于能力差异，人们接受的是不同性质的学校教育。起点公平实际上是保守主义的一种机会均等观，主要强调教育权利平等。20 世纪 50 年代欧洲在教育界占主导地位，其认为教育制度应该平等对待每个儿童，并使他们有机会享受同样的教育。过程公平强调的是教育机会均等。20 世纪 60 年代中后期美国兴起结果均等论，即对处在文化不利地位的儿童提供补偿教育，从而使他们都有让天赋得以充分发展的机会。结果公平强调的是学业成功机会的均等。

瑞典学者托尔斯顿·胡森对以往研究做出概括性总结，并提出公平三阶段论，认为教育公平的内涵包括：每一个学生都应该拥有在不受任何歧视的状态中开启学习生涯的机会——起点公平；应该用平等的方式对待不同人种或社会出身的学生——过程公平；学生个体是存在个性差异的，通过各项措施促使每个学生获得学业成就的机会更平等——结果公平。他认为，这三个层次的内涵分别代表了保守主义、自由主义、新概念三阶段的社会哲学观。

五、习近平关于"三全育人"的重要论述

2016 年，习近平总书记在全国高校思想政治工作会议上提出："坚持把立德树人作为中心环节，把思想政治工作贯穿教育教学全过程，实现全程育人、全方位育人，努力开创我国高等教育事业发展新局面。""三全育人"就是全员育人、全程育人、全方位育人。

人才培养是育人和育才相统一的过程，而育人是本。高校思想政治教育"三全育人"的核心任务是育人，主体要素、时间要素和空间要素均为育人工作服务。在要素关系体系中，高校全体教职工是育人工作的承担者，是育人活动的主体要素，起主导作用。育人主体支配时空要素，具有决定性作用，影响高校思想政治工作进程。在要素关系体系中，全过程育人是时间要素，全方位育人是空间要素，两者发挥纽带作用，是教育主客体双向互动的桥梁。家庭经济困难学生是大学生中的一个特殊的群体，他们有着特殊的成长环境、特殊的情感体验、特殊的成长需求。充分考虑他们的发展状况、发展差异、发展瓶颈、发展需要，进而研究和改进资助体系，努力帮助贫困学生实现自由发展、充分发展、全面发展。高校的全员育人，应该做到人人育人，人人都是育人者。教师、管理人员、后勤人员在做好本职工作之余，还应承担管理教育、服

务教育，从而使教育工作贯穿高校工作的各个部门。资助工作同样如此。资助育人从辅导员到专门负责资助的管理人员、各学院和部门的负责人，互相之间应该密切配合，将高校资助育人工作发展成高校思想政治教育工作的新常态。高校资助工作的环节较多，有效改进资助育人工作的方式方法，从而及时干预并解决问题。资助工作的全程育人，实际上就是将资助工作的育人活动与育人理念贯彻落实到每一个资助环节、流程中去。关注受资助学生的思想变化、行为变化，进而有效改进资助育人方式方法。

第三节　资助育人的现实机遇

我国作为教育大国，政府高度重视资助工作，不断加强资助工作的财政支持力度，并不断完善高校学生的资助体系，保障家庭经济困难学生的人权和平等受教育的机会。党和国家在实现"两个一百年"奋斗目标过程中，做出了一系列的举措和安排。在历史转折点上，高校已初步形成"三全育人"思想理念，学生需求也呈现多元化发展趋势，因此我国资助育人工作有难得的现实机遇。

一、全国上下一心打赢脱贫攻坚战

我国已如期实现脱贫攻坚目标，习近平总书记在2021年2月25日庄严宣告了我国脱贫攻坚战已取得全面胜利。国家经济发展的出发点和落脚点在于促进教育公平、共享改革成果，并促进人的全面发展。特别是党的十八大召开以来，国家高度重视教育公平、重视学生资助工作。中共中央、国务院在2015年时印发的《关于打赢脱贫攻坚战的决定》中明确指出：着力加强教育脱贫；加快实施教育扶贫工程，让贫困家庭子女都能接受公平有质量的教育，阻断贫困代际传递。同时要创新理念和方法，进行精准扶贫。从维护社会公平、稳定的角度，强化制度建设，不让家庭经济困难学生因学费、生活费缺失而失学，党和国家投入了大量资金，并建立起国家的资助体系。

一直以来，国家把助力脱贫攻坚摆在至关重要的位置。尤其是作为脱贫攻坚工作中"五个一批"中的"发展教育脱贫一批"，让家庭经济困难学生能够拥有公平、高质量的教育，从而阻断贫困的代际传递。目前，虽然脱贫攻坚目标已如期实现，但巩固这一胜利成果，还需继续投入精力。

二、党和国家高度重视资助工作

学生资助是一项重要的保民生、暖民心工程。在习近平新时代中国特色社会主义思想指引下，各级教育、财政部门和各级各类学校，坚持以人民为中心的发展思想，积极推进精准资助和资助育人，持续加强学生资助规范管理，国家学生资助政策体系更加完善，资金投入力度不断加大，学生资助工作进一步提质增效，为"不让一个学生因家庭经济困难而失学"提供了坚实保障。

三、高校已初步形成"三全育人"先进思想理念

2004年在《关于进一步加强和改进大学生思想政治教育的意见》文件中，中共中央、国务院首次从国家和政府的高度，提出了要全社会齐抓共管大学生的思想政治教育，初步形成了全过程育人、全方位育人、全员育人的思想理念。在2016年的全国高校思想政治工作会议上，习近平总书记强调"坚持把立德树人作为中心环节，腰杆硬、底气足地把思想政治工作贯穿于教育教学全过程，实现全过程育人、全方位育人"。

高校资助工作是将解决思想问题和解决实际问题结合起来的重要工作。在关心人、帮助人的过程中，不仅暖人心，更是稳人心。高校教师与高校管理者在宣传和解读、实施资助政策时，需要与家庭经济困难学生密切接触，并及时指导。在资助过程中，学生的实际生活困难、学习困难、情感困难等都得到了解决，而且能够帮助他们逐渐优化自身的价值取向，养成积极向上的心态，塑造其健全、和谐的人格。将高校资助育人工作与思想政治教育工作无缝衔接，发挥润物细无声的价值引领作用。

四、高校学生的需求呈现多元化发展趋势

中国特色社会主义进入新时代，我国社会主要矛盾已经转化为人民日益增长的美好生活需要和不平衡不充分的发展之间的矛盾。社会整体文明程度提高，作为"社会人"的高校学生，自我认知意识较强。他们的成长环境与其他时代的青年人完全不同。这是我国国际地位提升、物质条件较为稳定、信息化急速发展的自然结果。这就使得人们的观念更加开放，高校学生具备更加强烈的表达欲望和个性色彩，少部分学生自我控制意识较弱，易走极端。学校肩负着立德树人的使命，让学生完成自我价值的实现，从而提高就业竞争力。

随着绝对贫困的消除，我国现阶段高校家庭经济困难学生展现出更加多元的资助需求。科技飞速发展，多元价值相互碰撞。这就对思想政治工作提出了

更高的要求和标准。认清社会问题带来的教育问题，关注时代特性下的学生思想特点，回应家庭经济困难学生的多元化需求，这不仅是资助育人工作具有的挑战性，更是资助育人工作的机遇。

第四节　资助育人的深远意义

资助育人工作是新时期资助工作的重要任务，也是全面建设社会主义现代化国家的必然要求，更是实现教育现代化的重要基础。做好资助育人工作，功在当代，利在千秋。资助育人工作是我国高校思想政治教育的生动实践，也是人才培养的方式之一。它作为教育脱贫的重要手段，一定程度上对实现教育公平和社会公平方面都具有重要意义。

一、资助育人是思想政治教育的生动实践

在 2016 年全国高校思想政治教育工作会议上，习近平总书记指出："要把解决思想问题同解决实际问题结合起来，多做得人心、暖人心、稳人心的工作，在关心人、帮助人中教育人、引导人。"高校资助工作就是这样无比接近学生的真实生活，同时能够培养人的理性、健康心理的实践活动。实现思想政治教育的目标需要一定的媒介，高校学生资助工作是在新时代背景下的切入点，而资助育人是资助工作的重中之重。

将育人工作贯穿于整体资助工作中的每个环节是资助育人工作的必然要求，也是对学生进行思想政治教育的最佳实践。在家庭经济困难认定环节、国家助学贷款办理与毕业确认环节中开展诚信教育；引导学生参与勤工助学时，培育学生创新创业精神、自立自强意识；开展服兵役国家资助时，勉励学生爱国爱党、引导学生思考自己的职业生涯规划、养成积极正确的就业观；评选各类奖学金，尤其是国家奖学金时，增强受助学生的感恩意识与自信心，并发挥朋辈勉励作用，激发其他贫困学生的学习动力。

人文关怀是思想政治教育和资助育人的契合点，也是思想政治教育的根本要求、资助育人的生动表现。在资助帮扶的过程中，对家庭经济困难学生加强心理疏导，教育和引导学生将思想问题与实际问题相结合，增强对学生的人文关怀，彰显引导学生、教育学生的内涵。高校的资助工作从本质上来讲，就是为学生做好服务工作。思想政治教育亦是如此，中心任务就是要服务学生、关心学生。资助育人工作作为思想政治教育实践的重要载体，育人是根本目的，

资助是前提。高校资助育人是强化高校思想政治工作的有效途径，也是思想政治教育的生动实践。

二、资助育人是高校人才培养的重要方式

学校在推进建设"一流大学""一流学科"的进程中，力求"办人民满意的教育"，应该有针对性地让家庭经济困难学生学有所成，引导困难学生健康成长，让他们成为一流人才。在资助育人过程中，完成从"授人以鱼"到"授人以渔"的转变。高校中的勤工助学等实践活动，能提升和培养家庭经济困难学生的独立意识、自强意识，而且能将能力与专业知识相契合，全方位地锻炼他们。高校提供专业技术指导平台，助力家庭经济困难学生就业、创业，在学生实践过程中培养他们的职业能力，真正实现育人成才的目标，为社会输送优秀的人才。

高校是国家培养各类人才的基地。资助育人的主要对象是家庭经济困难的学生。在时代大背景下，高校培育贫困学生就是为新时代中国特色社会主义添砖加瓦。资助育人是从根本上发挥造血功能，有针对性地让贫困学生提升专业能力、增强综合素质，掌握今后进入社会所必需的生存本领。从这个角度来看，资助育人是重要的人才培养方式。

三、资助育人是全面建设社会主义现代化国家的必然要求

学生资助工作是实现贫困学生能够平等地接受教育的根本保障，让他们不因家庭经济条件等因素而失去受教育的机会。这也正是我国资助政策的基本目标：不让一个学生因家庭经济困难而失学。国家助学贷款能够解决困难生的学费、住宿费的缴纳难题，勤工助学等举措让困难生获得酬金的同时，还能综合提升个人能力。各种类型的资助项目，从不同方面锻炼学生的能力，解决了学生的辍学问题，而且进一步提升了国家的入学率。我国现有的资助体系已经涵盖了贫困生的学费、生活费，贫困生不仅可以依靠党和国家的政策免去基本的生存之忧，还可以通过学校的教育环境、教育资源来提升自己的综合能力，健康成才、顺利毕业后，又能担负起家庭的责任，反哺家庭、造福社会。家庭经济困难学生的成才，可以在一定程度上保障家庭脱贫，还可以稳定脱贫成果。

资助育人在全面建设小康社会的进程中有着不可替代的作用。青年是国家的希望。教育脱贫是一项重要的民生工程，关系到整个社会、整个中华民族国民素质的提高。如何延续并完善现有资助育人政策、如何巩固现有脱贫攻坚成果让我们意识到：我国高校资助育人工作任重而道远。

四、资助育人是实现教育公平和社会公平的应有之义

在经济上资助钱财，在物质上发放慰问品，以保障其基本生活；在精神上照顾贫困学生的自尊、满足他们的内在需求。以立德树人为核心要旨，培育家庭经济困难学生，给予他们让人生出彩的机会。家庭经济困难学生这一特殊群体，往往是高校中的弱势群体。教育公平的实现程度，从一定程度上来看，就是资助育人工作推进的程度。在教育领域中，家庭经济困难学生是薄弱的环节。国家的好政策让教育资源分配不均的现象得以缓解，实现让每个学生都能够平等享受教育资源的机会，从而实现教育公平。由此可见，资助育人在解决家庭经济困难学生的教育公平方面发挥了重要的积极作用。

实现教育公平、社会公平是一个循序渐进的过程。资助育人的内在前提就是要实现教育公平。家庭经济困难学生是"自然人"，也是"社会人"。教育的公平既有教育属性，又有社会属性。在马克思与恩格斯的历史唯物主义理论中，教育公平与社会公平联系紧密。关切困难学生的生存与发展，照顾好这一群体，补齐教育短板，影响着社会的公平正义。因此，资助育人是实现教育公平和社会公平的应有之义。

第二章 高校学生资助育人的发展历程

第一节 高校资助体系的演变过程

新中国成立以来，随着我国各项社会政治制度的不断发展和完善，经济建设和文化高速发展，高等教育的普及程度提高，大众文化程度日益提升。我国的筹资体制主要经历了以下几个阶段。

一、以人民助学金制度为主的萌芽阶段（1952—1983年）

新中国成立初期，为了给家庭经济困难同学提供物质上的支持和帮助，我国逐渐形成了初期的资助体系，即助学金制度。1952年，国务院发布了调整人民助学金的通知，自此我国拉开了实行助学金制度的帷幕。与此同时，教育主管部门发布了助学金标准及教职工工资的调整通知，对于助学金的发放标准和方式做了进一步的补充和明确。至此，我国早期的人民助学金制度初见雏形。当时，国家经济百废待兴，人民生活水平和可支配收入有限。早期人民助学金资助制度的形成，主要在于帮助家庭经济困难学生在一定程度上缓解在校上学期间的资金困难问题。随着我国政治形势的改变，受当时国家环境影响，我国于1977年12月重新发布了实施相关制度的办法及针对性意见。

二、以奖学金和人民助学金并存的探索阶段（1978—1986年）

党的十一届三中全会后，改革开放政策在我国正式实行，政治和经济进入发展"黄金期"。在这样的大环境下，高等教育制度也同样进行了改革，资助体系也相应做出了一定的调整，在原先基础上增设人民奖学金，并将人民助学金资助比例降至60%，资助的规模较以往有了一定程度的下降。在此之前，人民助学金在实施过程中遇到了一些问题，难以有效实施并达到理想效果。当时遵循平均主义的思想和理念进行资助,难以体现出国家"扶贫济困"的真正意义。针对这些问题,为了进一步优化资助体系,国务院于1986年发布关于改革高校人民助学金制度的报告,进一步明确了评定标准,很大程度上弱化了平均主义思想。至此,我国资助制度已经在探索中趋于灵活和科学,处于奖学金和人民助学金并存的探索阶段。

三、以奖学金制度与贷学金制度并存的发展阶段(1986—1989年)

不管是人民助学金还是奖学金,都是国家对学生的无偿资助,1987年国家又出台了资助工作改革办法,对已有奖助学金制度进行了修订,同时新增了贷款制度。办法中对于高校奖学金、学生贷款基金的标准有了明确的规定,将原来助学金标准的80%~85%用于奖学金和贷学金的设立,并明确了各项奖学金、助学金、贷学金的设立意义。奖学金包括优秀奖学金、专业奖学金和定向奖学金,分别奖励在校综合表现优秀的学生、专业学习方面表现优异的学生、毕业后自愿到山区从事基层工作的学生,不同类型奖学金的设立开始体现出对于人才激励的作用。奖学金制度的出现打破了单一资助制度的平均主义思想,在很大程度上体现了资助制度的激励作用。在贷学金方面,参考困难学生的比例、学生在校期间的学习和生活费用以及当地的生活水平等,对贷款的比例和金额进行划分。助学贷款制度有效解决了贫困学生上学难的问题,让家境困难的学生有机会凭借学习改变生活。此阶段,奖学金、助学金、助学贷款并存,我国早期的大学资助制度初步形成。

四、"奖贷勤助减"多元资助初步建立的阶段(1989—1995年)

在我国改革开放进程不断推进,经济体制改革深化的背景下,我国开始向国外学习和吸收先进的经验,从而根据国情适当地运用到自身的建设上。约翰斯通的教育成本分担理论是其中之一,在该理论的影响下,我国高等教育进入学生自费上学的阶段。原有的奖学金与助学贷款并存的模式也进行了一些调整和改革,开始向多元化发展。1993年,国家教委和财政部发布了《关于在普通高等学校设立勤工助学基金的通知》(教财〔1994〕35号),提出要在学校事业费收入中提取5%的人民助学金,用于成立勤工助学基金,还专门对款项的管理和使用进行了特别说明,强调专款专用,保障高校勤工助学活动的开展。相关规定如下:首先,勤工俭学基金专用于在学校勤工俭学活动中支付学生的劳动报酬,学校必须优先安排家庭经济困难的学生参加勤工俭学。在此之后，仍无法完成学业的学生可参与勤工助学补贴，学校从基金中抽取5%分发给学生，平均每个学生每月50元，并根据困难等级进行不定期资助。此外，成立勤工助学基金管理机构，专款专用，切实保障和解决家庭经济困难学生的实际困难。最后，勤工助学是一项长期任务，要将此项工作和学校综合改革结合，健全制度、强化实施。至此已从原来的扶贫济困的资助理念，开始融入了尊重学生个体需求的思想，初步形成了奖、助、贷、勤结合的多元资助体系。

五、经济困难学生资助机制不断完善和发展的阶段（1995—2017年）

在前期不断探索的基础上，我国资助体系已经逐渐完善，1995年国家教委颁布《关于对普通高等学校经济困难学生减免学杂费有关事项的通知》（教财〔1995〕30号），通知中提出"各地区、各部门、各高校都要高度重视，切实解决困难学生升学问题，认真落实减免学杂费政策，确保困难学生不因经济贫困辍学"。资金体系进一步完善，首次提出学费减免政策。1996年，国家教委颁布《关于切实做好高校经济困难学生入学工作的通知》（〔1996〕教电350号）强调：第一，要对经济困难学生入学予以高度重视；第二，要加大对灾区学生的关注力度；第三，要做好少数民族学生的资助工作；第四，要严格把控收费项目和标准，严禁乱收费。1999年，教育部、财政部再次下发通知，强调要特别注意解决孤残学生、烈士子女、优抚家庭子女的问题。资助体系不断完善，对特殊困难群体的关爱和资助力度不断加大。从那时起，国家先后颁布了建立和完善学生资助的相关政策体系，在一般本科院校、高等职业学校和中等职业学校实施2007年发布的《关于建立健全普通本科高校、高等职业学校和中等职业学校家庭经济困难学生资助政策体系的意见》（国发〔2007〕13号），其中规定了部委和省级大学国家励志奖学金的来源。同年发布的《教育部直属师范大学师范生免费教育实施办法（试行）》，免除了师范生在校学费和住宿费，并给予生活费补贴。后期，又陆续出现了国家生源地/校园地助学贷款、基层就业学费补偿、应征入伍服义务兵役学费代偿和减免等多元化资助形式，我国资助体系不断完善，向具有中国特色社会主义的发展型资助体系不断推进。

六、精准资助与资助育人有机结合持续深化的阶段（2017年至今）

2017年12月，教育部印发《高校思想政治工作质量提升工程实施纲要》，正式提出构建资助育人质量提升体系，着力培养受助学生自立自强、诚实守信、知恩感恩、勇于担当的良好品质。2018年10月，教育部等六部门印发《关于做好家庭经济困难学生认定工作的指导意见》，明确了认定对象、基本原则、组织机构及职责、认定依据、工作程序、相关要求，为全面推进精准资助强化了制度基础。2022年4月，教育部等八部门印发了《关于加快构建高校思想政治工作体系的意见》，进一步要求"完善精准资助育人。精准认定家庭经济困难学生，健全四级资助认定工作机制，完善档案、动态管理。建设发展型资助体系，加大家庭经济困难学生能力素养培育力度"。在一系列上级政策规定的导向下，各地、各校越来越注重利用大数据、信息化手段，多渠道收集学生的经济状况和发展状态，不断提高学生资助工作的精准度。与此同时，高校也更加注重适应新时代大学生多样性的需求，不断创新育人的方式和方法，在大学生资助过程中，密切跟踪大学生的心理状况、思想动态，并根据实际情况进行教育和引导，开展大学生理想、信念教育，强化资助育人功能。塑造大学生向善的性格、健全的人格和高尚的人品。关注和重视贫困大学生的社交需求、心理需求和个人综合素质提升需求，从根本上帮助贫困大学生预防和解决心理问题，让他们以积极、健康的心态学习和生活。

第二节　高校资助育人的基本现状

截至2021年1月，以"学生资助"为关键词在知网数据库搜索，该研究的学术论文达8987篇，关键词"资助育人"检索所得相关论文3022篇。数据表明，学生资助工作方面的研究较多，但相对来讲，对资助育人的研究还较少。由此看出，资助育人方面的研究还不够，还需要进一步深入地研究。

一、国内研究现状

新时代下，高校教育体制已进入质变和完善的关键时期。为了有效提高高校经济困难学生的工作效率，许多学者对高校资助教育制度进行了探索。薛浩在《高校贫困生现行资助体系中亟待改善的几个问题研究》中提道：评价经济困难大学生的经济资助模式和运行状况，研究经济资助政策的指导作用和经济资助与教育的作用，已成为一项紧迫的新课题。如何构建健全的贫困学生资助体系，提出完善的思路，对于开创富有成效、与时俱进的资助工作新模式具有重要的理论和现实意义。与此同时，不少学者针对资助育人体系中存在的问题进行了探讨。如姚臻在《大学生资助工作视域下育人体系构建探析》中说我国对高校资助教育内涵的探讨不尽相同，对贫困大学生的资助大都局限于经济领域，而对贫困生的思想状况、心理干预以及资助工作中存在的思想问题研究不够深入，研究不够全面，教育功能被忽视，缺乏系统性和互助性。这对完善资助育人发展型资助体系中"扶困""扶智""扶志"具有重大的研究意义。韩丽丽、李廷洲在《改革开放40年我国高等教育资助体系的回顾与展望》中认为，近年来，越来越多的贫困家庭学生受益于公平导向的金融发展援助，在资金发展中也存在一些现实问题，如资金来源结构不合理、区域资金不平衡，以及教育和指导经费延迟等，仍然需要进一步拓宽来源渠道，加强准确认定和准确帮扶，提高奖励教育效果。赵贵臣、刘和忠在《试析高校学生资助体系的育人功能》中说，大学生的思想品德和价值取向在资助制度中受到的潜移默化的影响是培养其创新精神的重要途径。高校需要不断发掘助学体系的教育功能，探索如何充分发挥助学体系的教育功能，不断提高大学生思想政治教育的实效性。宋晓东、曹宏鹏在《大学生资助政策实施的效果、问题与对策》中提出，金融援助政策最初显示的效果良好，但仍存在一些问题，如教学效果不够显著，金融援助对象的识别准确性不足，资本投资需要改进，需要加强意识形态指导等。为了进一步提升高校补贴政策的教育效果，需要从政策体系结构、身份认同、资金投入、心理咨询等方面进行完善。黄建烽、陈竹林在《基于教育认同理论的高校发展性资助体系研究与实践》中提道：发展性资助是我国大学生资助的一种新理念。教育认同理论为建立发展援助教育体系提供了明确而有力的理论支持。自我认同所描述的七个向量则为其指明了道路。通过理念、方法和制度的构建，有助于解决高校资助教育的困境，构建科学、合理、前瞻性的发展资助体系。张素芬在《完善高校贫困大学生资助体系的对策探讨》中对我国当前高校贫困大学生资助体系的现状及"奖、勤、助、贷、补"传统资助体系中存在的不足进行了分析，尝试以全新的角度探索适合我国国情的贫困学生资助模式。构建制度与服务相结合、资助与教育有机结合的高校贫困学生资助体系。

二、国外研究现状

与国内资助育人研究不同的是，国外的研究主要聚焦于资助理论、资助政策和资助功能三个方面，关注家庭经济困难学生经济困难问题的解决，对于学生思想状况、心理动态和能力提升等关注较少，但是他们对于资助政策和体系的相关研究和理念仍有值得我们学习和参考之处，也为我们学生资助育人体系的构建提供了新的视角和参考。

在资助理论方面，国外的教育资助最早来源于英国教会及君王对学生的资助活动，而后慢慢衍生了"慈善与宗教"的资助理念。直到 1776 年，杰弗逊在《独立宣言》中提到了"人人生而平等，为了国家利益"这一观点，才逐渐摸索出了较为完整的资助工作理念。随着时代的演变和发展，到目前为止，主要是人力资本理论、教育成本分担理论和公平理论。第一，人力资本理论。1960 年舒茨在《人力资本投资》中提出教育投资和人才培养质量以及生产率三者的关系，认为教育投资对社会经济发展所需要的人才培养非常重要，从而形成了"教育是一种人力资本投资"的观点。第二，教育成本分担理论。布鲁斯约翰斯通教授在《高等教育成本分担：英、德、法、瑞、美的大学生》一书中，提出并系统性地对"高等教育成本分担"这一理论进行了论述。他提出政府、高校、家庭和学生四者都是高等教育的受益者，教育成本可用四者的收入共同分担。此外，他还认为政府在高等教育过程中负担过重，而学生在这方面的分担不足，从而提出了学生贷款以提高获取接受高等教育的机会，并在《高等教育财政：问题与出路》一书中又对教育成本分担理论进行了补充和完善。第三，教育公平理论。美国学者亚当斯认为，将自己投入的劳动和所得报酬，与他人所投入的劳动和所得到的报酬进行比较，如果最后得到的比值是相近的，那么二者都会觉得公平，如则不然，就会觉得不公平。这一理论如果运用到高等教育中，就是高等教育机会均等理论。此外，就国外学生资助实践而言，英国和美国具有一定的代表性，英美在理论和实践上都起步较早，能为国内资助实践工作提供一定的借鉴。

在资助政策方面。相对于国内而言，国外的高等教育成本更高，因而对家庭经济困难学生在经济方面的资助政策研究相对比较多，又主要集中在美国、英国和日本三个国家，他们的研究相对更多。其中，美国的高等教育资助体系主要由奖学金和补助金、校园工读以及助学贷款这三大部分组成。英国的高等教育体系主要集中在包括免收学费、奖学金和助学金三部分。日本的资助体系则以学生贷款为主，由教育贷款性质的贷款和其他奖学金、贷学金和助学金等形式的非无偿式资助。

在资助模式方面。自 20 世纪 70 年代开始就有了一些研究，各国之间略有不同。其中数美国的混合资助模式最为复杂，资金来源和资助目标、资助形式组成丰富，具有多元性，是最复杂也是最发达的一种资助模式。资金来源包括联邦政府、州政府、学校、慈善组织和企业等，其中以联邦政府为主，其他形式为辅。资助的形式多种多样，包括学生贷款项目、助学金项目、奖学金和勤工助学金。通过在资助的管理方面执行"资助包"政策，从而达到充分保证资助的公平，防止资金发放失衡的目的。为了更好地帮助家庭经济困难的学生完成学业，加拿大采用贷款和助学金"打包"的管理模式，只有当学生在家庭经济困难且贷款不足时，他们才能够申请无偿的助学金。而日本通过将奖学金和贷款这两种资助方式的优势相结合，从而形成一种"育英奖学金"。这种奖学金育人功能明显、育人成效显著。除此之外，澳大利亚的高等教育贡献计划、丹麦的教育券等多种不断创新和改进的资助模式，都为我国高校资助育人体系的发展和进步提供了宝贵的参考和借鉴。

第三节 高校资助育人的问题及原因分析

我国高校资助育人体系经过长期的探索和发展，经历了五个阶段的改革和创新，在不断探索中日趋成熟，现已基本形成了较为完善的具有我国特色的资助育人体系。其主要体现在各地能很好地贯彻中央的政策文件，能根据地方实际情况制定具有地方特色的实施办法，也能够根据学生特点制定精准的资助形式。在原本解决经济困难的基础上，已经逐渐转变为力求实现育人目的，提升资助育人实效。近年来，随着国家的不断发展壮大，国家精准扶贫的稳步推进，国家贫困地区和人口的缩减，高校资助育人工作存在着一些现有的问题，同时也面临着新的挑战和机遇。

一、经济困难学生资助体系存在的主要问题

（一）贫困认定难以精准

高校资助育人工作的重要环节是贫困认定，后面的学生资助形式及资助等级的确定与它息息相关。因此，做好贫困认定是做好精准资助育人工作的首要前提。目前，高校贫困认定的主要程序为：①由申请学生填写《家庭经济情况调查表》并在生源地当地部门签字盖章；②申请学生家中特殊情况的（如享受低保、建档立卡等），需要由申请学生本人自行将证明材料单独出具；③申请学生要根据《家庭经济情况调查表》和证明材料，自主判断本人是否申请贫困认定；④进行贫困认定时，需通过班级贫困认定，小组对于学生提供的贫困材料及其日常的消费状况及其表现情况来进行评定；⑤学院贫困认定小组审核，由学生本人提供的贫困材料在认定的整个过程中都是重要的参考条件。

在上述过程中会存在许多问题。第一，部分申请学生缺失诚信意识，为了申请国家资助，随意编造、篡改家庭实际情况，虚报家庭实际收入，家庭经济困难程度被随意夸大，参与贫困鉴定时不但使用虚假的证明材料，还随意改写。这样对于学校贫困的认定来说，存在一定的阻碍，导致学校对于学生家庭的困难情况难以全面了解。第二，材料的真实性在前期的准备过程中难以得到充分的保证。作为生源地政府部门，其发放的认证材料和问卷是贫困认定过程中重要的认证材料。生源地相关部门对高校的资助工作认识和支持不足，对学生家庭的经济状况认识不足。盖章的材料没有核实和调查清楚，相关部门也不会直接拒绝盖章，甚至还有一些盖空章的情况。

（二）资助形式多样但育人实效不明显

经过长期的摸索和不断的改进发展，如今高校的学生资助工作形式多样，已经形成了"奖、贷、助、勤、减、免、补"七位一体的丰富多元的资助体系。这样的资助体系对于解决家庭经济困难同学存在的经济问题有很大的帮助。但在育人效果上，还有很多方面有待加强。习近平总书记指出"扶贫必扶智"，所以高校的资助工作已不能单单是经济上的资助，还需要在教育上开展帮扶活动，以此做到真正的助困、激励、服务和发展。虽然在目前看来，高校的资助体系在日益完善，但还是存在着育人实效不显著、育人措施不够的问题。

家庭经济困难的学生虽然接受了经济的帮扶，但其他的教育活动还比较少，比如心理辅导、能力提升、实践锻炼等活动，他们都参加得不够。而资助教育的精准度不够，仅仅只大范围开展勤工助学、诚信教育等活动，没有做到因人而异、因人制宜。而经济资助只能帮助学生解决一时经济之困，难以真正帮助学生成长，不能从长远上帮助同学健康成长、积极生活。对学生的心理健康教育关注不够，部分同学因家庭经济困难容易导致自卑、孤僻，从而不愿和同学、社会接触，对于这部分同学还应加强积极的心理健康教育，引导学生积极向上、自立自强。而一些同学因为家庭经济困难，导致获取到的教育资源较少，从而导致自身能力不足，以致缺乏学习、工作积极性、主动性和竞争力，这部分同学应加强能力提升训练。

（三）缺乏持续跟踪反馈

在高校的资助工作中，比较大的资助项目是奖励机制和助学金，而这两项工作的评审都在每年的 9 月和 10 月进行。在这之中，助学金范围最广，主要针对家庭经济困难的学生。除临时补贴和持续时间较长的勤工俭学补助外，一年评估一次的奖励和助学金，在评估结束后，后续和持续的反馈都会很少。第一，缺乏对评定学生学习情况的持续反馈。家庭经济困难是助学金评估的主要参考指标，学习情况不包括在内。助学金评估完成后，学生不会被跟踪，信息得不到及时反馈，因而没有办法及时掌握受助学生的具体学习情况，从而不能对其实施精准的学习帮助和鼓励。第二，缺乏对经济形势的持续反馈。对于高校的资助工作来说，存在着少量不诚实现象，如虚报家庭经济状况等。学校很难仅仅通过申请学生的申请表格和证明材料来真实地了解申请学生家庭的财务状况。为了更好更真实地反映申请学生具体的家庭经济状况，需进行不间断的跟踪和反馈。通过考查学生的日常消费情况，资助小组对于他们的家庭经济状况才能有一个更真实的了解。此外，为了提前发现和避免一些奖学金用于其他高消费情况，学校需要及时掌握后续的经济状况和消费情况。第三，缺乏对教育有效性的持续反馈。虽说目前来看，高校进行资助的方式多种多样，如诚信教育、兼职勤工俭学。但相对来说反馈方面都做得不足。学校不能及时地对学生进行日常学习和生活的监督及促进，因而未能及时完善教育措施。学生也未能及时向学校反映学习过程中遇到的困难和问题，也未能及时把握学生的需求，从而导致教与学的分离，难以取得良好的教育效果。

二、高校资助育人问题产生原因分析

（一）学生和部分资助相关工作人员思想认识不够

学生诚信意识、感恩意识不足。家庭经济困难学生是高校资助育人工作的重点对象，在具体的资助工作实施过程中，一些同学功利心强、得失心重，不能正确认识国家资助设立的意义。部分同学认为国家各项资助是提升生活水平的资源，因而出现一些为了获取资助而产生的不诚信行为，比如捏造家庭困难原因、夸大事实等，严重违背了资助项目设立的初衷。此外，有一些学生在获得资助后，内心感恩意识不强，认为其获得资助是自身努力的结果、是理所应当的，尤其是在各项奖学金方面表现得更加突出。学校在学生的感恩教育方面还应进一步加强，着力提升学生的感恩意识。学生自身无法客观看待贫困问题，从而导致一些心理问题，比如自卑、孤僻等，不愿意积极申请各项资助项目，因而学校心理健康服务部门、学生工作部门还应当加强对学生的教育引导，帮助学生养成积极健康的良好心态。

学生资助各环节工作人员对高校资助工作的思想认识不够深入。从学生资助工作开展的各个环节看,其中会涉及的工作部门包括学生生源地资助中心、国家开发银行等贷款银行、高校等,相关人员主要包括学生生源地政府部门人员和所在高校的辅导员、资助中心工作人员等。各部门密切配合,精诚合作共同为资助育人工作服务。但是由于立场不同,认识也不同,不少工作人员不能从宏观上认识整个资助育人流程,只是从自身业务的角度去进行处理,因此造成了前端资助工作和后期高校资助工作无法正常衔接的问题。比如在对家庭经济困难同学进行贫困认定的时候,学生所在地政府部门出具的家庭经济情况证明是重要的支撑材料,而有些当地工作人员不能认识到家庭经济困难认定对后期高校资助育人活动的重要性,在出具证明的时候未严格审核就签字盖章,让证明失去了原本的意义。就高校而言,在学生资助工作实施的过程中,由于自身认识不够和工作量的关系,重点往往放在了一些比较好衡量和量化的工作中,比如奖学金的评定、助学金评定等,而对于学生感恩、诚信等良好品质的培养做得还不够。

(二)资助育人环节落实不到位

育人才是资助育人的最终目的。资助是实现育人目的的方法和手段。如果只将工作要点聚焦在资助工作上,而忽略了育人的目的,那么就是本末倒置,是不走心的。在实际工作中,不仅要按部就班完成各项资助工作,实现育人的价值也是至关重要的。我国当前的资助工作,育人实效尚不明显,关键在于资助育人环节落实不到位,其主要体现在以下几方面。

一是资助育人的核心理念理解不够透彻。从实际工作开展的角度来看,由于资助种类多样,加之各类学生家庭经济情况各有不同,所以工作烦琐、工作量大,仅资助工作的完成就需要耗费大量时间和精力,而育人工作的结果难以量化,对工作的要求更高,于是难以避免有些资助工作人员因为怕麻烦,就对工作大打折扣,认为只要完成资助部分工作,奖学金、助学金、勤工助学等资助工作无误就行了,从而忽略了育人工作的开展,使得资助和育人脱节。二是资助育人过程过于简单或缺乏创新性。一些学校开展资助工作时,由于资助工作小组并未将资助相关政策进行广泛宣传,以致很多同学对各项奖学金、助学金政策缺乏了解,导致资助育人工作宣传不到位。除此之外,部分学校工作始终缺乏新意,不从学生实际需求出发,不考虑育人实效,只为完成目的、应付任务。三是资助育人活动不够精准,难以发挥实效。受家庭经济困难情况、个人性格特点等多方面因素影响,不同的同学面临的问题不一样,需要得到的提升也不尽相同,因而开展的育人方式也应有所不同,这就需要根据学生实际情况有针对性地开展育人工作，提升育人实效。

（三）资助体系相关法律法规不完善

就目前而言，高校的资助育人工作相关法律法规还不尽完善，主要体现在以下几个方面：一是在资助形式上，未明确政府和社会对困难学生的资助形式；二是未明确学生在接受高等教育过程中的权利和义务；三是相关的法律只是从宏观层面对一些原则性问题做了相关规定，而对其中具体的权利、责任和义务并没有具体要求，从而让各地的操作有所不同，最终的效果也有差异。有关大学生资助的规定，《宪法》《教育法》和《高等教育法》等法律法规中明确提出了国家对大学生有资助义务，但是对于如何履行义务却没有具体明确地指出。

第四节 高校资助育人的现实机遇

一、高校资助育人的价值

（一）是当前国家经济飞速发展的必然选择

近年来，国家经济经历了突飞猛进地发展，人民的整体经济收入和生活水平日益提升，学生资助工作也面临新的挑战和机遇。地区间、城市和农村之间还存在着一定的贫富差距。学生资助工作经历了长期的发展，原本是单纯的经济资助，然而这只能解决家庭经济困难学生一时的经济困难，并不能从根本上带领他们走出贫困。

而学校对于资助学生的心理问题、思想建设、学业完成情况、素质能力发展和就业等方面的研究还不够深入，也不够全面，在育人方面的功能较容易被忽略，缺乏整体性和发展性。如今随着国家经济的发展和整体社会环境的不断变化，高校的资助育人工作不能仅停留在经济助困的层面，更要关注学生的素质能力发展和精神生活。要引导学生树立积极正确的"三观"，加强感恩教育、理想信念教育、励志教育和诚信教育等，引导学生做到全方位成长成才，在获得经济资助的同时获得整体素质的提升和提高。因而通过"学习指导一帮一"等发展型资助活动，帮助家庭经济困难学生提高和解决比如英语、计算机、高等数学等学习方面的困难，开办"励志强能训练营"等素质教育活动，以讲座和个性化辅导相结合的方式，帮助家庭经济困难学生适应大学学习和生活、全方面提升心理抗压、语言表达等能力。此外，还可以专门设置困难学生的出国出境交流项目，选送优秀学生出国交流学习，引导学生开阔视野，从而增强学习发展动力。

（二）符合中国特色社会主义国情的时代需求

精准扶贫是实现中华民族伟大复兴"中国梦"的重要保障，也是新时期党和国家扶贫工作的精髓和亮点。在精准扶贫的大背景下，高校资助育人工作是我国脱贫攻坚的重要组成内容，肩负着培养人的使命，必须紧跟形势，响应号召，守好自身责任田，建立制度完善、符合校情和学情的发展型学生资助体系，使学生资助工作力度大、针对性强、效果明显、具有长远性和发展性，确保真资助、真扶贫。坚持"扶困"与"扶智""扶志"相结合，思想和物质两手抓，全面推进和落实发展型资助育人模式。高校学生资助工作必须积极响应国家号召，紧跟时代步伐，坚决落实和贯彻各项工作要求，有所作为，积极探索和不断完善发展型学生资助体系。

（三）学生实现自我成长成才的时代需求

高校是提高学生综合素质，培养创新人才的重要阵地，是学生们成长成才的场所，高校学生作为 21 世纪的新青年，对未来充满了期待，期待展现自己的能力，发挥自己的价值。而家庭经济困难学生作为高校学生中的特殊群体，因为客观的经济原因在求学的过程中可能比其他人要更艰难辛苦，生活质量也与普通学生有一定的差距，所以他们更加渴望成长成才，期望通过自己的努力有一番作为，进而改变生活现状，回馈社会，这也就促使他们不断地努力，不断地由内而外地给自己灌输力量，挑战自己，努力成为更加优秀的人。

二、当前资助育人工作基础扎实

（一）国家政策支持力度大

自 2007 年提出教育资助起，我国的高校资助政策体系已经在日趋完善，各级政府、社会大众都对高校的学生资助工作保持着高度关心和重视。高校作为培养国家栋梁和社会人才的平台，也应让贫困学子享受到同样的教育资源，通过资助解决其经济困难，通过资助育人安抚其精神匮乏。经过较长一段时期的发展和摸索，现在各高校已经基本形成了以国家、学校资助为主体，社会资助为辅助的家庭经济困难学生资助体系，而且在财政投入和资助上都在不断扩大，不断加宽资助范围，通过这一举措，让更多贫困学生更加真切地感受到"暖"，让他们打消经济上的顾虑，更加努力地学习，为建设祖国添砖加瓦。

（二）当前资助体系已基本完善

改革开放以来，党和国家以"不让任何一个学生因家庭经济困难而失学"为目标，做出一系列重大部署，为高等教育学生资助的发展提供了保障和支持。经过多年的探索和努力，当前已基本上形成了"奖、贷、助、勤、补、免、缓"等多元的学生资助体系，各项政策各有针对、相互补充，并基本形成了以感恩教育、学生成长引导等为重要组成部分的发展型资助。此外，各类补助、学费的缓交和免交等政策也都较为成熟和完善，为发展型资助政策的制定和开展奠定了坚实的基础。

（三）教育资源丰富、平台广、空间大

如今丰富的教育资源有利于资助育人工作的开展进行，各学校资助中心等工作机构组建的能力提升项目、心理建设讲座、优秀学长学姐典型人物的事迹分享等都有着重要意义，随着互联网的迅猛发展，越来越多的开放教育资源和精品课程被大众所获得，这些不仅能够让同学们接触到更多的教育资源，同时也给了他们更多的选择权利，学生可以根据自己的喜好和短板来任意进行选择学习而不会受教育资源的限制，进而更好地丰富自己，提升能力。一些校友企业资金扶持也为经济困难学生提供了更好的条件和机会，优秀毕业生榜样示范引领使大家对未来有更加明确的方向和更加合理的规划，这有利于未来人生的发展。

第三章　新时代成才型资助育人的工作目标

第一节　资助育人工作目标设定的原则

一、坚持以经济资助为基础

对于家庭经济困难学生而言，他们面对在校学习的学费或生活费可能存在着一定的困难，经济问题仍然是首先需要解决的问题。没有物质或资金的资助，这部分同学会因为拿不出学费而发愁，为没有生活费而苦恼，在这种物质条件匮乏的情况下，何谈精神层面的发展和进步。因此，对于家庭经济困难学生而言，首先需要考虑的就是解决他们的经济困难问题。

首先，高校需要根据国家政策的引导和要求，根据学校情况和学生特点建立包括奖、贷、助、勤、补、免、缓等多元化资助体系，确保各项政策有效落地实施，保证过程公平公开公正。同时要加强工作精准性，避免浑水摸鱼者浪费国家资源，也要仔细排查，将所有家庭经济真正存在困难的同学全部纳入资助保障体系。其次，高校应该加强校内外合作，广泛争取社会资源。高校资助工作所需资金量大，仅国家和学校划拨部分难以充分达到资助效果，因此需要充分争取社会资源。面向优秀校友企业、社会爱心人士、慈善机构筹措学生资助经费，用于国家、学校资助以外的补充资助，扩大资助面。这些举措可以帮助家庭经济特别困难的同学进一步解决家庭经济困难问题，学校也可以设立奖学金用来奖励那些在学习、实践或社会工作等方面有突出表现的同学。然后，国家还需加强资源优化配置，促进地区和校际平衡。不同的高校，本身经济实力就存在一定差异，而学校的社会声望、知名度、综合实力等又直接影响着学校能否争取到社会资源，社会声望越高，能争取到的资源就越多，而一些普通高等院校原本经费相对较少，又很难再争取到一些社会资源，于是造成了学校之间经济差距较大的现象。因此，不同学校的学生能享受到的资源也存在差异，一定程度上凸显了教育资源分配不均。最后，需要从国家层面加强调控和引导，进一步优化资源配置，真正促进教育公平和区域协调发展。

二、以学生需求为中心

古人云"授人以鱼，不如授人以渔"，过去如此，现在亦如此，要想真正帮助家庭经济困难学生，经济上的帮助只能解一时之困，却难以真的从长久意义上让他们始终受惠。如何让家庭经济困难同学能够长期受益，首先需要从增强学生本领、提升综合素质、增强个人信心等方面下功夫，从学生个人的成长成才入手，使其掌握能真正改变命运的根本方法。其次是要创新工作方法，丰富资助形式。传统资助以资金资助为主，主要用于解决家庭经济困难学生的现实问题，不能满足资助育人工作的需要。因社会环境的持续发展及学生需求的不间断变化，要在丰富资助育人形式上下功夫。可以结合学校实际情况和学生特色，推出资助育人能力提升培训，鼓励家庭经济困难学生参加实践竞赛等方式，从实践能力、心理素质、个人眼界等多方面锻炼个人能力，提高综合素质和社会竞争力，为日后步入社会夯实基础。同时可以基于学生现实需求，利用寒假或暑假组织家庭经济困难同学赴企业调查实践，或去其他高校交流学习，开阔眼界，将资助工作与学生自身发展和个人职业生涯规划相结合，充分激发学生的学习能力和上进心，提升资助育人工作实效。

三、多维度多重点，育人覆盖全方位

拓展资助育人工作维度和落脚点，充分利用日常校园文化建设、学生社团活动、暑期社会实践、奖助学金评比、勤工助学实践锻炼、党团和班级建设、生涯规划等相关工作，为培养和提升家庭经济困难学生的综合素质提供丰富的机会，搭建成长和学习的平台。此外，还应当加强对学生的思想引领，鼓励他们形成自助和助人意识，能够逐渐适应大学的自我教育、自我管理和自我服务，从而逐渐从被动受助，变成主动争取机会锻炼和提升自己。同时应当加强对学生的感恩教育，引导他们知道感恩，从而将来能够更好地回馈社会、报效祖国，将温暖一代一代地传递下去。习近平总书记对青年人寄予厚望，多次在公开发言时勉励青年大学生，理想信念对每一个大学生都有重要的引领作用，理想信念将会一直持续不断地成为家庭经济困难学生的前进动力。榜样教育，能够对家庭经济困难学生产生积极的榜样示范引领作用，能够增强学生的奋斗动力，也能够提升自信心，从榜样身上学习到的宝贵经验还能形成持续不断的内生动力，更能看到自己的将来，明确应承担的责任，不断成长，追求更高的目标和更好的发展。诚信是中华民族的传统美德，是每个人的立身之本，资助工作的特殊性，对于学生的诚信教育尤为重要，从家庭经济困难认定到国家助学贷款的办理，学生的诚信既关系到国家财政资金的精准使用，也关系到学生个人的信用，是伴随他们一生的名片。

四、分阶段分层次，育人融入全过程

贯彻落实"三全育人"工作理念，将对学生的资助和教育关怀融入全过程。从学生被录取到从大学毕业，每一个学期的开始和期末，都应当根据不同的时期和不同的人员，结合实际情况制定特定的主题教育活动。家庭经济困难学生往往不仅仅是经济问题，由此衍生出的诸如刚入校的适应问题、个人视野的问题、与他人沟通的问题、学习问题、心理问题以及职业生涯规划问题等，都需要学校各相关职能部门密切配合，共同帮助他们规划和成长。各部门要对不同阶段的工作进行提前部署，全程跟踪反馈，帮助他们解决好各阶段的问题。从学期的计划到学年的总结，再到四年的整体规划，从生活到学习，从实践到工作，各环节密切配合，层层深入，保证育人效果。

第二节 宏观目标——助力社会主义现代化强国建设

习近平总书记在党的十九大报告中指出，"从党的十九大到二十大，是'两个一百年'奋斗目标的历史交汇期。我们既要全面建成小康社会、实现第一个百年奋斗目标，又要乘势而上开启全面建设社会主义现代化国家新征程，向第二个百年奋斗目标进军"。党的十九届五中全会提出了到2035年基本实现社会主义现代化的远景目标，进一步明确和回答了社会主义现代化是什么和怎么做的关键问题。社会主义现代化强国建设，所有青年人义不容辞，使命光荣，是中华民族伟大复兴中国梦实现的关键一步。现代化是一种客观的历史进程，反映了人类社会向更高文明层次发生地转变。不同的国家选择了不同的现代化道路。

一、助力人才强国建设

人才资源是经济社会发展的第一能动性资源。我国经济社会发展进入新时代，中华民族的伟大复兴迫切需要教育为社会培养水平更高、能力更强的创新

型高端人才。高校在人才培养工作中起着决定性作用。为适应社会经济发展的需要，高校提升服务社会经济发展、培养时代需要的高端人才迫在眉睫。据资料显示：目前我国高校学生中家庭经济困难学生占比20%~30%，高校的自主工作在服务和培养家庭经济困难学生群体中贡献不小。家庭经济困难学生是党和政府要着重关心和爱护的对象，高校学生资助工作帮助家庭经济困难学生顺利完成了校园培养这一环节，家庭经济困难学生在学校受到学校和社会资助，可以顺利完成自己的学业，再通过社会实践，最终成为社会需要的各类紧缺人才，成为实现中华民族伟大复兴的人才支撑和先锋力量。可以看出，高校的学生资助工作，增加了高端人才、创新型人才的供给数量和质量，优化了我国人才结构，并最终促使整个社会经济发展。因此，人才强国建设需要高质量的高校资助育人工作，通过包括家庭经济困难学生在内的人才培养及输出，让现代化强国建设有人力资源保障。

二、助力全面社会主义现代化建设

教育是国家和民族的基础工程。全面建设社会主义现代化国家离不开教育的支持，也离不开学生资助工作的支持，从而助力全面建设社会主义现代化国家。第一，通过高校学生资助育人工作可以缩小劳动力市场分配造成的收入差距。劳动力市场分为主要劳动力市场和次要劳动力市场。主要劳动力市场被高素质人才所占据，收入水平较高；次要劳动力市场主要由低素质人才组成，收入水平较低。而高校学生资助工作，就是让家庭困难的学生通过完成高等教育成为高素质人才，顺利步入主要劳动力市场，获取较高的收入。高校资助育人工作可以加大主要劳动力市场高素质人才的供给，从劳动性收入层面缩小收入差距。第二，高校学生资助育人工作可以缩小要素分配机制带来的收入差距。在要素分配机制发挥作用的情况下，收入分配造成了社会收入差距。高校学生资助育人工作可以帮助家庭困难学生顺利完成学业，提高家庭经济困难学生教育年限及教育层次，提高这些毕业生的人力资本存量，进而有效提高学生群体的收入，通过收入的总体提高来缩小收入差距。第三，高校学生资助育人工作可以缩小要素再分配机制带来的收入差距。高校学生资助工作在本质上是一种国家对贫困群体、社会对贫困群体的转移支付，可以直接减少贫困家庭的教育支出压力。第四，资助困难学生完成高等教育可以有效阻断贫困的代际转移。学生资助育人工作是教育扶贫，不仅能改善贫困家庭的教育支出状况，而且通过教育影响贫困子女新组建家庭的经济状况，减少返贫发生的概率，实现稳定脱贫，从根本上阻断贫困的代际转移。

三、助力教育现代化建设

教育现代化就是用现代先进教育思想和科学技术武装人们，使教育思想观念、教育内容、方法与手段以及校舍与设备，逐步接近世界先进水平，培养适应参与国际经济竞争和综合国力竞争的新型劳动者和高素质人才的过程。实现教育现代化是现代社会、经济、科技发展的必然要求，也是教育事业长期坚持的发展目标。作为教育工作的子系统，高校学生资助育人工作服务于教育现代化建设的目标，为教育的普及化、个性化、国际化及信息化建设提供了有力援助。一是，高校学生资助育人工作的全覆盖可以有效推动教育的普及化。高校学生资助工作的全面覆盖和有效开展，让每一个考上大学的家庭经济困难学生通过资助都能够顺利完成学业。这大大促进了教育公平，提高了高等教育入学率，从总体上提高了国民素质，推动了教育的普及。二是，高校学生资助育人工作精准资助可以直接推动教育的个性化。家庭经济困难学生每个家庭的困难程度、困难成因等各不相同，因此受资助学生的需求也是各不相同的，高校学生资助育人工作必须以需求为导向，提供个性化、差别化的精准资助，这极大地推动了教育的个性化建设。三是，高校学生资助育人工作信息化发展直接推动了教育的信息化。资助工作一方面需要精细化掌握学生的情况，也需要利用信息化手段对学生进行有效资助。在这个过程中，需要充分运用现代信息技术，提升教育广度和深度，为教育的普及化、个性化及国际化提供信息保障。综上，通过高校学生资助育人工作全覆盖、个性化和信息化的发展，可以提高教育质量，改善教育结构，实现教育公平，促进教育事业持续优质地发展。

第三节　中观目标——践行新时代学生资助工作使命

学生资助工作是高校教育工作中尤为重要的一项工作。落实党和国家资助育人工作要求，主要阵地在高校，主要力量在高校。对于高校而言，学生资助育人工作是其教育、管理和服务工作的有机组成部分，是人才培养工作、大学生思想政治教育工作的重要组成部分。高校学生资助育人工作要坚持服务于学校整体发展目标，服务于学校的教育发展前景，服务于学生的成长成才。

一、落实"立德树人"根本任务

"为谁培养人、培养什么人、如何培养人"，这是我国教育事业需要回答和解决的根本问题。高校是培养和输送高素质人才的重要基地，必须紧紧围绕"立德树人"这一根本任务，做好大学生思想政治教育工作。而高校学生资助育人工作是大学生思想政治教育工作的重要组成部分，关系到大学生成长成才的问题，更关系到"立德树人"这个根本任务的实现问题。高校要落实好"立德树人"这一根本任务，提升人才培养质量，高质量资助育人工作保驾护航必不可少。高校学生资助育人工作，通过构建物质帮助、道德浸润、能力拓展、精神激励、规范管理、有效融合的资助育人长效机制，形成"解困—育人—成才—回馈"的良性循环，目标在于落实"立德树人"这一根本任务，提升家庭经济困难学生思想道德水平和综合素质，促进其成长成才，成为德智体美劳全面发展的社会主义建设者和接班人。

二、完善发展型资助工作体系

近些年，国家推行的资助政策越来越完善、越来越科学，国内高校积极响应落实，目前，已经构建了以"奖、贷、助、勤、补、免、缓"为主要内容的资助工作体系，基本解决了家庭经济困难学生的教育难题。一是，保障型资助工作体系成绩显著。目前，国内高校坚持认真落实党和国家的资助政策和工作要求，实现了保障型资助体系年年有新动作，资助总量年年有新增长，家庭经济困难学生受资助机会及水平大幅提升，极大地满足了家庭经济困难学生日益增长和变化的资助需求。二是，发展型资助工作体系不断探索。当前，高校资助育人工作在不断发展的同时，也呈现出不平衡不充分的问题。比如：重保障型资助，轻发展型资助；重权利享有，轻义务承担；重主体挖掘，轻客体激励；重设计实施，轻评估监控。这些问题严重影响了高校资助工作的开展，也降低了资助工作在育人工作中的实效性和科学性。在这样的背景下，部分高校开始探索有利于学生成长、学校发展、教育发展的资助型工作体系。通过构建先进的新时代学生资助育人理念，建立充足的发展型资助资金资源，提高保障型资助规模，构建立体的发展型资助育人体系，扩容增质现有资助体系，完善配套的发展型资助工作机制和资助工作评价体系，从而更好地了解受助学生的成长和学习情况，助力学生全面发展。

三、精准实施资助育人措施

高校学生资助育人工作是教育工作的重要组成部分，也是持续巩固脱贫攻坚成果中的一项基础性工作。如何对家庭经济困难学生实施精准资助是新时代高校学生资助育人工作亟待解决的课题和工作目标。高校学生资助育人工作应牢固树立精准资助的理念，强调资助育人工作点上的加固和质量的提升，更加注重针对不同学生的家庭经济状况、个性特点及资助需求，运用大数据和信息化手段对家庭经济困难学生实施精确识别、精确帮扶及精确管理。具体而言，精准资助包括以下五个方面：一是资助对象精准。通过制定科学的家庭经济困难学生认定办法，精准识别困难学生的家庭困难等级，既不漏掉一个也不多余一个。二是资助内容精准。依据家庭经济困难学生资助需求，结合"奖、贷、助、勤、补、免、缓"等资助模块的特点和育人功能差别，提供个性化、差异化资助育人服务，满足家庭经济困难学生多方面、多层次的资助需求。三是资金使用精准。根据资助资金规模、家庭经济困难学生规模及具体项目既定目标，确定合理的资助标准和资助档次，提高资助育人的针对性和实效性。四是资助措施精准。建立学生资助档案和成长档案，将接受不同资助项目的学生统一管理，形成资助育人合力。五是资助成效精准。构建多维度资助育人工作评价体系，对资助育人工作开展总体评价。

第四节　微观目标——促进学生成才以适应社会发展需要

高校资助工作归根到底还是育人工作。如何通过资助帮扶，实效学生的全面发展，是资助工作的主要目标和根本要求。人的全面发展，是指人的体力，智力，道德充分、自由、和谐的发展。学生资助育人工作要提高家庭经济困难学生的核心竞争力，使其成为优秀人才，奠定发展基础，引领未来发展，实现可持续发展。

一、奠定发展基础

人的发展过程是不断提升其核心竞争力的过程。人所拥有的核心竞争力中，经济实力是最基础的物质性竞争力。当前，为了实现"不让一个学生因家庭经济困难而失学"的目标，党和国家推行了自上而下的学生资助政策，保障教育公平，资助家庭经济困难学生完成学业。概括而言，学生资助的微观目标包括：缓解学生经济困境，提高学生综合素质，完善学生人格品质等，实现其核心竞争力的进一步提升。具体而言，学生资助的微观目标包含以下内容。一是缓解学生经济困境。家庭经济困难学生面临的最直接问题是经济压力，进而影响其高等教育求学机会以及一系列教育投资选择。高校向家庭经济困难学生提供的经济资助实际上是一种收入再分配，在一定程度上缓解了学生各种教育支出难题。二是提高学生综合素质。学生资助工作，可以促使家庭经济困难学生在短期内不再为学费、住宿费、生活费所担忧，全身心投入知识、技能的学习和培训中，通过鼓励家庭经济困难学生参与社会实践，提高家庭经济困难学生的综合素质，练就过硬本领，实现核心竞争力的进一步提升。三是完善学生人格品质。价值观念和行为标准影响家庭经济困难学生一生的发展。在家庭经济困难学生价值观形成和确定的关键时期，发挥学生资助唤醒良知、规划内化、价值引领、道德养成、责任担当的思想政治教育功能，弱化多种价值冲突，实现价值融合，提倡受助学生贯彻落实社会主义核心价值观，建立自身的积极向上的人生观、价值观和世界观。

二、引领未来发展

就社会中的个人而言，所有人都有强烈的向上流动意愿。但这种向上流动机会分布极不均匀，需要外力的推动。相比较而言，家庭经济困难学生，更加需要借助社会资源力量，打开向上流动的通道，实现向上流动。一方面，争取获得高质量教育资源，提高学历层次，提高职称层次，配备向上流动所需的知识、技能、素养，强化核心竞争力优势，进而建立自身向上流动的优势。另一方面，拓展社会资源，借助他人力量实现向上流动。家庭经济困难学生社会交往的接触面较窄，其社会资源相对较少，要充分发挥政府、高校、社会、朋辈等多个资助主体的资源优势，使政府、高校、社会团体及个人、朋辈等资助主体成为家庭经济困难学生社会资源的新增结点，通过新增结点产生几何倍数的交往线，扩大和提高家庭经济困难学生社会资源规模及质量。高校学生资助育人工作的微观目标之一在于向家庭经济困难学生提供经济资助，提高其向上流动所需的知识、技能、素养，获得并强化核心竞争力优势，拓展社会资源，步入职场，获取体面工作，成为具有稳定经济来源的社会成员，投身于社会主义现代化建设事业，并从中受益。通过在职培训、职业晋升、社会交往及劳动力市场合理流动，获得更好的职业层次和更高的社会地位，实现向上流动。

三、实现可持续发展

随着我国经济发展水平、科技发展水平、文化和人民受教育程度不断提高，人们的需求也在不断提高。家庭经济困难学生也一样，他们在人生各阶段都有不同的需求。从需求结构看，在不同时期，家庭经济困难学生的主导需求不同。比如：在求学期间，家庭经济困难学生具有强烈的教育公平需求及社会交往需求等；在从事社会工作期间，更顺利地就业、更稳定的收入、更高的社会地位、更多的社会资源等社交需求、尊重需求及自我实现需求则成为家庭经济困难学生的主导需求。不难发现，随着个人生涯的发展，家庭经济困难学生的需求层次不断提高，为了帮助他们在完成学业以后能更好地实现人生的可持续发展，高校的资助教育工作需要为他们奠定良好的基础。家庭经济困难学生需求多样化、个性化、高级化、动态化的发展趋势，要求高校进行学生资助育人的供给侧改革，从保障型资助转变为发展型资助。具体而言，要通过直接经济赞助、资助队伍建设、校园文化营造等，深化高校资助育人工作内涵，突出资助工作的育人功能，通过对家庭经济困难学生思维方式及方法论修炼、价值观培养、创新精神塑造、职业习惯养成等实现其情商与智商地协调发展。既关注家庭经济困难学生的短期表现，又注重学生资助育人对其长远发展的影响，实现家庭经济困难学生的可持续发展。

第四章　构建对象识别精准的资助育人体系

第一节　家庭经济困难认定的基本内容

一、基本概念界定

（一）家庭经济困难学生

教育部、财政部《关于认真做好高等学校家庭经济困难学生认定工作的指导意见》（教财〔2007〕8号）（下文简称《指导意见》）中规定："家庭经济困难学生是指学生本人及其家庭所能筹集到的资金，难以支付其在校学习期间的学习和生活基本费用的学生。"可知，家庭经济困难学生具有如下主要特征：在学校学习期间，因为家庭经济困难而没有能力缴纳学费，且家庭能够提供的基本生活费用低于当地最低生活保障水平，不足以购买生活、学习等日常用品，导致学生无法顺利完成学业。

（二）家庭经济困难学生认定

"认定"即通过一定的理论标准对事物进行评定而得到对应的结果。评定学生的家庭经济困难程度是高等教育资助工作的主要内容，通常各省市教育、财政等部门在上级文件精神指导下，结合本地最低生活保障的标准线、经济发展水平和财政收支情况等，会制定相应的家庭经济困难学生认定指导标准，一般会设置特别困难、困难和一般困难三个等级。学校以相关标准为依据，对提出资助申请的学生进行评定，初步判断其家庭是否符合贫困标准，并判断其家庭经济的困难程度，然后结合学校的费用收取标准，学生在校的生活费、学杂费开支等因素来确定学生是否获得国家资助资格，并认定困难等级。家庭经济困难学生认定是高校资助工作的第一个环节，认定过程具有差异性、复杂性等鲜明特点。不同省份、各个地区家庭经济相当的学生可能会被认定为不同的困难等级，这是认定标准差异性的具体体现。通常需要结合多个定性和定量指标对学生的家庭经济情况进行综合考量评定，其认定过程十分复杂。

（三）家庭经济困难学生精准认定

精准资助于 2015 年被教育部首次提出，其衍生于精准扶贫重要思想，对传统资助体系进行了重要补充。精准资助的丰富内涵与核心内容就是"精准"理念，即提升资助工作的精准化水平，促进教育资源公平分配，以提升资助育人实效。换言之，精准认定就是开展精准资助的第一项工作，这是高校资助工作实现精细化的首要步骤和必要内容。精准认定的核心要义是制定科学合理的认定标准，能够综合考虑申请资助学生的家庭经济情况、生源地经济发展水平和在校生活消费水平等各项因素，进一步"精准识别对象"，准确评定学生的受助资格与贫困等级。

二、资助认定的影响要素分析

在开展资助工作时，可将资助认定看作标准化流水线工程。首先要明确定的首要任务是什么，即资格认定。接着提出要解决的问题：资格由谁来认定、认定的凭证是什么、具体如何实施操作。依据资助工作开展流程剖析可知，影响资助认定的主要因素主要包含三个方面，它们分别是认定主体、认定标准以及认定方法。

（一）认定主体

生源地和校园地是当前国内高校开展家庭经济困难学生认定的通用方法，认定过程将由生源地政府和高校两大认定主体共同对资助申请者进行资格认定。两者不仅是本项工作的主要执行者，同时也是认定工作的责任承担者。在资助认定过程中，认定主体具有判定资助申请者贫困与否以及困难程度的权利，同时也担负着维护认定工作公平合理、准确有效开展的责任。若出现虚假认定，认定主体需承担相应的责任。

（二）认定标准

认定标准是认定主体用于评判申请资助同学是否获得认定资格的重要依据。而不同认定主体参照的认定标准应该有一定的差异，在设置认定标准时，须综合考虑认定主体的实际情况，确保设立的认定标准科学、合理、有效、可行。无论是校园地或者生源地的认定标准设立都要考虑地域经济实际发展水平，同时需注意特殊困难情况的存在。相较于生源地认定标准，校园地认定标准涵盖了困难等级的划分，需要依据学生的困难程度对应至不同的资助等级。

（三）认定方法

在实际认定工作中，认定主体通常依据制定的认定标准，采取科学、合理的方法对家庭经济困难学生进行界定。在现有认定标准前提下，地方政府和高校两大认定主体采用不同的方式、方法去落实和完成资助认定工作。实施合理、科学的判定手段，可以有效保障资助认定工作的准确性。现行的认定方法中，班级民主评议法、量化测评表法、开具贫困证明法等常被各高校应用于认定工作。

三、相关理论基础

（一）贫困理论

贫困的含义为困难生的界定提供了理论依据，对应的贫困识别理论成为家庭经济困难学生认定的理论基础。资助需求不断增加与资源紧缺之间的矛盾，决定了资助主体要把稀缺性资源分配给最需要的贫困生，这也是社会公平公正的诉求。

1. 贫困的内涵

绝对贫困是指个人或者家庭在一定的生活和社会生产方式下，通过劳动等方式获得的总的合法收入难以维持基本的生活需求，这里的生活需求主要包含食物、衣服、房屋和其他满足基本生存需要的物质。绝对贫困是从收入角度进行定义的，个人或家庭已难以维持生存，故又可称为生存贫困。而相对贫困则是将社会关系和社会地位纳入贫困界定的主要参考因素。当个人或家庭没有足够的能力或资源去获取当下社会公认的、普遍都能享受到的饮食以及生活条件时，即处于一种相对贫困的状态。

我国把最低收入作为基本界定标准，以最低生活保障水平来衡量个人与家庭是否贫困，当时的贫困即绝对贫困。随着社会生活发展水平提升，将个人和家庭的社会关系与社会地位等因素纳入考查范围，此时得出的贫困就是相对贫困。贫困含义的变化给我国家庭经济困难学生概念界定提供了重要参考。

2. 贫困识别理论

贫困识别就是对申请贫困的人群是否符合困难标准进行的判定。贫困识别的首要任务就是明确界定贫困的标准，在国际上通常使用贫困线法，结合基尼系数、贫困度量指标判定贫困等级，此外家庭经济调查也是国际贫困识别采用的主要手段。贫困识别面向的是全国的贫困人民，不同层次的贫困人民获取的资助不尽相同。贫困识别依据的考量指标应该清晰、合理均衡。在认定过程中，高校通过调查家庭经济状况来初步判断识别困难学生身份，而开展贫困识别采用的考察指标给予家庭经济困难学生认定提供了重要参考依据。

(二) 人的需要理论

马克思指出，人以其需要的无限性和广泛性区别于其他一切动物。人有着各种需要，这是人的本性。马克思把人的需要分为了自然需要、精神需要和社会需要三个层面。需要是有不同层次的，它们之间相互制约和影响。如果把人的需要按作用来进行划分，可以划分为生存、享受与发展三个层面。享受或发展需要的物质前提就是生存需要，只有在满足基本的生存需要之后，其他层次的需要才会衍生而来。人在满足生存需求的过程中，不断地追求物质和精神需要，才对认知和文化有更深层次的需要。而按主体划分，又可以划分为个体需要和社会需要两个层面。个体需要就是人为了满足其生存发展的物质和精神需要，从而创造的物质和精神文明财富。而社会需要则是人与社会建立关系并维护的需要，社会需要通过组织管理进行调控。

人的需要理论为高校资助工作的开展提供了重要依据。资助育人过程实际上就是为满足个体生存发展与社会建设发展需要的实践过程。随着教育成本的增加，家庭经济困难学生的求学压力增大，而高校资助育人就是为了满足家庭经济困难学生个体生存发展的需要，资助可以给家庭经济困难学生提供物质保障，育人可以对其进行必要的教育引导，帮助学生树立正确的世界观、人生观和价值观，保障家庭经济困难学生健康发展。但是，不同个体的精神需求存在差异，在进行资助时应把握家庭经济困难学生的现实需求，做到精准资助。

第二节　家庭经济困难认定的原则及方法

我国的家庭经济困难学生认定工作都是依据现有的学生资助政策体系来开

展落实的。教育部、财政厅、办公厅等部门先后下发《关于认真做好高等学校家庭经济困难学生认定工作的指导意见》《关于进一步加强和规范高校家庭经济困难学生认定工作的通知》等系列文件后,各地区、高校根据自身实际情况,制定出详细的家庭经济困难认定办法。

一、认定原则及标准

(一)认定原则

对于每所高校而言,如何保障国家的资助政策和措施准确落实到每一位家庭经济困难学生身上,提高家庭经济困难认定工作的精准性,首先必须明确认定的原则。

一是要坚持实事求是原则。要求高校等认定主体通过对象访谈、家庭经济走访调查、大数据监测统计等方式对学生的总体情况进行了解,尽量全面考量认定的影响因素,确保数据准确,认定真实。

二是要坚持公正、公平、公开的原则。严防虚假认定情况发生,让需要获取资助的家庭经济困难学生得到资助,资助的分配要与家庭经济实际情况相匹配,把紧缺的资助资源投放给最需要的学生。资助项目的认定要公开透明,认定标准、认定流程、认定名单适当公开。

三是要坚持民主评议与定量考察相结合的原则。开展认定要采用民主评议的制度,并结合申请资助学生提供的家庭经济困难相关证明,确保认定有理有据。

四是要坚持积极引导与自愿申请相结合的原则。积极引导学生诚信申报,并尊重学生自愿申请的意愿。

(二)认定标准

上一节已经陈述,我国家庭经济困难学生认定主体为地方政府和高校,而与之对应的认定标准也分为生源地和校园地两类,以两种标准共同完成判定。

1. 生源地认定标准

生源地认定是当地政府(区/县、镇、乡)的民政或街道办事处等部门对申请资助学生的家庭情况进行的判定,主要包含家庭收入/支出、劳动/赡养人口、子女就学情况、房屋情况、是否遭遇变故或自然灾害等。然后依据当地的资助政策文件,判定申请学生家庭经济是否困难,对学生提供的《家庭经济调查表》给出认定意见并加盖公章或直接出具相应的贫困情况说明。

当地的认定标准主要以地方经济发展水平为依据，参照本地居民最低生活保障等因素来制定，同时也包含各类特殊困难情况，如建档立卡贫困家庭、最低生活保障家庭、孤残家庭、残疾人家庭、单亲困难家庭、烈士家庭、重大自然灾害等。

2. 校园地认定标准

生源地认定标准是校园地认定标准制定的前提条件，再综合考虑高校所在地域的经济发展水平、特殊群体、突发情况、学生消费等因素以制定校园地认定标准。通常在认定实施过程中，校园地认定标准也是以高校当地的居民最低生活标准作为基准线，把生源地出具的学生家庭经济情况、学校的收费水平、学生在校的消费能力等因素纳入考量指标，认定家庭经济困难学生和对应获得的资助等级。目前，各大高校通常把学生家庭的困难程度分为三个等级，即一般困难、困难、特别困难。

关于家庭经济特别困难学生的认定标准，首先考量其家庭人均收入，要低于高校所在地的居民最低生活保障水平线，学生家庭或个人难以承担在校期间的学杂费、住宿费、生活费和其他需缴纳的必须费用。下面列举高校认定家庭经济特别困难的基本标准，主要有以下几类情况：第一是学生个人情况，如学生是孤儿，优抚家庭子女、烈士子女或属于特困供养学生；第二是学生家庭情况，比如学生家庭被生源地政府认定为建档立卡贫困户、最低生活保障家庭等，或其直系亲属没有固定收入的单亲家庭；第三是学生和家人身体健康情况，如学生本人或其直系亲属等患有重大疾病，医疗开支巨大造成家庭有较重的经济负担等情况；第四是家庭经济状况，如学生家庭所在地发生如洪灾、泥石流、干旱、地震等自然灾害，对其家庭财产造成巨大损失的情况。学生在提交申请时，可将相关证件原件或复印件作为支撑材料。

关于家庭经济困难学生的认定标准，其家庭人均收入持平或稍高于高校所在地的居民最低生活保障水平线，学生家庭或个人小部分承担在校期间的学杂费、住宿费、生活费和其他需缴纳的必须费用。下面列举高校认定家庭经济困难的基本标准，主要有以下几类情况：第一是学生虽为孤儿或单亲家庭子女等，但其获得其他亲友长期固定资助；第二是父母均下岗失业或父母残疾等丧失劳动力致使家庭经济收入微薄；第三是学生家庭成员较多，比如存在多个子女上学导致家庭经济开支较大；第四是学生家庭为纯农户，除了农业没有其他途径的收入来源且收入受限。

关于家庭经济一般困难学生的认定标准：学生及其家庭获得总收入能维持其在校期间学习和生活基本开支，但还不能完全承担学杂费、住宿费和其他全部缴纳费用。

各高校制定的家庭经济困难认定办法，对于认定家庭经济特别困难的学生具有非常明确的参考价值，通常学生或其家庭符合其中一条及以上即可纳入特别困难等级，识别对象精准，认定过程高效快捷。但对于困难和一般困难等级的认定，虽然学校依旧制定了具体的认定标准，但多属于弹性标准，在实际认定过程中还会加入其他重要参考依据。比如考量学生穿着、消费水平、生活用品、和日常表现等，了解学生是否使用高档电子产品、购买高档服装和化妆品、出入高档消费场所等情况加以判别。通常辅导员会作为班级民主评议小组组长，年级、班级同学担任评议组员，认定者可能带有情感因素，掺杂个人主观意见，认定过程较为复杂多变。

二、高校家庭经济困难学生认定程序

（一）学生申请

在开展认定工作时，需要充分考虑并尊重学生的意愿，原则上学生自愿发起申请。学校根据学生申请的次数，可定义为首次申请和再次申请。

1. 首次申请

首次申请家庭经济困难认定，涉及的群体主要为大一新生和未申请过认定的老生。首次申请认定的学生需如实填报《认定申请表》和《家庭经济情况调查表》（具体以高校发布要求为准），并向认定工作小组递交证明家庭经济困难的系列材料。上节讨论了不同特殊家庭困难类型，因此可以将相关材料也分为如下几类：一是建档立卡家庭、低保家庭、残疾家庭、烈士子女、特困供养的学生，需要提供由生源地政府职能部门颁发的扶贫手册、低保证、残疾证、中华人民共和国烈士证明书等有效凭证的原件或复印件；二是孤儿学生需提供生源地一级政府相关职能部门出具的证明；三是优抚家庭子女需提供家人所属部队的政治机关开具的相关证明；四是学生家庭成员患重大疾病情况，需提供医院出具的相关病历、诊断书等医疗证明；五是遭遇自然灾害或突发的家庭变故导致经济困难的情况，需提供详细说明并附带证明材料；六是在高中阶段受到资助的大一新生，需提供高中在读学校出具的资助证明。

2. 再次申请

再次申请，即曾被学校认定为家庭经济困难的学生，后续调出困难生库，现重新提交申请。假如该生家庭经济状况没有发生明显变化，通常而言只需填写和提交《认定申请表》等材料即可；若家庭经济相较于之前已发生明显变化，学生除填写和提交相关申请材料外，还需要提供最新的佐证材料，以说明当前家庭实际经济状况，具体要求可参照初次申请相关佐证材料。

（二）资格审查与民主评议

1. 成立各级评议小组

学校、学院成立评审小组，年级（专业、班级）对应成立民主评议小组。组建民主评议小组的应符合广泛性、代表性的原则，小组中学生代表应来自年级（专业、班级）的不同单元，能充分了解和反映申请学生的在校学习生活情况，而申请资助的同学则不应作为小组成员。一般而言，民主评议小组中学生代表人数不少于年级（专业、班级）总人数的10%。

2. 资格审查与民主评议

在学生提交相关申请材料后，民主评议小组组织开展资格审查。审查中发现材料不齐全、填报数据不准确或家庭经济情况描述不清晰的，通知学生补交或更正信息，对于拿捏不准的信息可直接找学生谈话了解并做好相应的访谈记录。若存在无法判定的特殊情况，可通过实地家访、电话回访生源地政府相关职能部门、企业单位等有关当事人进一步开展深入调查。经初步判定，对于不符合申请条件但仍坚持参加民主评议的同学，应当做好相关申请人的书面说明备案。

民主评议小组组长组织年级（专业、班级）层面的评议小组成员召开评议会议，查看通过资格审查学生的申请材料，结合学生在校期间的学习生活状态对其家庭经济情况予以评估。评议小组统一达成一致意见后给出本次家庭经济困难学生建议名单和对应的困难等级，然后给每位申请学生填写小组的评议意见，最后上报学院学校评审小组审核。

（三）审核公示

学院、学校评审小组先后审核提交的家庭经济困难学生初步认定结果。若学院对年级（专业、班级）评议结果有异议，应在征得小组意见后进行更正。若学院和学校一致审核通过，则各层面对相应的家庭经济困难学生名单和认定的困难等级在学院、学校范围以适当的方式公示5个工作日。公示期间若收到实名举报或提出异议材料，学院、学校评审小组应在接收材料的3个工作日以内给予答复。若举报情况属实，应立即对评议结果进行调整。

家庭经济困难学生认定涉及学生家庭隐私信息，因此公示时应严格遵循国家对于个人信息保护的相关法律法规。公示材料中不应该展示学生身份证号码、电话号码、家庭贫困原因、家庭住址等敏感信息，要遵循简洁够用的基本原则，公示姓名、学号、认定等级等基本信息即可。公式前务必严格核查是否符合网络公示规定，在公示期满后立即将公示文件撤下。

（四）建档备案及上报

各级认定结果经学校资助认定工作领导小组审核确定后，学校资助管理中心建立本年度家庭经济困难学生信息库，并逐级递交上报至省市、国家的资助管理中心。

三、高校家庭经济困难学生认定方式和方法

（一）认定方式

目前，家庭经济困难学生认定方式有两种：一是通过生源地所在政府认定，即生源地认定方式；二是在学生进入高校后再开展认定，即校园地认定方式。

1. 生源地认定方式

生源地认定方式是指高校通过申请资助学生生源所在地的县（区）、乡镇民政部门、街道办事处或其父母工作单位出具的关于该生家庭的经济调查说明或困难证明去认定是否为家庭经济困难学生。依据国家出台的生源地助学贷款制度的相关政策，部分地区成立了当地的学生资助管理中心，可直接提供学生的家庭经济困难证明。生源地认定方式普遍适用于大一新生。

生源地认定的主体是地方政府或单位，对当地的经济发展水平较为了解，可结合地方的基本生活水平对学生家庭经济情况做出真实的判断。采用生源地认定方式，可以帮助学校快捷的掌握学生家庭基本情况，一定程度降低资助认定的成本，减轻资助工作的压力。但是生源地认定方式亦存在明显不足，一是出具证明的主体并非出资方，且对开具困难证明无明确的要求，缺乏监督和约束的机制，地方政府或单位常出于关怀之心给学生开具证明，使得其失去真实性。由于信息不对称，导致高校无法直接鉴别。二是不同生源地存在经济发展水平差异，不同的生源地出具证明的主体对贫困的界定与理解不同，使得生源地认定方式开具的证明不具备可比性。

2. 校园地认定方式

校园地认定方式就是指学生入校后，班级、年级（专业）、学院和学校通过民主评议和组织评审等方式，以学生家庭经济情况为基础，结合学生在校的相关情况，对其进行困难认定。校园地认定方式强调学生在校的实际生活情况，以直接或间接方式了解学生的真实生活状态，再结合资助的政策与原则在班级（或专业、年级）进行评议，提高学生的参与度，并增强资助认定工作的民主性，能较为客观地评价学生的实际情况。

校园地认定方式亦存在一定的不足，一是家庭经济困难学生认定量化指标体系不够成熟，在认定评价时仍多依赖于描述和经验判断，其严肃性与规范性不足；二是民主评议过程趋于形式化。对于家庭经济实际困难学生，往往因自卑心理不愿意暴露自身家庭情况，相对一些家庭经济不那么困难的同学，因自认为困难而频频申报，评议小组碍于情面或责任意识不够，使得民主评议容易流于形式，相较于真正困难的同学不能得到合理的认定。

（二）认定方法

在家庭经济困难学生认定过程中，认定方法随着高校资助工作的开展也在不断演变，总体遵循定性评价或定性加定量评价的原则，各种方法互补共存，保障认定结果精准、合理。目前，较为常见的认定方法有：贫困证明法、居民最低生活保障线对比法、消费水平对比法、指标量化测评法、民主评议法等。

1. 贫困证明法

贫困证明法是指通过贫困证明来进行认定。贫困证明主要包含三类：一类是县（区）、乡（镇）民政部门、街道办事处或者申请资助学生父母单位开具的证明；二类是建档立卡贫困家庭、最低生活保障家庭等特殊困难家庭的相关证件，如低保证、中华人民共和国烈士证明书、残疾证、离婚证等；三类是认定主体机构提供的申请材料统计表，如《家庭经济情况调查表》《家庭经济困难认定申请表》等。

2. 居民最低生活保障线对比法

居民最低生活保障线对比法是指将学生在高校的学习生活的总体支出除以高校所在地居民最低生活保障线，若小于1则为特别困难，等于或约等于1则为困难或一般困难。

3. 消费水平对比法

采用国际研究相对贫困标准的计算方法 $PL = X/2$，其中 X 表示大学生每月的平均消费水平，PL 则表示贫困线。通过调查大学生的月平均消费水平，即可定出贫困线。若该校大学生的月平均消费水平为 600 元，则贫困线为 300 元，与真实的贫困水平应该相当接近，再考虑一些基本的物价因素，可以弹性的微调贫困线。学生家庭若无法承担此开销，则可被认定为贫困。当然，不同高校、地域的家庭收入水平不一致，学生每月的平均消费水平界定也不尽相同。

4. 指标量化测评法

指标量化测评法是指对统一规定的家庭经济困难学生认定指标体系逐项评分，汇总学生各项指标得分，通过分数量化评估学生家庭经济困难程度和认定资助等级。指标量化测评法侧重定量评估，关键在于指标体系的完整性，通常会考虑学生本人健康状况、学生家庭类型、生源地分布、父母健康状况、家庭收入情况、突发状况、学费、生活费等，使用于多因素观测，操作相对复杂，但能综合地给予更为精准的认定。

5. 民主评议法

民主评议法即认定主体通过会议等形式对申请者的家庭经济情况进行评议，无记名投票得出资助认定结果。民主评议法一般在指标量化测评的基础上开展，认定主体包含辅导员、学生干部、寝室长等能够反映申请者日常生活学习情况的群体。

第三节 高校家庭经济困难学生精准认定面临的问题与原因分析

在国家开展精准扶贫工作背景下，高校家庭经济困难认定被赋予了新的内涵，即"精准识别"家庭经济困难对象，这是高校实现精准资助工作的首要环节。随着国家出台新的资助政策，准确化、精细化、规范化已成为高校资助工作的大趋势，精准认定环节成为高校资助工作精准发力的关键。然而，在家庭经济困难精准认定的实施过程中存在一系列的问题与挑战，难以准确把握"精准识别"的科学性。

一、认定标准模糊，可操作性差

目前，因地区发展差异等原因，我国家庭经济困难认定未设立全国统一的认定标准。教育部以及各省市教育厅下设单位认定标准文件，但这些文科通常只具备指导性意见。因此，教育主管部门将家庭经济困难认定标准的制定权力下放至高校，由各院校依据实际情况制定符合校情的认定标准。高校通常结合教育部和地方指导文件，提出主要的认定参考指标，而具体的认定权下放至二级学院各年级（专业、班级），即具体实施认定的辅导员、教师代表和学生代表群体。

（一）认定标准重定性指标

在教育部下发的《指导意见》中关于"难以支付其在校学习期间的学习和生活费用"的界定标准模糊宽泛、可操作性不强。目前，大多数高校开展家庭经济困难认定工作都不再依靠传统的主观经验式定性判断，而是逐步探究建立操作性和指导性强、科学性高的量化指标体系。由于人为因素影响等原因，参照的认定标准可行性和可比性并不高，定性指标重的现象明显，无法保障家庭经济困难认定的精准性。

当前，各大高校家庭经济困难认定标准主要参考四个方面：一是学生的家庭经济实际情况；二是学生家庭缴纳学杂费用的能力；三是学生在学校的日常消费能力；四是地区居民最低生活保障水平线。由此也就产生了相应的认定标准：学生家庭收入标准、学生能承担学杂费的情况、学生在校期间每月的消费水平、生源地和高校所在地居民的最低生活保障标准。看似考虑全面，但在实际操作过程中难度极大，高校资助认定时间集中、数量大、工作任务重，深入判定各项指标的可行性不强。

大多数大学生都是纯粹的消费者，其经济主要来源于家庭，所以以认定标准着重考量还是基于学生的家庭情况。高校了解学生家庭经济情况的主要渠道来自学生本人提供的说明、特殊家庭证件或生源地政府开具的家庭经济调查说明、贫困证明，但普遍存在信息不对称的现象：一是证明材料核实较难；二是从证明材料无法辨别学生家庭的困难等级。对于特殊困难情况家庭，各大高校的认定标准相对统一。举例某高校设定的特别困难等级认定标准：第一，学生是孤儿，自身并无经济来源且没有社会福利机构收养；第二，学生是优抚家庭子女或烈士子女；第三，其家庭被生源地政府认定为建档立卡贫困户；第四，其家庭被生源地政府认定为最低生活保障家庭；第五，属于特困供养学生；第六，单亲家庭，学生的直系亲属没有固定收入；第七，因学生本人或其直系亲属等患有如癌症等类型的重大疾病，医疗开支巨大造成家庭有较重的经济负担的情况；第八，学生家庭所在地发生如洪灾、泥石流、干旱、地震等自然灾害，对其家庭财产造成巨大损失的情况。符合其中一条以上的申请者可直接认定为家庭经济特别困难学生。对于其他困难类型家庭的认定标准，则更多考量的是学生在校的学习生活等情况，如着装、生活用品等定性化指标，这些指标不能给予精准认定强有力的支撑。

（二）困难等级认定主观性强

高校家庭经济困难认定工作不仅需要判断申请学生的家庭经济是否贫困，还要对困难等级进行判定。当前各大高校最为常用的困难等级划分方式有两类，一类是三分法，即把困难等级划分为特别困难、困难和一般困难三档；而另一类则是直接划分为特别困难、一般困难两档。各高校依据自身实际情况选用三分法或者二分法，但对困难等级的认定以学生家庭实际经济情况为主，对非经济因素不做考虑。

高校家庭经济困难认定流程基本遵循"学生自愿申请—班级（或专业、年级）民主评议—学院审核—学校批示"的流程，困难等级的认定主要集中在班级（或专业、年级）民主评议环节。如上节谈到，各高校对于特别困难档次基本都制定了较为明晰、可操作性强的认定指标，可以较为精准地识别出家庭经济特别困难学生。但调研分析高校对于其他困难等级的认定指标设置发现，基本使用范定性化指标。认定指标是高校家庭经济困难认定的标尺，没有清晰的刻度就无法精准识别认定。一旦出现家庭情况相似或界定边缘的学生，则容易出现主观认定行为。特别对于家庭经济一般困难学生的鉴定，这部分学生家庭条件基本相似，认定过程主要考查学生在校的经济消费情况，如是否使用高档电子产品（高档手机、电脑、手表等）、是否购买奢侈品（衣服、化妆品等）、是否出入高档消费场所等。但在实际认定过程，这些因素都无法直接判定。电脑为基本的学习工具，不同专业学习者对电脑有不同要求；高档衣服或化妆品可以为他人赠予或打折用品；等等。因此，诸如此类情况的困难等级认定可能带有较强的主观性。

（三）认定指标设置缺乏科学性

调研数据发现，部分高校的认定工作不再局限于对《家庭经济情况调查表》等申请表材料笼统地定性分析，逐步制定推行量化认定指标的测评表，以追求更加精准的认定。参考分析不同高校制定的测评表可以发现，基本都分类设置了一级目录、二级目录、三级目录，具体指标高达几十余个，反映学生本人以及家庭等多个观测点信息。但是，不同高校的测评表指标设定存在差异，且对应指标赋予的分值权重更是不一致。通过访谈和调研等方式了解到，各校的测评表基本是以本校资助政策为依据，在充分调研学校资助实情后，由校、院级领导、资助工作负责人、家庭经济困难认定参与者、教师代表、学生代表研讨制定。对于一级目录而言，主要包含学生家庭类型、学生生源地、学生家庭收入情况指标等，而部分高校亦将不同专业学费、父母健康状况、家庭自然灾害等纳入作为观测指标。所以不同高校的测评表差异巨大，各自观测的指标信息点不尽相同。再例如对于学生生源地这项指标，二级目录依据具体地点（东部、中部、西部）进行划分，三级目录考查是否为贫困县、家居农村或城镇等信息作为认定依据。尽可能较为广泛的覆盖，但仍忽略不同地区的家庭经济水平。综合而言，测评表中认定指标设置的科学性有待验证。

（四）消费水平判定不准确

学生在校消费水平是各高校纳入家庭经济困难认定的重要指标。在大数据统计背景下，各高校建立学生日常消费的监测体系，以期准确评估大学生每月的消费水平，而当前最为流行的方式就是凭借追踪校园卡一卡通的消费情况来判定。从高校的管理体系可以看出，大部分高校都已经实施校园一卡通系统，校园一卡通通常可用于食堂用餐、水电充值、进出图书馆，甚至搭乘城市公交等，可以有效地记录学生生活消费情况。通过统计分析学生校园一卡通消费数据，作为家庭经济困难认定的参考数据之一是具有实效意义的。

以往由于监测手段的单一性，众多高校只能直接通过校园一卡通消费数据对学生的消费水平进行判断评估。但是，随着近年来微信、支付宝等支付方式地迅猛发展，学生在校的消费支付工具已经逐渐转换，支付宝、微信已成为同学们日常消费的首选支付工具。虽然在校内的日常消费支付多依赖于校园一卡通，但是学校周边和外部消费基本无法统计。对于部分高校，即便是食堂等消费场所，也可不再使用一卡通支付。因此，学校对于学生在校消费水平的评估要酌情纳入其他参考数据，仅通过校园一卡通消费数据来衡量学生的消费水平通常不够准确。

二、资助工作队伍发展缓慢

通过网上问卷调查和对多所高校走访调研发现，高校的资助工作队伍建设发展缓慢，整体专业性不足，无法匹配新时期资助工作精准化的时代要求，具有较大的改进空间。

（一）资助工作队伍人员配置不足

教育部下发的关于高校资助工作管理通知对学生资助工作队伍建设有明确要求。学校需按照实际编制情况配备专职的资助工作管理人员，人员数量原则上以满足1∶2500的基本比例进行设置。但在实际的政策执行过程中，多数高校都没能达到这一要求，专职的资助管理工作人员配备远不达标。各高校通常采用配备1~2名专职资助工作管理人员，再安排临时兼职人员的方式开展工作，或者调动二级学院辅导员协助开展工作，将专职资助管理人员的工作量分发至一线辅导员。辅导员是高校开展思想政治教育工作的重要力量，但普遍存在配备不足的问题，同时辅导员兼顾处理各项事务性工作，没有充沛的精力与时间投入家庭经济困难学生认定工作的研究中，缺乏对资助政策的精准把握，不能及时发现存在的问题，造成家庭经济困难认定成为一种"任务性"工作。人员的缺乏使得资助认定工作的效果大打折扣。

（二）资助工作人员综合素养不够

参考对比各高校资助管理工作人员招聘细则发现，资助管理工作人员招聘专业要求和选聘标准缺乏合理性、科学性。高校在把关选聘关口时，注重学历层次，而缺乏对专业素养和岗位敬业精神的考察。一些资助管理工作人员，不能深刻理解资助工作的核心内涵，往往只能重复简单的工作内容，把时间和精力仅投放在完成事务性工作中，而缺乏对学生资助工作深入、系统的思考，导致没能准确把握资助育人的核心要义。高校资助工作是一项庞大的系统工程，资助工作人员不仅要熟知国家的各项基本政策、学校的工作流程以及工作细则，还要准确地做好部门的对接，具备良好的网络信息化处理能力。目前，由于高校资助工作人员培训体系不完整等因素，多数资助管理工作人员上岗前并未接受过系统专业的培训，部分人员可能对资助工作不甚了解。同时缺乏大数据信息处理能力，使得资助工作处于精力耗费多而效率低的尴尬局面。

（三）资助工作人员流动性大

从资助工作岗位设置和资助工作开展过程可以发现，资助工作人员的流动性比较大。从学校职能部门岗位设置层面而言，首先，多数高校对于行政岗位实行轮岗制度，一名资助工作人员在岗位上锻炼两、三年，刚好熟练掌握了资助工作就面临抽调至其他岗位的可能性，新进的工作人员需要花较长的时间熟悉岗位工作内容；其次，多数高校将资助管理中心下设为学生工作部（处）的一个职能部门，由于缺乏配套的晋升激励机制，岗位晋升渠道狭窄，加之资助工作事务繁重，需要占据大量的时间，使其难以分配更多精力去承担额外的科研任务，因此在职称评定中难获肯定。综合来看，都容易导致核心资助工作骨干流失。而从资助工作开展的实际层面来讲，高校的资助管理中心人员缺编是一个常态化问题，在开展资助认定工作时，学校多通过招聘学工助理来协助开展工作，而勤工助学岗位基本是流水兵，很多学生也仅仅只任聘一或两个学期。当二级学院具体开展家庭经济困难认定时，认定队伍中辅导员、教师代表、学生干部代表因岗位轮换、时间难以协调等因素频频更换，每年认定同一批次的家庭经济困难学生，认定队伍成员却总不相同，难以保障认定的精准性和延续性。

三、认定方法缺乏科学性

通过调研数据发现，不同高校资助工作的制度完善程度有所差异，对于家庭经济困难认定采用的方法也不尽相同。现行的家庭经济困难认定主要采用定性认定或定性加定量认定两种方法，如贫困证明法、居民最低生活保障线对比法、消费水平对比法都属于定性认定方法，而指标量化测评法、民主评议法则属于定量加定性认定方法。在实施过程中，存在不少实际问题。

（一）定性认定主观性较强

在实施认定过程中，定性认定方法的主观性较强是阻碍精准认定最大的问题。调研使用贫困证明法的高校得知，特殊困难情况的家庭因为有准确真实的依据，可准确快速地判定学生家庭经济困难情况与等级，而直接提供家庭经济调查说明的真实性难以判断，往往需要认定主体（辅导员等）通过直接或间接方式深入了解才可能辨别。由于认定时间短、任务量重等因素影响，认定主体多数采用"看材料"的方式评定。使用居民最低生活保障线对比法和消费水平对比法，出现的问题主要包含两个方面：一是无法准确地统计学生在校的总体消费支出，不能有效估量学生的月平均消费水平；二是认定标准未进行动态更新，如居民最低生活保障线连续多年保持不变。以上问题导致困难认定的标准模糊宽泛。

（二）定性定量认定科学性有待提升

在实施精准认定的背景下，定性认定方法的不足显而易见，高校认定主体进而提出定性加定量的认定方法，即采用指标量化测评法和民主评议法开展家庭经济困难认定。而主要的定量认定还是体现于对认定指标的量化，给定不同等级的认定指标，对每项指标加以赋分，通过测算各项指标并排序，判断申请资助学生的困难程度。再结合学生提供的申请材料、日常在校生活表现进行民主评议，以认定资助等级。在具体的实施过程中，依然暴露出一些问题。一是认定的指标多为定性指标，导致民主评议过程易于产生主观判断。例如某高校量化表认定指标：一级目录，家庭赡养老人情况；二级目录，无赡养老人情况、需共同赡养老人、需独立赡养老人；三级目录，赡养老人的数量和是否健康（1~4位老人、老人身体均健康或患有重大疾病）。此处观测的信息全为定性指标，无法定量评估赡养老人对家庭经济情况的具体影响，只能作为参考判断依据，而民主评议意见则多参照材料的"惨烈"程度。而对于家庭具体收入金额、月生活费等量化指标，很少在测评表中体现。二是测评表中的认定指标不具有关联性，指标赋分缺乏合理性、科学性依据，部分测评表同时观测学生生源地和学生家庭收入情况，但两个指标没有建立必然联系。若在学生选定生源地，即可通过评估该生家庭收入在当地的具体水平而赋予相应的分数，将会大大地提高认定的精确性。

四、认定过程保障机制不完善

家庭经济困难认定是一个系统工程，包括学生申请、民主评议、学院评审、学校审批上报等环节，然而一个完整的认定还应包括前期的宣传准备和后期的追踪复查，各个环节都是不可或缺的。不同的环节都存在影响精准认定结果的不良因素，但当前我国对于家庭经济困难认定过程的保障机制还不完善，精准化认定工作的推进依旧困难重重。

（一）贫困证明材料真假难辨

目前，我国没有健全的收入申报和统计制度，高校无法直接准确地知晓学生的家庭经济收入情况，所以只有通过申请资助学生提供的证明材料去评估其实际家庭情况，再结合在校的日常消费去观察判断。只有真实的家庭经济状况数据才能为精准识别困难学生提供有力的支撑，但当前高校因为种种原因无法对学生家庭经济状况进行认识。

高校将县（区）、镇（乡）职能部门或公司单位出具的证件、家庭经济调查表和困难证明作为判断学生家庭经济是否困难的重要凭证之一。当前建档立卡扶贫手册、低保证、残疾证等证件是经过政府部门直接审核发放的，其真实性和权威性具有保障，但是《家庭经济调查表》和困难证明的公信力较差、"水分"重，其所述内容的真实情况需要进一步验证。其中的"水分"可以从两个方面进行阐述，一是学生诚信缺失方面。学生申请家庭经济困难认定，除了提交认定材料，基本无须付出其他就有机会获得资助。在这样的利益驱动下，学生的心态逐渐发生转变，慢慢出现伪经济困难生"谎报"的行为。二是《家庭经济调查表》和困难证明本身存在设置不合理的现象。《家庭经济调查表》中的部分内容存在模糊不清状况，如家庭年收入、家庭成员健康状况或家庭欠债情况等，这些数据存在太多的主观因素且无法核实，加之家长和生源地都存在准确度缺失，使得申请学生被模糊，自身无法获取准确的数据缺乏客观真实性，所以造成其公信度大打折扣。而困难证明全国没有制定统一的标准模板，开具内容五花八门，多为片面性描述，导致其不具备较高的含金量。

（二）生源地政府认定形式化

高校家庭经济困难学生认定的实际执行者和最终责任人均为学校，资助项目、资助对象的确认与资助发放皆与生源地政府没有利益关系。同时生源地政府不用承担具体的监控责任，是否开具困难证明、困难证明是否经过审核都无关紧要，给学生出具证明就成为"良心活儿"，职能部门通常以简单了事的心态模糊处理。由于没有责任监管制度，生源地相关职能部门往往不会花费精力对申请资助的学生家庭情况进行调研或者核实；更有甚者明知其家庭经济并不困难，但碍于人际关系等因素反而帮忙出具不真实的困难证明。现实中，也存在一部分家庭经济困难学生，因家庭地理位置偏僻、信息不通畅等原因不知晓去何处开具证明或遭受相关单位故意刁难而不帮助开具证明，导致失去申请资格情况。这些情况无疑给家庭经济困难认定带来负面影响。

（三）民主评议主观性强

教育部指导意见要求各高校开展家庭经济困难认定工作要采用学校评定和民主评议相结合的认定方式。虽然高校依据实际情况制定了相关的规章制度，但具体操作实施却大不相同。常见的有民主评议小组组长主导确定认定名单、班级同学代表讨论推荐、申请学生自我家庭经济状况陈述等形式。目前，大部分高校对民主评议过程都没有统一的执行标准，对于参加认定的各方主体而言，主观因素存在的概率极大。

（四）缺乏认定后续保障

我国家庭经济困难认定技术处于滞后状态。目前，大多数高校对家庭经济困难学生的信息采集仍旧使用原始手工纸质记录，无法实现信息查阅处理能力较差，这不利于学校家庭经济困难学生精准认定流程规范化发展，过于依赖定性认定评价模式也急剧降低了家庭经济困难认定的质量，影响精准识别家庭经济困难生的科学性。对于精准识别家庭经济困难生这项复杂而庞大的系统工程，高校应该结合新媒体时代资助工作的最新需求，建立家庭经济困难学生管理信息库，给家庭经济困难生的精准识别和认定提供重要保障和依据。

通常来讲，提高对家庭经济困难学生的认定成本可以一定程度上提高资助认定的精准性，但对高校的实际要求较高，高成本的投入难以实现。假如对每一位申请资助认定的学生按照理想的步骤，一步一步地调研、核查、认定，需要大量的财力、人力和物力的投入，高校生源来自全国各地，地域分散，差异明显，要做到全面分析具有一定难度，部分申请认定原始材料失准、失真难以避免。

认定过程缺乏有效的监督载体与保障机制。认定主体担任多重身份，既是审核者，可能又是监督者，多重身份相互混杂，身份职责界定不明，导致有效监督缺位。例如在民主评议的过程，对评议的流程进行评价、对评议的公正公平性进行监督、审核认定名单的精准度等都需要强有力的监督予以保证。同时认定过程缺乏有效的跟踪复查机制，众多高校并未进行跟踪调查核查是否存在弄虚作假或认定遗漏等情况，对于失信行为的处罚措施还需不断完善。高校资助小组在认定过程中亟须独立的监督机制与平台，对认定主体权利使用规范予以监督，防范过程被操纵情况发生，加大精准认定的保障力度。

第四节　高校家庭经济困难学生精准认定的实现路径

在国家大力推进精准扶贫的大背景下，高校紧跟时代潮流，不断推进高校资助育人工作精细化发展。精准识别家庭经济困难对象作为高校家庭经济困难认定工作的首要环节，是实现高校资助工作精细化发展的基础与前提。由于受多方面因素影响，高校在实际推进工作中仍面临着较多现实问题。我们结合诸多因素进行总结分析，以探究出科学、合理的家庭经济困难精准认定的方法与路径。

一、树立精准资助育人理念，开展学生诚信教育

（一）树立精准资助育人理念

教育的对象为学生，教育工作都是围绕"以生为本"的这一根本目标开展的。高校精准资助育人工作就要牢牢地把握这一规律，充分了解、全面分析家庭经济困难学生的现实需求，关心和尊重每个受助学生的个人发展，努力培养学生的道德素养、学识能力、技能知识和心理素质，使其成为德智体美劳全方位发展的优秀人才。

首先，明确家庭经济困难学生是资助育人过程的中心。高校在开展各项资助工作的过程中应紧紧围绕家庭经济困难学生来进行，同时清晰地认识到不同学生个体之间的差异，比如家庭条件、个人能力、文化水平以及心理素质等各个方面，理解与尊重困难学生的个体差异，遵循因困施助、因材施教等原则，鼓励和引导困难学生发挥个人的主观能动性，开拓自身潜力、个性发展，以更好地满足其多层次需求。其次，站在家庭经济困难学生的立场思考问题。高校应该掌握困难学生的心理变化，精准把握他们的真实需求，不局限于提供单一的经济、物质基础保障，而应不断结合困难学生智力、能力、素质、品德方面的发展需求，在能力和精神层面给予适当的引导。积极地创新资助工作的内容与形式，提供宽维度、多层次的支持与帮扶，帮助学生实现全面发展，以更好地实现资助工作的时效性和针对性。

精准资助育人理念是高校开展精准资助工作的指导方针，明确了精准资助的政策要求和方向，为家庭经济困难精准认定提供理论依据和行动指南。

（二）加强大学生诚信教育

在高校家庭经济困难认定工作中，诚信已成为一个不可忽略的重要因素，极大地影响高校对家庭经济困难学生的精准识别。因此，高校首要工作是加强对大学生的诚信教育。

要扣好大学生诚信教育的第一颗扣子。第一要抓住大学生新生入学教育契机，通过宣讲会、座谈会、讲座等形式对大学新生开展资助政策宣讲，并开展全面严格的诚实守信道德教育，培育契约精神和诚信意识。第二要把握家庭经济困难认定前的关键时间节点，借助主题班会、年级大会、干部会议等契机持

续开展诚信宣传，营造讲诚信的氛围。第三要深入挖掘诚实守信的典型故事，征集以视频、图画、文字等方式呈现的诚信作品，并在主流网站宣传报道，通过真人真事潜移默化地影响广大学子。夯实学生诚实守信的道德品质，可有效降低伪经济困难学生出现的风险。

诚信教育是思想政治教育的重要组成部分。思想政治课教师要发挥第一课堂的育人功效，擅用学生喜爱的方式开展诚信教育，提升诚信意识。同时广大教师要以身作则，做诚信言行的模范，以自身行为感染学生，鼓励家庭经济困难学生正确地看待困难、直面困难，乐观生活，引导家庭经济情况好转或不困难学生积极地调整或退出困难认定，以不影响资助资源的合理配置。

要想从根源上解决诚信问题，高校应建立完善的诚信档案机制。即对于在家庭经济困难认定过程中，提供虚假信息或虚假材料的同学，一经发现，视其情节严重情况，给予相应的惩罚或处分，并将个人的不诚信行为在诚信档案中备案。

二、构建分层分类的精准认定机制

（一）强化认定制度，规范认定流程

高校家庭经济困难学生认定是一项庞大且复杂的系统工程，完善的认定制度是家庭经济困难学生认定工作顺利开展和认定结果精准的重要保障。生源地政府和高校是实施认定的两大主体，由于地域差异等原因，双方的认定体系不尽相同。应将地方政府与高校的认定建立对接制度，打破认定主体双方"几乎零交流"的屏障，形成健全的家庭经济困难学生认定制度体系。高校可以逐步搭建与地方政府职能部门的沟通平台，借助网络新媒体工具，邀请地方职能部门入驻学校资助中心管理网站，高校每年完成家庭经济困难认定后将认定结果与资助情况反馈至生源地所在政府职能部门，形成认定闭环。

规范高校家庭经济困难认定流程，确保认定精准。一是认定前多途径核实学生家庭经济情况，每次随机抽样申请资助学生，以电话回访、问卷调查等形式多角度了解学生信息；二是拓展材料提交的形式，如调查报告、群众联名等形式，为申请材料提供充实、全面、准确的支撑。

（二）制定可操作性的认定标准

认定标准是精准识别困难对象的核心要素。在地域差异较大的实际情况

下，主体间的认定差异，仅凭"难以支付其在校学习期间的学习和生活费用"这一标准无法界定学生家庭经济困难程度。各高校在指导文件的基础上制定各种认定标准，但实际可操作性较差，部分标准科学性有待考证。

部分高校直接依据本省的居民最低生活保障水平进行判定是不科学的。考虑我国不同地区的经济发展水平因素问题，依据省份或城市判断过于笼统，如成都与四川其他城市，由于省会与非省会城市这个因素区别，两地的物价水平和生活成本相差较大。因此，可以进一步地探究，制定更精细化的标准。若再加入地方物价衡量标准，参照 GDP 平减指数（通过地方的 GDP 数据计算得出数值），则可以较为准确的评价各城市的物价水平。具体认定指标需要科学合理设计，而逐级定量指标的设置给认定标准制定提供了新的思路。

教育部给定的指导文件提出，家庭经济困难学生认定的依据包含家庭经济因素、特殊群体因素、地区经济社会发展水平因素、突发状况因素、学生的健康状况等各方面。但因学生家庭经济水平、学生基本生活费、健康情况都只是定性认定评价指标，在实际认定过程中极易产生主观判断而使得认定失真。目前，众高校结合实际情况不断探索并制定新的认定标准，通过设定合理的认定指标以便更加真实地反映并评价学生及其家庭的真实情况。如何制定出一套科学的、合理的家庭经济困难学生认定指标体系，全面适用于我国家庭经济困难学生认定工作将具有重要的现实意义。家庭经济困难学生认定指标的选择不仅要考虑代表性，同时还要有可行性、量化性和可比性，尽量保证不遗漏、不交叉，有层次、覆盖面广。调研总结各高校的认定标准，列举高校通常观测的认定指标如下，主要包含九类。

第一类是学生本人的健康状况。不同区域的经济发展水平存在差异，这种差异在生活饮食环境、医疗保障等方面都有较为明显的体现，即使学生家庭经济情况相近，但总体的生活保障不一致，学生的身体健康程度也将有所差异。学生的身体健康状况可以侧面反映家庭的生活状况或开支负担。若学生长期处于非健康状态或需长期服药治疗等，势必对学生造成心理负担与生活压力，进而可能影响学习。健康状况是判断学生自身生活是否困难的直接因素之一，作为家庭经济困难精准认定指标之一非常必要。通常情况下，各高校对学生的身体健康因素会拆分为如下几项具体指标进行评估：①健康状况良好；②残疾，影响正常学习、生活；③患有重大疾病或遭遇突发事件，造成较为严重的伤害；④长期患病（慢性病）。

第二类是学生家庭类型。家庭类型认定指标的观测信息主要为特殊困难情况家庭。各生源地政府会依据所在地区的贫困标准认定当地的特殊困难家庭，相关特殊情况家庭持有政府部门严格审核发放的证明材料，能直接真实地反映学生家庭的困难程度。众多高校特别困难档次认定标准基本都参照特殊困难情况类型而制定，主要分为如下几项指标：①建档立卡贫困家庭（扶贫证明）；②最低生活保障家庭（低保证）；③特困供养家庭；④烈士子女；⑤孤儿，分为无经济来源、无社会福利机构收养和有固定亲友经济救助，但不能解决生活和学习费用等两类；⑥并非以上家庭类型。

第三类是学生生源地。生源地的经济发展水平差异一定程度上反映了所在地区学生家庭经济水平差异，部分学生家庭地处贫困县，家庭经济收入能力较差，是导致其家庭贫困的主要原因。上文提到，生源地直接作为认定指标过于模糊，有高校采用农村和城镇下一级认定指标，其反映的精准度更高。总体而言，单一的生源地仅可作为基本认定标准之一。在实际情况中，部分家庭已经脱离生源地区，生活水平有所改善，高校可结合学生的家庭地址进一步探究更为精准的认定指标。举例高校生源地认定指标设定标准：①东部地区（包含北京、上海、辽宁、福建、山东等省市）、中部地区（包含吉林、黑龙江、山西、河南、湖北等省）、西部地区（包含内蒙古、广西、四川、重庆、西藏、青海、贵州等省市）；②二级指标分为城镇、农村和国务院扶贫办发布的扶贫县。

第四类是父母健康状况。绝大多数学生上学期间的生活、学费开支都由父母提供，若父母身体健康状况不佳，不具备劳动能力，甚至有较高的医疗费开销，必定导致家庭生活负担沉重。父母的健康状况能间接地帮助判断学生家庭经济状况。部分高校将父母健康状况逐级分为以下几类：①单亲家庭，二级指标列为身体健康、近期一般慢性疾病、长期慢性疾病或残疾导致丧失劳动力、遭遇车祸等重大突发事件导致劳动力丧失、长期（突发）重大恶性疾病等；②双亲家庭，二级指标分为父母单方或双方同时发生相关情况；③孤儿家庭，父母双方已故。

第五类是家庭子女情况。通常情况，多子女家庭相较于独生子女家庭有更大的生活压力，如生活支出或教育开支等，同时子女人数、其他子女的健康或生活能力也可以作为认定标准的参考依据。参考高校的逐级指标设置如下（已排除已婚或独立生活子女）：①独生子女家庭；②多子女家庭（不含学生本人），二级指标包含均已就业、均为上学但无工作、均在接受义务教育、部分上学、部分未上学无工作、均在上学且非义务教育阶段；③其他子女健康状况，二级指标参照家庭成员健康状态进行设置。

第六类是家庭赡养老人情况。不同的家庭在一定程度可能承担着赡养义务，老人的身体状况决定着家庭在赡养过程中需承担的经济支出，这是判断家庭负担轻重的重要参考依据之一。参考高校的逐级指标设置如下：①无赡养老人情况；②须共同赡养老人情况；③须独立赡养老人情况。对于有赡养义务的家庭设立二级指标，包含老人的数量、身体健康、患重大疾病或常年患病、患病老人的数量等。

第七类是学生家庭收入情况。由于我国实行并入收入的申报和统计制度，因此判断收入情况多由地方相关部门在经济调查时填写提供，上节分析指出，由于各种原因，此项数据极易失真，因此在数据基础上可以加入父母工作类型、劳动能力等因素进行判断。参考高校的逐级指标设置如下：①父母皆有工作，收入水平达不到本地最低收入标准；②父母中一人务工，另外一人务农，收入水平达不到本地最低收入标准；③家庭为纯农户，即父母二人在家务农，收入水平达不到本地最低收入标准；④家庭为纯农户，家庭所处位置自然环境恶劣，致使家庭收入有限；⑤父母一人失业下岗后没有稳定收入来源，另一人收入水平达不到本地最低收入标准；⑥父母双方都失业下岗，家庭没有稳定收入来源；⑦父母一人因残疾等原因造成无劳动能力，另一人收入水平达不到本地最低收入标准；⑧父母一人已丧失劳动能力，另一人收入水平达不到本地最低收入标准；⑨父母二人劳动能力较差；⑩父母二人皆不具备劳动能力。以上指标为定性认定，做到了精细化分类，若使用科学的赋分法则，实为一种有效的认定标准。

第八类是家庭突发状况。原本并不困难的同学家庭突然遭遇变故等可能导致家庭经济困难，家庭突发情况具有临时性，在指标设置时通常考虑近 2~3 年情况。参考高校的逐级指标设置如下：①家庭遭受重大自然灾害或重大经济变故造成重大经济损失（5 万元以上）；②家庭遭受自然灾害或经济变故造成比较严重的经济损失（3 万元以上~5 万元）；③家庭遭受自然灾害或经济变故造成一定的财产损失（1 万元以上~3 万元）；④家庭遭受自然灾害或经济变故造成财产损失较小或未遭受突发变故。具体变故产生的经济损失可依据高校认定实际情况而定。

第九类是学费。学费是一个完全量化的指标，不同高校缴纳费用不一致，而不同专业也并不相同。高校在认定过程可以逐级分为文科、理工科、医学、农学、艺术等实施考量。

以上九大类认定指标涵盖家庭经济困难学生认定考量的基本要素，逐级指标作为有效的补充，提高了对学生家庭情况观测的可操作性，可以大大提升认定的精准度，给认定主体有效的指导。

（三）制定科学有效的认定方法

生源地到校园地认定中的系列认定方法表明，单一的定性认定方法不再适合精准识别对象要求下的家庭经济困难认定。制定科学有效的认定方法主要从两个方面思考，一是增加原有认定办法的可行性与有效性；二是各种认定办法协同互补，共同发挥有效作用，提高认定的精准度。

首先，是贫困证明法的改进。在前面的论述中提到，可以逐步建立与生源地政府的联系，形成认定材料和认定结果的核查反馈。但是高校生源分布广泛，短时期难以完成互通平台的搭建，而且这是一项长远的系统工程，可分步实施与实现。保障《家庭经济情况调查表》的真实情况一直是精准认定需要破除的难题之一。如何去除"水分"？可采用拓展调查表的核查内容与核查依据，高校统一设定全面合理的家庭经济调查内容，比如从提交证明材料的源头出发，要求学生开具证明前，提供父母单位证明、银行卡流水、学生在校证明、个人日常消费证明等供地方和学校认定。

其次，高校参照家庭经济困难学生认定的影响要素，统筹分析，合理选取定性和定量评价指标，通过特尔斐法则，科学地给各项指标赋予合适的权重，制定符合学校认定实际的测评表，不断在认定实践过程中修正、调整，保证各项认定指标的科学性。

最后，在采集学生有效家庭经济情况信息并量化评估学生家庭经济困难程度的基础上，结合民主评议法进行最终结果认定。虽然测评量化指标体系可以有效地量化学生家庭经济情况，解决可操作性的问题，但是家庭经济困难因素是复杂多变的，仅仅依靠量化经济困难数据不具备绝对准确性。"定量分析＋定性考察"相结合的认定方法更为科学，在实际认定过程中行之有效。

三、建立有效的精准认定保障机制

（一）建立动态的家庭经济困难学生电子档案

传统的纸质存档方式，家庭经济困难学生认定资料和信息只能通过手工翻阅确认，信息搜集缓慢且无法实现纵向年份家庭经济困难学生信息库的有效对比，失去参考价值，影响精准认定的效率和效果。高校要保障精准认定高效常态化，首先需要建立家庭经济困难生电子档案，保证家庭经济困难学生的信息长期有效并能被快速准确查找到。电子档案可以将学生的生源地基本信息、家庭成员工作及健康情况、在校月消费水平等有关认定的关键信息进行登记,上传学生相关困难证明材料,全面掌握家庭经济困难学生的数据。同时可以依据《家庭经济调查表》《测评表》《申请表》等材料对学生信息进行补充完善,辅导员或班主任等认定主体通过日常学生生活状况对电子档案进行完善更新。其次,家庭经济困难学生电子档案建立完善后,要实施动态管理机制,让电子档案信息库处于动态发展状态。依据认定结果,对不同困难等级学生实施分类管理,精准识别长期和短期困难、个体困难和区域困难群体,及时对家庭经济状况好转同学的困难等级进行调整,做到受助学生动态变化,资助资源精准分配。最后,国家应积极探索构建全国性学生资助管理平台,各级政府职能部门牵头实施大学生资助信息登记,形成家庭经济困难学生信息库,并负责实时更新,形成地方到高校、中学到大学相连接的数据链条。高校通过资助管理平台精准识别家庭经济困难对象,合理配置资助资源,准确反馈资助认定结果,形成信息数据的闭环流通,切实提高资助资源有效使用,精准落实资助目标。

(二)建设专业的资助工作队伍

高校家庭经济困难认定工作是学生工作的重要组成部分,考虑资金、人力资源配置限制,可以将资助工作队伍建设分为两个梯队进行,一是专职资助工作人员队伍,二是兼职资助工作人员队伍。做好专职资助工作人员的专业化管理,注重培养兼职资助工作人员队伍,协同补位,上下联动,有助于提升高校家庭经济困难认定的工作效率,确保精准认定的执行推进。

1. 强化专职资助工作人员管理

第一,依据教育部指导文件,高校要探索建立资助工作管理实施机制。可制定二级领导机制,以校长为组长,主管学生工作的校党委副书记为副组长,学工、财务、教育基金、就业创业、心理发展、教学管理等相关单位负责人为成员的资助工作领导小组,全面统筹负责学校资助工作,督促并监督资助工作落实;各二级学院成立由党委副书记(学生工作负责人)为组长的院级学生资助工作小组,负责统一管理、协调学院各项资助工作。成立学生资助中心,配备专职资助工作人员,具体开展全校学生资助工作,同时承担学校资助工作领导小组办公室职责。学生资助工作运行过程中实行学校、学生资助中心、学院、年级(班级)四级管理制度,明确各环节全体资助工作人员的岗位职责和权利,保障家庭经济困难学生认定工作有序开展。

第二,加强专业资助工作人员的选拔和培训。高校资助工作体系涉及"奖、勤、助、贷、补、减、免"等几个方面,各个板块主体工作交错复杂,工作内容精细繁多，而家庭经济困难学生认定属于助学金评定发放的基础，在资助工作体系中占据主体地位。在资助工作人员选拔过程中，学校学院应设立家庭经济困难学生认定工作专员，保障家庭经济困难学生认定工作的精细化实施。同时，要加大对家庭经济困难认定专员的业务能力的培训和提升，建立常态化培训机制，提供实践培训平台，通过资助沙龙、职业知识技能竞赛或带队走访先进兄弟单位学习等形式，强化家庭经济困难学生认定工作专员对资助政策的掌握，储备实干技能、累积实践经验、提升精准识别对象的能力，牢固树立精准资助的新理念。

第三，探索建立有效合理的激励机制。人的需要理论提出，在人的基本需要满足后，会追求更高社会价值关系需求的实现。帮助专业资助工作人员追求更高的价值需求，引导并激发他们的工作热情和前进动力是提高资助工作效率的基本保障。建立家庭经济困难学生认定工作评价体系，实施年度工作考核与评价，为考核优秀的资助工作人员设定相应的绩效、荣誉称号等奖励。把资助认定工作考核指标纳入职称评价体系中，畅通专业资助工作人员的职称晋升渠道。对于因资助认定工作能力突出获得相应等级荣誉称号或在具体工作中做出重要贡献的相关人员在职称评定时进行侧重考虑。

第四，注重资助工作人员的科研投入。家庭经济困难学生认定是一项常态化工作，但相关理论知识和实践创新发展研究却不断革新。资助认定工作人员不仅要有较强的业务能力，更要注重理论知识的研究，把理论与实践相结合，才能更深刻地理解资助育人的核心内涵，把握好精准识别困难对象的核心要求。保障专业资助工作人员的科研时间并加大科研经费支持投入，才能有效提升资助工作队伍专业化发展，为实现精细化家庭经济困难学生认定工作持续供能。

2. 注重培养兼职资助工作人员队伍

从各高校现行的资助工作开展模式来看，由于受限于资金、人员编制等具体问题，专职资助工作人员配备难以得到解决。因此，为缓解资助工作开展的内部压力，梯队培养建立兼职资助工作人员队伍尤为必要。对于学校层面，第一是在勤工助学岗位设立资助类学工助理，减少人员的流动性，以1~2年为基本任期，做到培养一个长期使用；第二是成立资助工作助理团，新老助理形成梯队，让流动兵之间做好经验传承，形成帮扶与替补。对于学院层面，应设置相应的资助工作助理，资助工作助理由本年级班委干部或民主评议小组组员担任，负责日常资助政策宣讲并组织民主评议小组开展资助政策、认定程序等培训，主导和推进本年级（专业）家庭经济困难学生认定工作。学院资助工作助理在新生入学时进行聘任，并由专业资助教师定期给予培训和指导。

（三）把握资助认定工作重要节点

大一是新生学习方式、生活习惯改变的重要阶段，伴随着学生心理成熟的转变，这一阶段是其学习接纳大学新鲜事物的关键时期。高校要把握这个关键契机，在新生的入学阶段部署落实好各项思想教育工作。

1. 资助政策宣传广泛化

新生入校报道前，高校要多形式全方位做好各项资助政策的广泛宣传。第一是联合招生就业处等宣传部门，通过学校微信公众号、资助中心网页、新生QQ群等平台推广宣传各项资助政策；第二是借助寄送录取通知书的契机，附带关于国家和学校各项详细的资助政策和关于家庭经济困难认定的相关标准以及申报材料，让新同学能提前了解政策，依据家庭经济情况自主选择申报受助方式；第三是在入学教育阶段，对全员新生面对面宣讲和解读各项资助政策，让同学们明晰家庭经济困难学生认定的申请条件和认定标准，把握认定流程，诚实守信地做好自身的资助申报。

2. 全面掌握新生家庭经济情况

把握新生家庭经济困难认定的关键时间节点。每年9月份左右，高校会陆续开展大一新生的家庭经济困难认定工作。虽然时间紧迫、任务繁重，却是学校掌握新生家庭经济状况的良好时机。刚刚入学，各类生活费、学费缴纳情况，是否携带昂贵学习工具，日常衣着等皆是新生家庭经济水平最真实的反映。刚入学的这一个月，高校若能多角度、全方位地搜集全体新生家庭经济状况的有效信息，便能精准识别家庭经济困难对象，极大地提升困难新生认定的精准度，同时也为后续的精准认定打下坚实基础。

四、探究精准认定监察机制

高校家庭经济困难学生精准认定工作的完整程序应该包含三大板块内容：前期对申请资助学生的材料审查、科学合理地开展认定、后期对认定结果的核实与监察。在实际认定过程中，大部分高校把工作的重心都放在前两部分，而忽略了后续的监察工作。因此，高校认定工作应该明确核实监察方式，并落实对责任主体的惩罚措施，

（一）探究有效的核实监察方式

当前，各高校采用不同方法对家庭经济困难学生认定的结果进行验证，主要有电话回访、实地走访、发送信件等基本手段，向学生家庭成员、亲戚、所在地的居委会（村委会）等个人和单位了解受助家庭的实际情况。通过实地家访核查的方式最为准确有效，但是学生生源地分布广泛，逐一核查成本极高，高校可以认定学生进行抽样调查或者借助其他校外实习、实践活动协助开展调查。比如组织暑期社会实践活动去不同生源地调研城镇、乡村家庭情况，以招生宣传咨询方式对当地校友单位进行访谈调查。随着国家资助政策力度加大，家庭经济困难认定问题成为各界关注的热点，部分高校把核查监管的视角由校外逐渐转变为校内校外相结合。如开拓校内民主监督的渠道，设立监督举报信箱、QQ邮箱、电话等，让学生发挥自我监督的作用，接收学生民主反馈意见和建议或相关投诉。对外公示也是一种有效的监管方式，广泛听取学生意见，以保护隐私和受众度高的方式认定结果，有效保证资助认定在阳光下运行。也有部分高校制定了精细化、系统化的核实措施，实现了对获得认定的家庭经济困难学生的精准核实与动态监察。

以某高校行之有效的"三核实""五观察"为例。该校围绕学生本人责任意识、生活情况进行督查，通过民主评议主体（辅导员或班主任）来实施。第一，被认定学生自我核实。二级学院制定《家庭经济困难认定结果自核责任书》，组织被认定同学做好诚信签名，责任书内容相对简单，包含"你提交的认定材料是否属实？你同意认定结果吗？你反映的家庭经济情况真实吗？如果发现存在不诚信行为，将取消年度的所有评奖评优资格，并计入失信档案，你知晓吗？如果提交的申请材料或反映情况不属实请立即向辅导员报备。对于主动反馈者，仅对认定结果进行调整，不纳入失信档案"。在学生自我核实的过程，唤醒学生的责任意识和担当，主动为自己的行为负责。第二，辅导员（或班主任）以谈心谈话方式一对一核实。对于认定为家庭经济困难的学生，辅导员或班主任以关心和鼓励的视角进行谈心谈话，一是对学生提交材料中家庭经济情况的核实，二是侧面了解家庭经济困难学生的需求，深入地做好帮扶，通过谈话的内容观察判断学生材料的真实性。由于涉及学生较多，每人谈话控制在5分钟左右。对于出入较大或无法判定的情况，辅导员（或班主任）联系学生生源地职能部门进一步核实。第三，进入学生宿舍核查识别。辅导员利用日常走访宿舍之余，以聊天结合观察的方式进一步判断学生的实际经济情况。在宿舍，学生的日常生活用品和学习工具能较好反映学生当前的生活经济状况。

与此同时，对未进入家庭经济困难学生库的同学进行观察了解，把握实际情况，若符合家庭经济困难学生认定条件，及时调整认定名单，纳入学院困难生信息库。

对认定结果核实之后，便进入长期的动态监测期。学校保留原有的民主评议小组，成立家庭经济困难学生监测工作小组，建立动态监测评价体系，以精准把握困难学生。第一，微数据观察。相较于大数据监测分析，微数据监测更具有时效性，因为学生使用校园卡消费情况逐渐减少，通常在外卖、网购平台消费，难以掌握消费大数据。一是观察学生空间、朋友圈等信息，关注其是否有经常旅游、聚餐等行为；二是日常行为和学工信息是否与《家庭经济情况认定表》有不一致之处，若发现则进一步核实；三是分析一卡通消费数据，关注家庭经济困难学生在食堂的消费频率和消费金额情况，若出现较大波动，则进行重点关注。第二，观察日常消费。利用辅导员走访宿舍进一步核实，通过约谈学生和组织班委干部讨论学生饮食、娱乐、购物等衣食住行情况。第三，观察言行举止。通过检测工作小组观察、室友同学反馈、班级代表评议方式开展，观察家庭经济困难同学言行能否保持一致，若发现有重大差异同学，则需进一步关注约谈，开展诚信教育，对照认定标准逐一核实。第四，观察学业情况。观察考试成绩和日常奖励获得情况，了解学生在受资助后的学习状态。一般而言，受助学生学习状态多呈现为积极向上，若发现明显下滑等状况则需进一步了解。第五，家校互动观察。通过开展电话回访、实地家访的方式与家长建立长期有效的沟通交流机制或联系当地民政部门有关工作人员，了解受助学生家庭经济变化情况。

该高校的核实监察方法即是定性与定量相结合的方式，能够极大地保证对经济困难学生的精准识别。

（二）落实建立责任追究制度

与此同时，要建立对认定主体的责任追究制度。在本章问题与挑战分析中谈到，生源地政府职能部门开具的家庭经济情况调查表和困难证明等材料可能存在公信力较差的现象，部分材料无法反映学生家庭真实经济情况且存在证明材料造假等实际问题。建议国家针对此情况出台相关法律法规，完善对认定主体的问责追究制度，督促生源地政府部门把好审核源头关，对于出现审核不力或出现虚假材料情况追究生源地相关认定评估单位责任。多数高校对于铤而走险提供虚假材料的同学仅采用取消资格和谈话处理的措施，学生无失信风险和危机。在利益驱动下，仍有少量同学抱着打擦边球的心态申请认定，夸大材料事实以获得资助认定资格。针对这类情况，高校资助认定机构也应制定相关的问责制度，对顶风作案的学生给予纪律处分或记录失信档案等，取消参评其他奖助学金资格。本着"谁办理，谁负责"的原则落实到人，若发现认定主体（辅导员、班主任等）干扰正常评审流程或"暗箱操作"等，一律追究责任。只有提升全员责任意识，才能保障精准认定全面落实。

第五章　构建资源分配精准的资助育人体系

资助，即用资源去帮助需要帮助的人。高校学生资助工作，则是高校利用各种资源，帮助家庭经济困难学生安心求学、完成大学学业、成长成才。作为高校学生资助工作者，要深入认识和理解资助育人资源的含义，掌握资助育人资源现状和发展趋势，立足"需求"，建设丰富的资助资源是高校资助工作顺利开展的基础，立足"精准"制定科学的资助资源分配体系是高校资助工作有效开展的保障。

第一节　资助育人资源概述

2007年，随着国务院印发《关于建立健全普通本科高校、高等职业学校和中等职业学校家庭经济困难学生资助政策体系的意见》，新资助体系开始构建，资助资源也开始飞速发展。国家通过逐年加大学生资助资金的投入力度，不断完善我国学生资助政策体系，资助资源的大力提升使学生资助的对象、范围、力度及内涵均实现了飞速发展。党和国家不仅兑现了"不让一个学生因家庭经济困难而失学"的庄严承诺，还充分体现出资助育人的导向作用。2017年12月，教育部印发《高校思想政治工作质量提升工程实施纲要》，提出"资助育人质量提升体系"，我国学生资助工作从保障型资助正式向发展型、成才型资助转型，"扶困"与"扶智""扶志"组成了学生资助的新内容，资助资源得到了再一次的丰富与升级。

一、资助育人资源的内涵

何谓资源？人类对资源的认识，经历了一个复杂的发展历程：从原始社会的阳光、土地、食物、水到现在的支撑社会发展、包含六大子系统（自然资源、经济资源、人力资源、文化资源、政治资源、制度资源）的"大资源观"。

随着社会的发展，人类认知的进步使其对资源的需求不断增加，对资源的认识也日趋丰富，我们可利用并给我们带来利益的一切事物就是资源。资助育人资源作为资源的一种。笔者认为，所谓资助育人资源，是指在资助工作中，能够被资助工作者开发并实施，助力学生成长成才的各种要素的总和。它具有以下四个特征。

（一）时代性

资源作为时代发展的产物，具有鲜明的时代性。资助育人资源随着社会经济地不断发展而丰富完善。在这个过程中，资助育人资源的形式由单一经济资助发展为多维度"大资助"，功能由简单的解决温饱问题发展到复杂的"扶困""扶智""扶志"，育人功能日益广泛，学生资助工作的理念和内涵也不断改变，从保障型资助到发展型资助再到成才型资助，资助育人成为学生资助工作的根本要求和主要内容。

（二）有限性

资源就其物质属性而言，具有必然的有限性。目前，高校学生资助工作通过国家资助、学校奖助、社会捐助、学生自助，实现了"不让一个学生因家庭经济困难而失学"。但是，随着社会的进步，学生资助工作由保障型向成才型升级，高校、学生对资助资源的需求发生变化，而对资助育人资源认识、开发、整合、利用不足，甚至出现已有资源滥用、闲置、分配不合理等现象，高校呈现出现有资助育人资源无法完全满足学生日益增长的成长成才发展需求。只有将有限的资源用在"刀刃"上，精准分配，才能发挥资源的最大功效。

（三）无限性

人类认识、利用资源的潜能是无限的。从认识、利用角度出发，资助育人资源同样具有无限性。资助育人资源随着社会的发展，高校、学生需求不断变化，人们对它的认识不断深入，使得资助育人资源体系不断增加、丰富、完善，资助育人资源体系呈现出"没有最好，只有更好"的无限性。如设立奖学金，从最初的发钱奖励优秀，到今天的奖学金全过程育人，育人资源一直在不断丰富。

（四）系统性

世界上的资源，都是以具体形式存在的，但在认识、使用的过程的当中，会发现它们存在相互关联、相互制约的关系，只是关联远近不同而已。资助育人资源也不例外，它通过资助工作者的开发、利用，每种资源之间形成相互关联、相互制约的关系。例如，资助育人资源中的元老项目——保障家庭经济困难学生最基本生存需要的资助资金，它要进行资源利用，需要先有资助工作者——人力资源，并建立使用制度——制度资源，在人力、制度等资源的配合下，资助资金才能达到资助育人的效果。因此，充分挖掘资源，并科学、合理进行分配，才能完成好资助育人工作。

二、资助育人资源类型

目前，学术界对于资助育人资源较为常见的分类标准主要有以下几种：按照资源的属性分类，可分为自然资源和社会资源；按照资源的状态分类，可分为现实资源（已被挖掘、认识、利用的资源）、潜在资源（未被挖掘、认识的资助资源或虽被发掘但因认识有限还未能被利用的资源）；按照资源呈现形态分类，有物质资源和精神资源；按照空间、地域标准分类，可分为校内资源和校外资源；按照发挥作用的方式分类，可分为保障型资源和发展型资源；按照对受助人受助后的要求分类，可分为无偿资源和有偿资源。

根据高校资助育人工作实际，本章介绍的资助育人资源采用保障型资源和发展型资源分类，其分类原因主要基于以下三方面。一是从资助发展历史看，近七十年来，我国学生资助政策体系由完全"无偿资助"的"免费上大学""人民助学金"发展成以"奖、助、贷、勤、减、补、免、缓"，"无偿资助""有偿资助"有机结合的资助政策体系，资助的力度、广度及形式逐渐完善，自2017年开始，又以"成才"为目标，在《高校思想政治工作质量提升工程实施纲要》中，首次提出构建"资助育人质量提升体系"，明确资助工作要"把'扶困'与'扶智''扶志'结合起来，建立国家资助、学校奖助、社会捐助、学生自助'四位一体'的发展型资助体系，构建物质帮助、道德浸润、能力拓展、精神激励有效融合的资助育人长效机制，实现无偿资助与有偿资助、显性资助与隐性资助的有机融合，形成'解困—育人—成才—回馈'的良性循环，着力培养受助学生自立自强、诚实守信、知恩感恩、勇于担当的良好品质。"可见，资助育人的内容涵盖了保障型资助和成才型资助。二是从资助育人对象需求看，家庭经济困难学生的首要需求是基本的生存需求，即：吃饱、穿暖、能上学。在基本生存需求得到满足后，出现了学业、就业、人际交往等方面的需求，这类更高层次的需求只有通过成才型资助才能解决。

（一）保障型资源

保障型资源主要用于保障学生资助工作正常实施的资源。

1. 物质资源

在高校学生资助工作中，物质资源是指资助学生基本需求所需要的财力、物力。主要有奖学金、助学金、国家助学贷款、勤工助学、学费补偿（贷款代偿）、学费减免、临时困难补助、绿色通道等资助措施。其中，奖学金用于激励学习，助学金、勤工助学、临时困难补助用于保障生活，助学贷款、学费减免用于学费缴纳，绿色通道用于保障顺利入学。此外，各高校还会利用学校及社会资源对家庭经济困难学生发放生活、学习物资等。

2. 制度资源

制度是一种特殊资源，它是保障工作顺利实施的基础。健全的制度才能保证工作落地且杜绝违法行为，而合理的制度才能使人们对其产生认同感。因此，建立健全、合理的制度才能有效发挥规约作用并让人们真诚履行。目前，国家、各省和各校均建立有一系列"上下一致、环环相扣、权责分明"的规章制度，内容覆盖学生资助的方方面面，针对资助的各个环节均有明确要求及规定，有效保证资助育人工作落到实处。

3. 人力资源

人力资源是开展各项工作必不可少的前提。学生资助的人力资源是指开展学生资助工作中所需要的必要劳动人员。2006年5月，国家明确要求"各校成立专门的学生资助管理中心""并配备相应的专职工作人员"。各级依规落实，相继成立专门机构，配备专职人员。为保障政策落地，各省纷纷将机构与人员配备纳入评价考核，个别省份甚至将其纳入绩效考核体系，与财政资金拨付考评挂钩。

4. 技术资源

随着大数据的应用、资助时效的提高、资助资料的储存等使技术资源成为资助育人工作的必备资源。教育部建立了全国学生资助管理信息系统，各省（校）建立了功能不一的学生资助管理系统，大大提升了资助工作效率，与时俱进的技术手段保障了资助育人工作的顺利实施并实现全过程监督。

（二）成才型资源

面对新时代教育高质量发展的新要求，学生资助的内涵和外延在不断丰富，学生资助承担的责任从保证教育机会公平（不让一个学生因家庭经济困难学而失学），到如今的教育质量公平（共同享有人生出彩、梦想成真的机会），成才型资源应运而生。本章所指的成才型资源，是指保障高校资助育人工作顺利实施所需的资源，它以保障型资源为基础，包含了所有能帮助家庭经济困难学生成长成才的其他资源。在上述保障型资源的基础上，归纳罗列一部分比较常用且成熟的几类成才型资源。成才型资源因资助对象的需求产生，因此呈现出多种多样，在此无法一一列举。

1. 精神资源

精神资源主要是指资助育人工作中所蕴含的育人理念、价值体系、道德品质等，这些资源蕴含在日常资助工作的方方面面，让学生在受助过程中受到教育。以现行的国家资助体系为例，国家奖学金全面考查学生学习成绩、创新实践、道德品质等方方面面，通过"优中选优"，树立榜样，激励学生努力奋斗、全面发展。助学金的无偿助困，激励家庭经济困难学生好好学习、爱党爱国。国家助学贷款全过程培养学生的诚信意识、法律意识和契约精神。学校的勤工助学活动，更是培养了学生自强不息、勇于实践的进取精神。基层就业学费奖补、服兵役学生国家教育资助，则引领学生树立正确的成才观和就业观，到祖国最需要的地方去建功立业。

2. 赋能资源

当前，家庭经济困难学生能力发展需要已成为资助工作的重要落脚点。对此，高校有着先天优势。例如"互联网＋"创新创业大赛等各类大型赛事，给学生提供了很好地跨学科学习平台，都是助力学生提升专业技能、拓宽知识面的赋能资源。又如，针对学生专业发展需求，聘请学科专业教师指导，资助家庭经济困难学生考取专业所需的各类资格证书等，以提升学生综合竞争实力。但实现此类资源的前提是高校建立"三全育人"思维，需要通过顶层设计打破部门之间的壁垒，集全校之力，构建全员参与、各部门配合、各教育教学环节统筹协调的资助育人工作机制，集全校合力助力学生成长成才。

3. 信息资源

随着网络的不断发展，信息无处不在、无所不及、无人不用，导致舆论生态、信息内容、传播方式、传播速度发生了深刻变化，如何掌握发言权、用好信息资源、用学生无法拒绝的方式开展资助育人工作是资助工作面临的新挑战、新机遇。高校资助工作需因势而谋、应势而动、顺势而为，充分利用全媒体强大的传播力、引导力、影响力，向广大学生传输特定的内容，使学生接受教育，助力学生成长成才。例如，依托各地各校构建的融媒体矩阵，用生动活泼、符合当代大学生喜好的形式宣传，用生动有趣、浅显易懂的方式解读国家资助政策，开辟"榜样力量"宣传专栏讲述获助学生励志成长事迹，等等。

三、资助育人资源的开发渠道

目前，高校资助育人资源来源渠道可分为四类：国家资助、学校奖助、社会捐助、学生自助。

（一）国家资助

国家资助主要是指依靠国家财政收入投入的物资资源和国家政策保障的制度资源。国家资助是资助资源来源的主体，财政投入水平的逐年增加、资助政策体系的逐年完善，使学生资助资金覆盖面和资助水平逐年提高。如今，国家在各级各类学校建立了奖、助、贷、勤、减、补、免、缓等多措并举、"无偿+有偿"的资助政策体系，覆盖各个教育阶段、各级各类学校、每一位家庭经济困难学生。

（二）学校奖助

学校奖助主要指高校利用学校事业经费收入设立的奖助学金、勤工助学、学费减免、困难补助等保障型资助和其他成才型资助。以西南石油大学为例，学校通过提取事业收入和完善资助政策体系构建了"奖贷助勤补免缓"七位一体的保障型资助体系。同时，通过拓宽资助的外延和内涵、整合校内资源，提出并构建了经济资助、价值引领、心理帮扶与能力培养相结合的"大资助"体系，在确保对家庭经济困难学生"应助尽助""精准资助"的基础上，抓住困难学生的精神追求、人格养成、素质培育"三个关键"点，构建了家庭经济困难学生的情感关怀和心理帮扶机制，搭建了家庭经济困难学生学业发展、励志强能、励志笃行等平台，通过"扶困"与"扶智""扶志"相结合，保障家庭经济困难学生安心学业、健康成长。

（三）社会捐助

社会捐助主要是指企事业单位、社会团体、爱心人士向学校进行捐赠或设立的实践育人项目。例如，为家庭经济困难学生设立奖助学金，激励学生努力学习，帮助家庭经济困难学生完成学业；提供实习实训机会，锻炼家庭经济困难学生的社会实践能力，提高专业技能和综合素养，提升社会适应力。以西南石油大学为例，学校充分发挥行业优势和教育发展基金会的作用，将学院联系社会捐助设立的资助项目纳入年度考核，多途径联系爱心企业、热心校友捐资助学，不断拓展资助筹资渠道和资助形式，现有各类奖助学金 77 项，资助项目涵盖优秀学生奖学金、学习进步奖学金、学生课外科技基金、户外素质拓展基金、文化素质教育基金、创新实践基金、学生夏令营、国际视野拓展基金、心理赋能基金等。

（四）学生自助

学生自助是指家庭经济困难学生通过自己的劳动实现自我帮助、自我成长的项目。例如，学生自助是在前期"他助"的基础上，逐步从"输血型资助"过渡到"造血型资助"，激发学生自立自强，引导学生通过自我劳动获取报酬实现自助；建立朋辈互助平台，通过对家庭经济困难学生的互助扶持，充分发挥和调动学生的主观能动性，实现在帮助与被帮助中共同成长。西南石油大学充分挖掘校内外资源，每年设立勤工助学岗位 3000 余个，帮助家庭经济困难学生在缓解生活压力的同时提升自身核心竞争力；组建学生党员服务工作站、朋辈学习帮扶小导师、助学励志协会、学生资助志愿者工作站等多个学生自助帮扶团队，使家庭经济困难学生在帮助他人的同时自助。

第二节　资助育人资源开发分配现状

资源是高校资助育人工作的基础，而精准地分配资源是高校资助育人工作顺利推进、资助育人资源发挥成效的保障。因此，了解和掌握资助育人资源开发、分配现状及利用成效，分析其制约因素，对于推进精准资助育人工作、提升资助育人资源能效有着重要作用。新中国 70 多年的资助育人资源开发及利用成效显著，对促进教育公平、社会公平、助力全面小康社会发挥了重要作用。

一、资助育人资源的开发成果

2007 年，国家实施新学生资助政策，在党中央和各级政府以及各级各类学校的共同努力下，资助资源有效开发。党的十八大以来，资助政策体系日益完善，资助资金逐年增长，资助政策有效落实，有力保障了家庭经济困难学生顺利入学、完成学业。

（一）物资资源投入力度逐年加大

近年来，我国学生资助政策体系不断完善。以兵役资助为例，2009年国家发布毕业生服义务兵役国家资助政策，到2019年，兵役资助已涵盖高校在校入伍学生、退役士兵退役后高考学生、直招士官、消防救援人员，等等，资助内容从最初的学费到如今的学费、生活费（本专科生国家助学金）。资金投入力度不断加大，根据全国学生资助管理中心公布的年度学生资助数据显示，我国各教育阶段年资助总额从2012年的1126.08亿元，增长至2020年的2408.2亿元，增长了113.86%，年均增幅12.65%。一系列措施的实施，有效防止了低收入和经济困难家庭因子女上学而致贫或返贫。通过教育提高经济困难家庭子女的文化素质，增强了他们的自我发展的能力，通过"授人以渔"来改变低收入家庭孩子个人及其家庭的命运。

（二）制度资源体系构建不断完善

从2007年国务院印发《关于建立健全普通本科高校、高等职业学校和中等职业学校家庭经济困难学生资助政策体系的意见》开始，我国开始全面贯彻实施新学生资助政策体系。在新资助政策指导下，政府和高校充分开发制度资源，相继出台了一系列学生资助规章制度，进一步推动了高校学生资助工作的规范化和法制化水平，切实保障了资助育人工作的顺利开展。在政府层面，教育部、财政部等先后出台高等学校家庭经济困难学生认定、国家奖学金、国家励志奖学金等实施办法，各省市校也根据上级要求出台了相关规章制度和实施细则。2019年，财政部等五部门联合印发《学生资助资金管理办法》，就各类国家资助资金实施及管理提出系统要求，并对国家奖助学金、服兵役国家教育资助等项目实施细则进行了系统规范。2021年9月，财政部等四部门联合印发《关于进一步完善国家助学贷款政策的通知》，对兵役学生资助、助学贷款额度再次提高。2021年12月，财政部等部门结合运行实际对《学生资助资金管理办法》再次修订。高校层面，各校结合工作实际，纷纷出台了相应的工作规章制度和实施细则，覆盖学生资助各项业务。

（三）人力资源专业化水平不断增强

教育部、各省教育厅高度重视学生资助队伍建设，多次要求、强调、督促各地各校落实资助工作队伍专业化。各地各校也大力推进机构建设及专职人员队伍配备、院系资助人员队伍培养，并通过内培外训的途径固化资助工作队伍培训机制，努力打造专业化高校资助人员队伍，为资助育人工作提供基础保障。教育部通过规范国家奖学金评审工作，明确要求各校要成立由学校学生资助工作分管领导、相关职能部门负责人、院系学生资助工作分管领导、教师代表（研究生导师代表）等人员组成的奖助学金评审领导小组和由校学生工作职能部门负责人、学生资助管理中心负责人、院系学生资助工作负责人、辅导员和学生代表等人员组成的奖助学金评审委员会。四川省教育厅更是将机构设置及人员配备情况纳入高校预算绩效考核，在全省建立学生资助工作专家库，督促各高校建立了学生资助"校长—分管校领导—校学生资助管理机构负责人—院（系）学生资助工作负责人—年级（班）学生资助工作负责人"层层负责的工作机制，成立了校学生资助管理机构归口管理并牵头负责本校学生资助工作。规范的结构设置、人员组成，保障了资助育人工作的有序推进。

（四）资助育人资源形式不断丰富

随着近年来高校学生资助工作不断拓宽资助内涵及外延，人们对资助育人资源的认识不断深入，资助育人资源形式不断丰富，除基础的物资资源、制度资源、人力资源以外，技术资源、精神资源、赋能资源、信息资源等也不断壮大，为高校资助育人工作提供了坚实基础。以西南石油大学技术资源建设为例，围绕资助育人学校建有学生工作信息化平台，实现在校学生基本信息采集、家庭经济困难学生认定、勤工助学管理、助学贷款信息采集、综合素质成绩测评、奖助学金评定、临时困难补助等资助相关工作全程信息化；建有智慧型财务信息综合平台，实现了各项资助资金发放"零现金、无差错、秒到账"；自主研发学生迎新系统，实现学生资助工作阵地前移，家庭经济困难新生收到录取通知书后即可进入系统填报家庭经济情况、申请办理绿色通道、填报助学贷款信息；通过学校中心数据库、教务系统和云就业平台，全面跟踪学生学习、就业情况，为家庭经济困难学生提供学习、就业帮扶。

二、资助育人资源分配现状

我国人口较多，合理分配资助育人资源，让资助育人资源最大限度地助力教育公平、社会公平、实现全面小康是学生资助工作必须重视的环节。随着资助工作的稳步推进，资助育人资源多样化开发、差异化分配、精准化实施的格局已基本形成。

（一）结合区域经济发展水平差异化分配

学生家庭所在地、高校所在地的地域经济发展水平很大程度影响着学生家庭经济困难程度和学生生活水平、成长速度。近年来，财政资金作为最大的资助资源投入方，从国家层面统一调控，加大对发展落后地区（如西部地区）、贫困地区（如"三区三州"）、教育薄弱地区的资金、政策倾斜。东部、南部部分发达地区政府、学校出台了相应帮扶举措，与中西部经济落后地区开展"结对帮扶"活动，资助资源分配进一步得到倾斜。

（二）完善资助规章制度保障差异化分配

将规则固化到制度中，才是保障工作执行不走样、动作不打折的最好途径。自2007年实施新资助体系以来，资助政策体系逐年完善，特别是近年来效果尤为凸显。在国家层面，2018年，教育部等六部委印发《关于做好家庭经济困难学生认定工作的指导意见》，进一步细化认定依据、明确将地区经济社会发展水平因素纳入考察因素，要求困难认定精准定级，为差异化资源分配提供基础依据，2019年，财政部、教育部、人力资源部、退役军人部、中央军委国防动员部联合印发的《学生资助资金管理办法》明确约定学生资助资金分担和预算安排分类定档、助困类资助项目名额分配方案多类别倾斜。

（三）依托信息化手段向特殊群体差异化分配

随着信息化时代的到来，我们的学习、工作、生活都发生了翻天覆地的变化，数据体量大、精准程度高的资助育人工作更离不开信息化手段。如今，从全国学生资助管理系统到省级学生资助管理系统，均已打破部门壁垒，实现了教育、扶贫、民政、残联、人社、银行等部门相关信息交换共享，各类资助数据质量全面提升，准确掌握家庭经济困难学生分布（特别是特殊困难群体分布）信息及获助情况，并将资助信息系统中困难学生数据、受助学生数据作为下达资金预算的重要依据，保障资源差异化分配更加精准。

三、资助育人资源利用实效

近年来，资助育人资源在促进教育公平、激励家庭经济困难学生努力学习、成长成才中发挥了重要作用，可谓"资助""育人"双丰收。

(一) 高校毛入学率逐年提升

随着新资助政策体系的实施，高校资助工作的首要任务就是"不让一个学生因家庭经济困难而失学"。近年来在政策的支持下，我国的高等教育学校稳步扩招，2018年9月，习近平总书记在全国教育大会上提出"优先发展教育事业、加快教育现代化、建设教育强国"的重大部署，明确提出到2035年"总体实现教育现代化、建成教育强国、进入世界第一方阵前列"。建成教育强国，首先需要提升我国高等教育毛入学率。从2018年的毛入学率48.1%到2021年3月教育部公布的最新数据54.4%，资助规模逐年扩大、资助范围逐步扩展、资助标准稳步提升、资助资源有效利用为教育事业的快速发展发挥了巨大作用。

(二) 高校毕业生择业去功利化

在新资助政策体系中，逐年加大了对服兵役学生、基层就业学生的资助力度，各级政府、各高校均牢抓机遇，借助资助政策宣传及资助办理开展"育人"活动，引导、鼓励高校毕业生积极投身基层，到祖国最需要的地方去建功立业，为社会主义新农村建设、城市社区建设贡献力量。近年来，越来越多的高校毕业生、特别是获助学生积极投身到基层就业、国防建设中去，逐年增加的基层就业学费补偿、服兵役学生国家教育资助均证明了大学生择业观的改变。

第三节 资助育人资源分配利用存在的问题及优化路径

受认识的局限，如今我们所开发利用的资助育人资源是有限的。让有限的资源发挥最高的效能，了解、分析资助育人资源利用存在的不足，优化构建一个精准的资源分配体系是必不可少的要素。

一、资助育人资源利用不足

虽然，资助育人资源的开发利用成效有目共睹，但资源利用不足造成资源浪费的问题仍然突出，特别是较保障型资源更为"看不见""摸不着"的成才型资源。

（一）资源供给力度不能满足资助工作发展需要

高校是距家庭经济困难学生最近的机构，能更好地掌握学生个性化需求，但个别高校未严格落实上级有关"公办学校从事业收入中足额提取4~6%、民办学校从学费收入中提取不少于5%的经费专项用于学生资助"的规定，致使高校个性化资助工作经费不足。资助专职工作队伍配备不足，造成工作人员疲于应付事务性工作，育人工作开展不够。高校信息化水平发展不均，部属高校优于省属高校、民办高校，经济发达地区高校优于经济落后地区高校，且全国整体水平较低。

（二）现有分配体系不能满足学生个性化发展需求

党和政府逐年加大资助资源投入，有效保障了高校资助育人工作的顺利实施。同时，在全国各族人民的共同努力下，我国已全面脱贫。但是，较平均发展水平，我国现有家庭经济困难学生群体仍然很庞大，受原生家庭经济水平制约，他们有着各不相同的发展不足和性格特点，有着不同方面、不同层次的发展需求，现行分配方案无法较好满足学生的精细化需求，出现"囫囵吞枣""一刀切"的现象，没有充分分析不同学生的发展需求，使资助育人工作存在负面风险。

（三）校内育人资源整合未能打破部门之间的壁垒

新形势下做好高校思想政治教育工作必须实现全员育人、全程育人、全方位育人。作为高校思想政治教育工作育人体系之一的资助育人，同样也需要全员育人、全程育人、全方位育人。但当前高校资助育人工作主要依靠资助工作人员、院系学生工作队伍，上课教师、校内部门等资源没有被充分利用，各部门、人员开发利用资源"各自为政"，缺乏统筹规划和指导，导致资助育人资源分散、孤立，育人成效打折严重。

二、优化分配方案的基本原则

面对资助育人资源利用的困境，优化资助资源分配方案，提高资助资源匹配度，实现"好钢用在刀刃上"，是提升资助育人实效最快速、便捷的途径之一。

(一) 兜底资助与封顶帮扶相结合

根据高校资助育人资源的需求(即家庭经济困难学生成长所需的资助育人资源的需求)而言,因家庭经济困难学生个体成长需求差异,高校家庭经济困难学生对资助育人资源的需求是无限的,但高校资助育人资源却是有限的。面对家庭经济困难学生各不相同的成长需求,若使有限的资源供给最大可能地满足无限的需求,我们要积极增强资助育人资源供给力度,但要量力而行,分类制定资助资源供给力度和分配方案。目前,我国按经济发展水平一般分为东部、中部、西部三大区域,中西部地区虽然物产丰富,但受地理位置制约,其经济实力、技术力量、产业发展均明显落后于东部沿海地区和部分中部地区,因此,各地应分类施策,根据自身资助资源供给力度统筹制定资源分配方案,本着"轻重缓急"原则统筹兼顾,使资源达到合理的分配,提升资助利用效率。对资助育人资源供给明显不足的学校,首先要优先确保家庭经济困难学生每年至少获得一项助学金、至少参加一项成才型资助育人项目,在实现资助全覆盖的基础上统筹分配剩余资源,并对同一学年、同一学生获得资助资金总额、成才型项目数额设置上限。

(二) 正面引导与自愿申请相结合

充分发挥资助对象的主观能动性才能让资助育人工作事半功倍,因此,资助资源分配方案应充分考虑目的性。一是要将资助资源分配给真正需要资助的家庭经济困难学生,所以家庭经济困难学生认定一定要准确。二是根据家庭经济困难学生的困难程度、面临的成长不足、学生自身成长愿望进行分类资助,满足学生求学、成才的需求,要准确掌握每一位家庭经济困难学生的需求,尊重学生个人意愿。因此,在资助育人资源分配方案制定中,我们要坚持学生主体地位,引导学生真实、主动、客观地反映家庭经济困难情况和自身发展需求,指导学生结合自身实际合理选择与统筹规划,帮助学生主动利用各类资助完成学业、增长才干、提升核心竞争力。同时,我们也要充分尊重学生个人意愿,根据学生本人意愿实施资助,避免资助育人资源浪费。

(三) 信息公开与保护隐私相结合

资助育人资源资金体量大、社会关注程度高,信息公开、透明、接受社会监督是保证资助政策落实、资助资源公平合理分配的重要条件。这里所指的资助信息公开,包括资助政策规则、资助资源来源渠道、项目评审进度、获助对象基本概况、资助资源分配结果等。只有所有资助信息公开，才能确保资助育人资源使用的公开、公平、公正。资助政策公开，既有助于资助政策覆盖每一位家庭经济困难学生，也能使党和国家提出的教育公平广为人知、深入人心，形成社会正能量，促进社会和谐。资助资源来源渠道公开，既有助于监督资源获取的合法性，也有效引导了社会各界积极助力家庭经济困难学生成长，从而扩大资助资源来源渠道和规模，同时便于上级主管部门掌握各高校资助资源状况和家庭经济困难学生获助规模，更好地统筹资助资源的配置；资助项目评审过程公开，有利于申请学生及时了解工作进度，避免在评选过程中出现不良风气，同时也有效保障了项目执行方向不偏离、工作人员不偏私；获助对象基本概况公开有利于提升对象识别准度，避免因学生不诚信行为造成家庭经济困难学生认定偏差，提高资助准度；资助资源分配结果公开有利于避免"假困难"的出现。

此外，家庭经济困难学生心理普遍较为敏感，且大多数家庭经济困难学生存在明显的自卑心理，内向而羞怯，同时伴有明显的人际关系敏感，一方面希望得到身边人的支持与关爱，另一方面又无法接受他人的同情和怜悯。因此，在信息公开的同时我们要本着"信息够用"原则，分配方案、获助学生信息对外公布公示要限定字段、限定范围、限定方式，个人信息涉及个人隐私部分非必要不公布。

（四）无偿施助与有偿获助相结合

高等教育能同时给国家、社会、高校、受教育者本人及家庭都带来收益，根据"谁受益谁付款"的原则，政府、社会、高校和受教育者本人理应共同分担教育成本。而现行的保障型资助体系中无偿资助与有偿资助兼有，但无偿资助占比较大，容易导致部分学生"躺平"受助、不思进取，甚至出现不诚信行为。为此，我们应建立一种分配更为合理的多元化混合资助体系，无偿赠予式资助和有偿付费式获助兼顾，在保障基本需求基础上增加有偿资助，引导学生接受获得资助必须付出回报的理念。

三、构建资源分配精准的资助育人体系实施路径

(一) 以加大资助育人资源供给为精准分配的前提

1. 丰富资助资源来源渠道

重视社会资源，应充分发挥自身优势开发社会资源、校友资源等，拓宽社会资源获取渠道，发挥企业、社会团体等社会资源优势，丰富奖助学金类型，拓展成才型育人项目。整合校内资源，加强校级统筹落实"三全育人"要求，打破传统部门工作壁垒，围绕学生的发展需求整合校内各部门、各院系资助育人资源，形成全校合力，给予家庭经济困难学生更多关爱。

2. 立足学生需求丰富资助种类

充分考虑家庭经济困难学生发展需求存在着差异性，具体问题具体分析，根据学生需求有针对性地提供资助资源。

(1) 从年级分布而言，一年级的家庭经济困难新生面临新环境和新生活、新的学习模式，容易出现适应焦虑，学校在加大经济资助保障其安心学习的同时，也要加强其心理适应性帮扶；二年级的家庭经济困难学生则应针对其综合素质能力，突出励志强能教育，并引导其选择赋能型勤工助学活动和成才型综合素质能力提升实践项目，帮助其不断提升自我核心竞争力；高年级学生则面临就业、升学等压力，资助资源可多侧重于就业实习、实训实践等资助资源提供，有针对性地帮助其顺利地度过人生转折。

(2) 从群体特性而言，不同地域、学科的群体需求会有所不同，比如农村、中西部及少数民族地区学生，英语、数学、计算机等学科基础较为薄弱，甚至部分少数民族地区学生连基本的听课、交流都存在困难，学校可有针对性地建立学业帮扶机制，成立专门帮扶团队帮助其提升学业；单亲、孤儿、残疾等特殊学生，更为敏感自卑，学校需重点关注，可通过朋辈交流平台、辅导员一对一谈心谈话、结对帮扶等措施，帮助其提升自信，走出困境；艺术等专业的学习成本较高，学校应适当倾斜保障型资助资源分配比例，让其不因经济窘迫而落后。

(3) 从需求层面而言，根据马斯洛的需求层次理论，人类的需求由低到高分为生理需求、安全需求、社交需求、尊重需求和自我实现需求五个层次。因此，学校首要的资助方式应该是物质资助，通过困难补助、"营养午餐"、暖冬物资、路费补贴、考研资助等形式，满足其生存和安全需求；其次是通过搭建

朋辈交流平台，开展团队课外实践项目，为家庭经济困难学生提供社交活动机会，帮助学生满足社交需求；再次是结合家庭经济困难学生的不自信特性，加强励志教育，鼓励其自立自强，提升综合能力和自我效能感，满足尊重需求；最后再实施学业提升等成才型资助，全方位助力学生成长成才，帮助学生实现自我提升。

（二）以聚焦全程形成工作闭环为精准分配的基础

1. 建立资助信息管理平台

高校应充分利用全国学生资助管理系统、省学生资助管理系统打造具有高校特色的学生资助信息网络平台负责数据收集与使用，借助国家、省地市共享的各类学生资助数据和学校自己采集的数据构建功能强大的数据库，及时将资源归类、进行分类分析。依托信息平台的数据分析，建立并不断优化覆盖财务预算、资源投入、项目立项、绩效评估、财务审计等方式的详细资助育人资源分配方案，科学规划资助育人资源的使用情况，把资源用在最需要和最能产生效果的"刀刃"上，提高资源的使用质量，发挥资源的育人功效。

2. 科学认定家庭经济困难学生

精准认定家庭经济困难学生并动态建库是学生资助工作的基础，是分配各类资助资源的依据。近年来，教育部、各省、各高校相继出台了家庭经济困难学生认定办法，为开展家庭经济困难学生认定工作提供了政策指导。高校应按照统一标准、统一程序、统一时间、统一平台开展家庭经济困难学生认定工作，准确识别家庭经济困难学生并分类、动态建库，才能保障将有限的资源分配给真正有需要的学生。

3. 规范开展各类资助项目评审

科学、规范、合理的评定程序是保障资助育人资源准确、公开、公平、公正分配的重要基础。高校应根据自身实际和学生需求设置相应的资助育人项目，制定严谨、规范的申请、审批程序。坚持所有项目均应按政策宣传、学生申报、院系推荐、学校评审、校级公示、公布结果等程序评审，确保学生公平、公正、公开地获得相应的资助资源。

（三）以细化资助对象需求匹配资源为精准分配的依据

1. 充分考量同一学校不同生源分布间的分配

因地方经济发展水平差异，不同地域的人在经济收入、生活水平上也存在一定的差距。不同生源地的家庭经济收入不同，能提供给学生的教育、生活支持存在差异。因此，高校在认定家庭经济困难学生时，应该坚持公平原则，充分考量学校所在地经济水平和学生生源所在地经济水平差异。学校在资助资源分配时应充分对各院（系）资助对象的信息数据进行汇总分析，根据汇总数据的分析结果对资助资源进行统筹分配，分配方案中应体现向经济落后地区生源较多院（系）进行适当倾斜。

2. 充分考量同一学校不同专业年级间的分配

资助育人资源在校内不同专业年级间分配不能按在校学生比例，简单粗暴、"一刀切"地分配到各院（系）做法。要充分考虑专业性质和年级学生的差异，如师范类、农林类专业获取社会资助能力差，应该加大无偿资助资源分配力度，而工科类专业的私人收益更多、重点专业学生社会回报率更高者，应该更多地分配有偿资助资源解决困难，提升经济资助资源使用能效。就业形势较好的优势专业学生毕业后，平均待遇较好，同时因社会需求竞争等原因，社会捐赠资源较多。因此，可充分激励优势学科和专业，更多地争取社会资助资源，减少对这些专业的财政资源分配额度，把财政资助资源更多地用于弱势学科、艰苦专业学生的资助。同时，助学金类项目应向低年级倾斜，奖学金类应向高年级适当倾斜。

3. 充分考量同一专业内不同个体间的分配

同专业内资源分配时，首先要准确掌握资助主体的需求，根据资助资源的特性对资助对象进行判断，按需精准资助；其次要结合家庭经济困难学生个人及家庭基本情况，准确掌握学生已获助状况，根据学生的资助需求制定详细的个性化资助实施细则；最后要结合学生所学专业，根据学生所在专业的发展前景、学生自身素质状况、未来职业规划等，制订施助项目菜单，对学生进行分类资助。

总之，构建精准分配的资助育人资源是一个长期性、系统性工程，需要对家庭经济困难学生需求、实际受助情况进行科学考量和精准匹配。各高校应当积极探索、不断优化资助育人资源分配模式，提升资助资源利用效能，将有限的资源用在最需要的地方，发挥资助资源最大效能。

第六章　构建项目设置精准的资助育人体系

　　立德树人是我国高等教育的根本任务。高校资助工作更是要紧紧围绕立德树人这个根本任务开展工作。通过各项资助工作的开展，努力培养学生成为德智体美劳全面发展的社会主义建设者和接班人。2017年，中共中央、国务院印发的《关于加强和改进新形势下高校思想政治工作的意见》强调："坚持全员全过程全方位育人。把思想价值引领贯穿教育教学全过程和各环节。"同年，中共教育部党组印发的《高校思想政治工作质量提升工程实施纲要》将"资助育人"列入"十大育人体系"。资助育人是大学生思想政治教育的重要载体、方法与内容。高校资助工作具有育人的属性与功能，"三全育人"的理念和方法是高校实现资助育人的重要遵循。

　　经济资助是学生资助工作的基础，是帮助学生完成学业的重要条件，立德树人是资助工作的长远目标。西南石油大学党委历来高度重视学生资助工作，坚持把学生资助工作作为助力脱贫攻坚、促进教育公平的重要内容和举措，结合高等教育改革发展实践中形成的新理念、新思想，以"三全育人"的理念为指导，学校建立了较为全面的"奖、贷、助、勤、补、免、缓"七位一体的学生资助保障体系，实现了学生资助工作持续、快速、健康、向上的良好发展态势，实现了各阶段资助的全覆盖，形成了以政府投入为主导、学校和社会捐赠为补充的"三位一体"的资助格局，形成了普惠性资助、助困性资助、奖励性资助和补偿性资助有机结合的"多元混合"资助模式。

第一节　"三全育人"视角下的保障型资助

一、经济资助的主体——全员性

　　全员育人强调的是育人的主体要素，即由学校、社会、学生组成的"三位一体"的育人共同体,推进三全育人体系中的全员育人。拓宽育人主体,实现育人主体间的资源共享,达到育人主体的优势互补,保障动员多方力量参与保障型资助育人工作。

在学校层面,学校是资助政策的制定者与执行者。在资助工作的长期探索过程中,西南石油大学高度重视资助育人工作,已形成较完善的资助育人工作体系。2006年,《教育部关于进一步加强高等学校学生资助工作机构建设的通知》(教人〔2006〕6号)明确要求:"各高校必须成立专门的学生资助管理中心""原则上按学校全日制普通本专科生、研究生在校规模1:2500的比例,配备相应的专职工作人员"。学生资助管理中心承担着学生资助工作的管理与组织,是资助工作的行政机构主体,学生资助管理中心工作人员是高校资助育人的主体。《普通高等学校辅导员队伍建设规定》(教育部令第43号)将"组织评选各类奖学金、助学金。指导学生办理助学贷款。组织学生开展勤工俭学活动,做好学生困难帮扶"作为辅导员九项工作职责之一。高校辅导员是学生日常思想政治教育的骨干力量,学生资助工作是辅导员的工作职责之一,这也决定了辅导员也是高校资助育人的主体。全员育人的理念决定了资助育人工作不仅仅是资助工作职能部门或辅导员的事。要实现全员化的育人目标,一要拓宽育人主体,构建高校育人共同体,在"立德树人"根本任务指导下,形成由全体教职工参与的以"育人"为核心的团队。二要加强育人主体的相关培训,提高育人主体的育人能力,提升全员化育人的效果。三要实现育人主体间的资源共享,达到育人主体的优势互补。在育人资源分布方面,高校应积极主动推动各育人主体间的有效沟通,定期、定量、定模式地开展校际间、部门间、学科间、教师间的育人交流与互动,保障全员育人的实施与成效。例如在勤工助学工作的组织过程中,负责提供校内勤工助学岗位的部门,即各用人单位,不仅要让学生单独完成岗位工作内容,更要依托勤工助学岗位对学生的责任意识、敬业精神、人际沟通能力等进行教育和引导。再如研究生"三助"的组织过程中,对于开展日常教育教学工作的研究生导师,结合讲授课程内容对"助研""助教""助管"的申请学生进行专业知识阐释或者职业能力培养。学校依托校内各单位设置的勤工助学岗位,对申请学生进行职业引导和教育,让学生在学习课本知识的同时,提前了解职业知识,感受国家资助政策对于帮助家庭经济困难学生的重要意义,这也是高校资助育人的体现。同时,任课教师在每年评优评奖季,作为班级或者学院民主评议推荐小组成员,在民主评议过程中,充分发挥任课老师的积极作用,阐述申请学生在上课期间的综合表现。这也在积极承担着高校资助育人的主体角色。

在社会层面，社会企业、校友捐资资助逐渐成为高校资助的一个重要资金来源。这些资助让受助学生不仅获得了经济支持，同时还感受到捐赠方所倡导的精神。奖优助困优秀大学生，寄希望于他们在中国近现代科学家精神的影响下，成长为国家的栋梁，奉献社会并报效祖国，成为一名有社会责任感，具有创新精神和实践能力的新时代青年。将社会关怀纳入学生思想观念、价值导向、社会行为的引领体系，有助于学生在潜移默化中坚定理想信念、加强学生品德修养，引导和培养更多出类拔萃的创新型人才，开拓进取，回报国家、社会。

从学生个体层面看，除了尊重、激发、调动受助学生的主观能动性外，经济上的资助主要是帮助学生实现自我管理、自我服务、自我教育，这也是促进受助学生从受助到助人的重要环节。勤工助学一直是我校传统的资助项目，是连接社会工作的重要环节，也是受助学生实现自我管理与服务的有效手段。学生在学有余力的前提下，利用课余时间参加学校统一组织的勤工助学活动，不仅可以通过自己的辛勤劳动取得合法的薪资报酬，还可以改善学习和生活条件等。同时，学生在勤工俭学实践活动中，逐渐树立劳动意识、服务意识和奉献意识，提高了统筹能力和人际交往能力，掌握了各项工作技巧。此外，作为思想引领的有效形式，积极利用优秀学子的榜样与示范作用，聘任国家奖学金、国家励志奖学金等获得者担任资助政策宣传大使，在学生层面传递榜样的能量。获奖学子们利用资助政策宣传大使的身份开展各种宣传活动，利用寒暑假开展"资助政策乡村行"活动，走访经济困难学生家庭，进村入户宣传国家和学校资助政策。利用寒暑假开展"资助政策进母校"活动，回初中或高中母校，以自己的亲身经历为例，向学弟学妹们介绍自己是如何在国家资助政策的帮助下安心学习、生活的，减轻他们求学过程中在经济上的顾虑。开展资助公益服务活动，如高考招生录取期间，回到家乡所在地的县级资助中心，参加生源地信用助学贷款志愿服务工作，协助县资助中心处理日常性工作，向大学新生介绍"绿色通道"等国家与学校资助政策。开展资助常态宣传活动，如在校期间，利用课余时间通过创作资助宣传画、诗歌、歌曲、微电影、微视频等作品，通过微信、微博、论坛、网页等媒介，向师生、社会广泛宣传国家资助政策。

二、经济资助的内容——全过程性

学校始终坚守"不让一个学生因家庭经济困难而失学，努力保障每一个学生都拥有人生出彩的机会"的初心和使命，坚持奖优与助困并重，搭建了以

"三大系统"为支撑的"奖、贷、助、勤、补、免、缓"七位一体的学生资助保障体系。"三大系统"即以"以政府投入为主、学校和社会捐助为补充"的思想理念为指导，搭建了政府资助系统、学校资助系统和社会资助系统。其中，政府资助系统指的是由中央政府出资或者中央和地方政府共同出资设立的奖助学金等资助项目，如国家奖助学金、国家助学贷款、服兵役资助、基层就业奖补等。学校资助系统指的是我校利用自有资金设立奖学金，对发生临时困难的学生发放特殊困难补助等。其中，设立的奖学金用于奖励德智体美劳全面发展的学生，如"校长奖学金""本科生优秀学生奖学金"；困难补助用于帮助家庭经济特别困难学生解决学习、生活中遇到的特殊性、突发性、临时性经济困难，如"学生临时困难补助""大学生爱心基金"和"大学生圆梦基金"。社会资助系统指的是企业、社会爱心人士、校友捐款设立的资助项目，主要包括两大内容：一是奖学金，二是助学金。社会类奖助学金除了体现企业回馈社会的责任感、帮助学生更好地成长之外，也有利于企业吸引和储备人才。校友捐赠设立资助项目在回报社会的同时，也反哺了母校。

保障型经济资助贯穿办学治校、教育教学和学生大学期间成长成才的全过程。这种全过程性主要体现在资助时间的层面上，即资助融入大学期间的全过程，具有时间的连续性。从新生入学的绿色通道到毕业生离校后的基层就业获得的学费补偿和国家助学贷款代偿，保障型资助工作贯穿学生入学至毕业全过程。

入学前，学校将国家资助政策宣传的阵地前置，通过邮寄资助政策宣传材料、开通假期资助热线电话、网页、微信公众号等宣传渠道，全面宣传国家资助政策。

入学时，开通"绿色通道"，对于家庭经济特别困难的大一新生如暂时筹集不齐学费和住宿费，可在开学报到时，通过学校开设的"绿色通道"优先办理入学手续。

入学后，学校的资助管理中心根据学生的具体家庭经济情况开展困难认定，采取不同措施给予资助。例如国家、社会类奖助学金、国家助学贷款、勤工助学、临时困难补助等资助项目，精准施策，确保国家资助政策全面落实。

毕业前，结合毕业生实际需求，对于有经济困难的学生进行就业经济帮扶，对助学贷款毕业生开展毕业前贷款信息确认，强化大学生诚信意识，提醒学生按时偿还贷款。宣传基层就业的学费补偿贷款代偿政策，鼓励毕业生到基层就业，到祖国最需要的地方去锻炼成长，奉献自我。

三、经济资助的目的——全方位性

"全方位"资助指围绕立德树人这一根本目标开展保障型经济资助工作。如通过各类奖学金评审条件的设置、勤工助学岗位设置等各种形式加强对学生的诚信教育、爱国主义教育、感恩励志教育、劳动教育,全面提高学生的综合素质。

(一)诚信教育

奖学金、助学金的申请条件有这样一条设置,以国家奖学金为例,如果申请学生学习成绩排名或综合考评成绩排名超出前10%,但均位于前30%的,必须在道德风尚、学术研究、学科竞赛、创新发明、社会实践、社会工作、体育竞赛、艺术展演等某一方面表现非常突出,申请学生需如实提供证明材料作为申请此类奖学金的重要依据。而助学金的申请前置条件是要在当年的家庭经济困难学生库里,同时如果申请学生是脱贫户(原建档立卡贫困户)、最低生活保障家庭学生、特困供养、孤儿、烈士子女、家庭经济困难的残疾学生以及残疾人子女等特殊困难群体将优先纳入困难学生数据库,按规定享受国家助学金。因此,要求学生本人诚实守信、如实提供家庭经济状况的相关佐证材料就成了家庭经济困难学生认定和后续获得相关资助的重要依据。很多奖助学金申请条件要求学生如实提供或者填写自己的情况,教育学生讲诚信。国家助学贷款和生源地信用助学贷款相关文件中也明确要求高校要强化学生诚信意识培养。这些文件要求充分表明了诚信教育对于资助工作的重要性,同时也表明了诚信教育在高校资助育人工作中的基础地位。

(二)爱国主义教育

经过长期的实践探索,我国目前已经形成覆盖面广、层次多元的保障型资助政策体系。无论是以"助困"为主的国家助学金、国家助学贷款、困难补助等,还是以"奖优"为主的国家奖学金、国家励志奖学金、学业奖学金等;或是以"引导"为主的基层就业国家资助、应征入伍服兵役国家资助等,都体现了党和国家"不让一个学生因家庭经济困难而失学"的庄严承诺,彰显了党和国家对促进教育公平和社会公平的决心和力度,这是中国特色社会主义制度优越性的体现。根据教育部党组《高校思想政治工作质量提升工程实施纲要》和《关于进一步落实高等教育学生资助政策的通知》的有关要求,"坚持育人导向,培养学生爱党爱国爱社会主义意识",结合保障型资助工作开展过程,将大学生爱国主义教育贯穿资助工作始终，将保障型资助政策落实作为大学生爱国主义教育的现实素材，在解决大学生实际问题中，厚植爱国主义情怀。在奖助学金评审中，通过评审条件设置，如申请条件中的"热爱社会主义祖国，拥护中国共产党的领导"和聘任获奖学生担任资助政策宣传大使，让广大学生充分认识到奖助学金设立的目的和意义，增强获评学生的荣誉感。在基层就业和应征入伍相关资助政策落实中，通过营造氛围、树立典型、经验分享等，激发学生的家国情怀。

（三）感恩励志教育

我校"奖、贷、助、勤、补、免、缓"七位一体的学生资助保障体系，首先通过物质上的资助，解决学生的经济困难，满足学生的成长需求。其次通过榜样树立、经验分享、资助政策宣讲等资助主客体互动过程，让学生产生情感共鸣和心理认同，激发学生的感激之情，让学生心存感恩、知恩图报或让学生自发产生感恩意识。

（四）劳动教育

习近平总书记在全国教育大会上发表重要讲话，"培养德智体美劳全面发展的社会主义建设者和接班人""要在学生中弘扬劳动精神，教育引导学生崇尚劳动、尊重劳动"。劳动教育被纳入新时代高校人才培养工作的重要内容，德智体美劳"五育并举"也是对新时代党的教育方针的极大丰富。教育部、财政部印发的《高等学校学生勤工助学管理办法（2018年修订）》将勤工助学界定为"学生在学校的组织下利用课余时间，通过劳动取得合法报酬，用于改善学习和生活条件的实践活动"。同时强调："加强对勤工助学学生的思想教育，培养学生热爱劳动、自强不息、创新创业的奋斗精神。"作为高校资助举措之一的勤工助学，在教育引导学生崇尚劳动、尊重劳动，培养大学生养成劳动意识和劳动习惯上具有先天优势。学生通过勤工助学所得薪资改善自身生活条件，这本身就是大学生劳动实践的体现，同时也会让大学生更加深刻地认识到劳动的价值。我校在组织勤工助学的过程中，根据校内各单位勤工助学岗位的设置，开展了人员选聘、劳动技能培养等活动，这为学生劳动素养提升提供了有力指导。这些活动的开展结合勤工助学岗位特点及学生个体发展需要，不仅能充分挖掘劳动教育的内容，丰富劳动教育的形式，同时也能培养学生的责任意识、敬业精神、人际沟通能力等。最重要的是，通过勤工助学劳动帮助学生树立正确的世界观、人生观和价值观，摆脱"等、靠、要"的心理，培养学生自立自强的劳动精神。

（五）综合素质

在改善受资助学生的基本学习生活需求之外，我校还设立了推进学生综合素质全面发展的奖项。在做好保障型经济资助的基础上，学校还在学生文化素养、创新创业、学术科技、交流研讨等方面为学生提供全方位的支持，让学生共享高校的发展机会。加强学生文学、历史、哲学、艺术等人文科学和自然科学方面的教育，提高学生的文化品位、审美情趣、人文素质和科学素质。创新能力与实践能力是当今社会对人才提出的新要求，也是学生实现德智体体美劳全面发展的必由之路。通过设立一系列的创新创业基金，重视培养学生的创新创业能力，有助于推动学生找到一条真正适合自己的发展道路。实践能力是当代大学生综合发展能力的重要体现，我校学生资助不断丰富实践内容、创新实践形式、拓展实践平台、完善支持机制，引导学生在亲身参与中增强实践能力。例如，搭建平台助推学生户外素质拓展实践活动，鼓励学生赴国外高校交流访学，提升学生的国际视野和文化交流能力，鼓励研究生在学术科技竞赛中提高专业能力和创新能力。

第三节　国家助学贷款

一、国家助学贷款的基本内容

国家助学贷款是由政府主导，金融机构向高校家庭经济困难学生提供的信用贷款，优先用于支付在校期间的学费和住宿费，超出部分可用于弥补日常生活费。全日制普通本专科学生（含预科、高职、第二学士学位学生）每人每年最高不超过12000元，研究生每人每年最高不超过16000元。在校期间贷款利息由财政全额补贴，毕业后的利息由学生和家长（或其他法定监护人）负担，并按约定偿还本金。贷款期限为学制加15年，最长不超过22年。助学贷款利率按照同期同档次贷款市场报价利率（LPR）减30个基点执行。助学贷款主要有两类：一类是生源地信用助学贷款，即向户籍地县（市、区）教育行政部门学生资助管理中心咨询办理生源地信用助学贷款；另一类是校园地国家助学贷款，即通过高校学生资助管理中心咨询办理校园地国家助学贷款。

生源地信用助学贷款是指国家开发银行向符合条件的家庭经济困难的普通

高校新生和在校生发放的、在学生入学前向户籍地县（市、区）教育行政部门学生资助管理中心咨询办理。贷款资金主要用于学生缴纳在校期间的学费和住宿费，超出部分可用于弥补日常生活费，详见表1。

校园地国家助学贷款是由政府主导、财政贴息，银行、教育行政部门与高校共同操作的专门帮助高校贫困家庭学生的银行贷款。借款学生不需要办理贷款担保或抵押，但需要承诺按期还款，并承担相关法律责任。

表1 生源地信用贷款与校园地信用贷款的区别

类别对比	生源地信用助学贷款	校园地助学贷款
申请机构	直接向学生户籍所在县（市、区）的学生资助管理中心提出贷款申请，有的地区直接到相关金融机构申请	向本校的学生资助部门申请
贷款发放机构	多为国家开发银行的各地分支机构，也有地方银行的参与	由学校学生资助中心在全国学生资助中心招投标中标的银行中选择一家银行发放
贷款额度	贷款额度每人每学年不超过8000元，为1000到8000之间的整数，原则上用于学生在校期间的学费和住宿费	按照每人每学年最高不超过8000元的标准，具体额度由借款人所在学校按本校的总贷款额度、学费、住宿费和生活费标准以及学生的困难程度确定
贷款期限	按全日制本专科学制年限（在校生按学制剩余年限）最长加10年确定，借款期限最长不超过14年	贷款期限最长不得超过10年
贷款利率	利率执行贷款发放时中国人民银行公布的人民币贷款基准利率，在校期间，利息由财政全额贴息。学生毕业后贷款利息由借款人自行承担	执行中国人民银行规定的同期限贷款基准利率，不上浮
担保方式	学生及其家长之一组成生源地贷款共同借款人。担保人或有效资产抵押、信用户评定等证明	信用的方式
申请材料	贫困证明、录取通知书、学校交费通知单、交费卡，以及申请人身份证、户口簿、结婚证。还要提供担保人或有效资产抵押、信用户评定等证明	申请贷款时需准备贫困证明、两个高校见证老师的身份证复印件、学生身份证复印件（老生还需要提供学生证复印件）

总的来说，生源地信用贷款与校园地信用贷款的区别在于校园地国家助学贷款有限制条件，比如民办高校和高等职业学校的学生申请国家助学贷款会有一定的难度；而生源地信用助学贷款申请条件和办理程序则相对宽松和快捷。

二、国家助学金贷款的性质

我国国家助学贷款集"政策、福利、教育和金融为一体"、运用"政策性目标、商业化运作"的贷款模式。因此，它具有政策性和商业性的性质。

（一）政策性

我国的国家助学贷款是以建立健全家庭经济困难学生资助政策体系，使家庭经济困难学生能够顺利入学，上得起大学、接受教育为目标。国家助学贷款不以营利为目的，借款学生不需要办理贷款担保或抵押，但需要承诺按期还款，并承担相关法律责任。助学贷款主要分两类：一类是生源地贷款，借款学生通过入学前户籍所在县（市、区）办理；另一类是校园地贷款，借款学生通过学校向银行申请贷款。学生所申请的贷款额度主要用于支付学费和住宿费，用于弥补在校期间各项费用不足，毕业后分期偿还。因此是一种政策性贷款，具有政策性特征。助学贷款是一种半公共产品，即政府采取财政拨款方式直接或间接给学生提供贷款，但是学生毕业后需分期偿还。因此，国家实施助学贷款，使家庭经济困难的学生能够享受到教育的公平和社会的公正，让每个学生共同享有人生出彩、梦想成真的机会。

此外，为加大工作力度，积极向符合条件的经济困难学生发放贷款，国家出台了"四定""三考核"的政策。"四定"是指：①定学校。由省级教育行政部门确定本辖区内申请国家助学贷款的普通高等学校。申请贷款学校限于全日制本专科生（含高职生）、研究生和第二学位学生所在的普通高等院校。②定范围。国家助学贷款范围限于申请贷款学校经济困难的全日制本专科生（含高职生）、研究生和第二学位学生的学费、住宿费和生活费。③定额度。由教育行政部门和高等院校按照总体不超过在校学生20%的比例，和每人每学年最高不超过6000元贷款数额，根据经济困难学生的实际经济状况和贷款需求，具体测算确定各申请贷款学校的国家助学贷款需求额度，并及时通知贷款经办银行。④定银行。由各高等院校自主选定一家国有独资商业银行作为国家助学贷款经办银行。

为确保国家助学贷款按"四定"的办法顺利发放，人民银行和教育部建立"三考核"制度。即按月考核国家助学贷款的申请人数和申请金额，按月考核各经办银行审批人数和合同金额，按月考核发放人数和发放金额，并及时进行分析，加强督促检查。

以上都表明，国家助学贷款具有明显的政策特性。

（二）商业性

国家助学贷款是由政府主导，金融机构向高校家庭经济困难学生提供的信用贷款。其本质上属于商业性贷款，学生按照约定偿还本金，超出本金的利息，在校期间贷款利息由财政全额补贴，毕业后的利息由学生和家长（或其他法定监护人）负担，而助学贷款利率按照同期同档次贷款市场报价利率（LPR）减30个基点执行。同时贷款有时间期限，即基本学制加15年至22年。贷款的发放和管理方式都遵循市场规则。借款人需要承担一定的还款责任和风险，而贷款机构则可以根据市场利率和风险评估来决定贷款的利率和期限。这种商业性质的贷款模式有助于提高借款人的还款意识和还款能力，同时也为金融机构提供了资金管理和风险控制的机制。

可见，国家助学贷款是具有商业性特征的。

三、国家助学贷款的意义

（一）有利于高等教育的健康发展

随着高等教育改革的深入开展，我国的高等教育得到了实质性的发展，这大幅度增加了家庭经济困难学生上学和出彩的机会。但家庭经济困难学生数量的增加和高昂的大学学费之间的矛盾依然是制约高等教育健康发展的问题。为确保家庭经济困难学生顺利完成学业，国家建立了覆盖学前教育至研究生教育的一套完整的资助政策体系。其中，高等教育资助体系包括国家奖学金、国家励志奖学金、国家助学金、国家助学贷款、师范生免费教育、退役士兵教育资助、学费补偿助学贷款代偿、勤工助学、学费减免等，而国家助学贷款是帮助家庭经济困难学生解决在校期间学费和住宿费等问题的重要方式。国家助学贷款制度的实施，不仅缓解了家庭经济困难学生在大学就读期间的经济压力，也在一定程度上缓解了家庭经济困难学生拖欠学费的问题，促进了高校的健康运行。

（二）有利于维护教育和社会的公平

习近平总书记指出：教育公平是社会公平的重要基础，要不断促进教育发展成果更多更公平地惠及全体人民，以教育公平促进社会公平正义。教育公平是我国政府倡导并努力实现的一项重要原则。不让一个学生因家庭经济困难而失学，努力让每个学生共同享有人生出彩、梦想成真的机会，共同享有同祖国和时代一起成长和进步的机会。然而由于我国各地经济发展不平衡，导致贫困人口还存在一定比例，高等教育的学费在一定程度对这些家庭造成巨大的压力，甚至影响了贫困家庭子女接受高等教育的权利。国家实施助学贷款政策，在资助家庭经济困难学生、保障人民受教育权益、维护社会和谐、促进教育公平等方面发挥着不可替代的重要作用。

（三）有利于帮助学生树立自立自强观念

大学期间的家庭经济困难学生正处于人生观和价值观形成的关键期，与其他学生相比，由于家庭贫困，他们变得敏感，容易产生自卑心理，而国家助学贷款的实行，在一定程度上减轻了家庭经济困难学生的学习压力和心理负担，能有更多的时间精力投入大学学习和生活中去。同时也激发了学生学习和生活的积极性和主动性，树立了自立自强的观念，提升了学生的个人素养。国家助学贷款的实施也激励了家庭经济困难学生努力学习，积极进取，用未来的钱来实现心中理想的可能性。

四、国家助学贷款政策在我校的执行情况

（一）加强贷款流程管理，优化服务水平

自国家助学贷款政策实施以来，高校不断加大人力和财力的投入，积极探索国家助学贷款的有效管理办法。学生资助管理中心作为我校国家助学贷款管理主体，负责全校的贷前和贷后管理工作，建立了学校助学贷款信息管理体系。从宣传国家助学贷款、学生贷款的申请审核、诚信还贷的教育，形成了一套行之有效的运作机制。同时学生资助管理中心加强对各学院资助教师关于相关政策的解读和业务培训，提高学院对国家助学贷款的管理水平，明确了各学院国家助学贷款的分工管理和责任目标，建立了考核制度。

（二）持续加大宣传力度，提高政策知晓率

充分利用各种宣传平台，采取有针对性的策略，在全校范围内积极向全校学生尤其是家庭经济困难学生普及国家助学贷款知识。在每年新生入学前，通过邮寄国家助学贷款政策宣传材料、开通资助热线电话、网站公众号宣传等渠道，前置宣传国家助学贷款政策；大学新生入学报到时，设立资助迎新点，面对面地解答学生和家长所关心的问题，比如申请贷款的条件和流程等。新生入学后，在家庭经济困难认定班会上，辅导员积极开展班级贫困

生的经济状况摸底，初步核实家庭经济困难学生的人数和家庭情况；假期间，我校还鼓励受助学生前往生源地县（市、区）学生资助管理中心担任志愿者，协助县（市、区）学生资助管理中心开展生源地贷款工作，在工作中学习，在学习中进步。

（三）建立长效育人机制，强化学生诚信意识

学校十分重视对学生的诚信教育。首先建立院校级联动，建立诚信教育"线上+线下"教育平台。积极开展丰富多彩、形式多样的诚信感恩教育活动。定期联合经办银行为学生讲解征信相关知识和征信对个人信用的影响，提高学生对按期还款的重视程度；结合毕业生文明离校教育，给离校前未结清贷款的毕业生讲明还款的基本政策与还款流程，告知贷款毕业生有一般还款和特殊还款两种形式，鼓励毕业生在毕业前提前还款，提醒贷款毕业生按时还款，避免违约，影响个人信用，导致毕业后生活受到影响；在学生宿舍区和学校公共区域放置引导标语，建设良好诚信校园氛围，潜移默化对学生进行诚信教育；让诚信教育成为大学生学习金融知识、加强个人道德修养的重要途径；对贷款学生进行诚信感恩教育，讲解国家助学贷款政策的由来以及作用，告知获贷学生，这是国家为了帮助家庭经济困难的学生不因经济困难而失学的一项惠民政策，学生在校期间，并不是不交利息，而是国家代其提供了财政贴息，减轻获贷学生的经济压力，获贷学生要努力学习，完成学业，立志成才，感恩国家、诚信还贷，积极回报国家和社会。其次是组织学生签订诚信还贷承诺书，强化学生的契约精神。制定学生诚信档案，通过制度约束，及时更新学生诚信档案信息；发挥激励效应，强化诚信教育效果。学生在毕业后到中西部基层地区就业或者服义务兵役可代偿国家助学贷款，由国家财政补偿学生贷款金用于还款。学校扩大此项政策的引导宣传，从正向激励贷款学生，积极引导学生毕业后到祖国最需要的地方去发光发热。此外，学校还设立了其他激励措施，鼓励学生诚信申请或诚信还款，比如信用良好的家庭经济困难学生，在学校勤工助学岗位申请时，用人单位将优先考虑；如果学生按期还款或提前还款，学校会授予相关诚信荣誉证书。

（四）加强心理辅导，引导学生积极进取

当代大学生是有理想、有知识、有活力的时代新青年。他们从不同的社会背景、不同的家庭条件来到同一个大学校园生活学习，受社会大环境的影响，学生们在大学生活中互相攀比也时有所闻。在这样的环境下，少部分家庭经济

困难的同学会自卑地认为，申请国家助学贷款上学会被其他同学瞧不起，因而他们往往不会主动去申请国家助学贷款，导致他们在校期间的生活极其困难，少部分学生为了赚取学费、生活费选择校外兼职影响大学学业和个人的发展前途。对此，学校十分重视家庭经济困难学生的思想政治教育工作，要求各二级学院辅导员教师定期一对一与家庭经济困难学生进行座谈，及时了解他们在生活上和学习上的困难，及时疏导他们的心理和思想问题，鼓励他们树立远大理想，积极追求远大目标。对于极个别家庭经济困难学生因贫穷自卑等心理因素不愿意申请国家助学贷款的，校积极心理团队教师对有所顾虑的学生进行心理疏导，让他们认识到，从某种角度看，国家助学贷款是用毕业后自己所赚取的收入来完成现在的大学学业，是自己赚钱供养自己上大学。

第四节　勤工助学

勤工助学是高校资助体系的重要组成部分，是提高学生综合素养和减轻家庭经济困难学生生活负担的有效途径，是实现全程育人、全方位育人的有效平台。我校大力探索勤工助学育人模式改革，对勤工助学项目进行了"升级改造"，由简单的"保障型资助"向引导学生成长的"发展型资助"模式转变，实现了"授人以鱼"到"授人以渔"的育人目的。

一、基本概念

（一）勤工助学概念

勤工助学是指学生在学校的组织下利用课余时间，通过自己的劳动取得合法报酬，用于改善学习和生活条件的社会实践活动。勤工助学是学校学生资助工作的重要组成部分，是提高学生综合素质和资助家庭经济困难学生的有效途径。我校高度重视勤工助学工作，根据教育部、财政部修订的《高等学校学生勤工助学管理办法》和当前本科生勤工助学工作的新特点及新需要，我校于2019年修订了《西南石油大学学生勤工助学管理办法》，保障学生的合法权益，帮助学生顺利完成学业，发挥勤工助学育人功能，培养学生自立自强、创新创业精神，增强学生社会实践能力。

(二) 研究生"三助"概念

为了充分发挥研究生在学校教学、管理和科研中的作用,提高研究生的实践能力和综合素质,培养研究生的创新精神,改善研究生的学习生活条件,高校利用教育拨款、科研经费、学费收入、社会捐助等资金,为研究生提供助教、助研、助管(简称"三助")工作岗位。研究生兼任助教、助研、助管的制度是指研究生可以协助导师从事科学研究,协助参加教学活动,以及参加学校提供的事务性管理工作,并根据自己承担和完成任务的情况取得相应的报酬。

从事"三助"工作的研究生应为我校统招统分的全日制研究生(不包含定向和委培),聘用时优先考虑家庭经济困难研究生。政治立场坚定,工作责任心强,身体健康,已修的课程全部合格,能胜任要从事工作岗位的工作要求。

二、我校勤工助学岗位设置类型

(一) 本科生勤工助学岗位类型

学校用人单位根据学校的管理体制、人事制度和具体工作需要,本着必要、适当的原则申请设置勤工助学岗位。学生参与勤工助学工作的主要流程是提出申请、面试通过、直接安排到岗。学校勤工助学岗位设置以科研助理、实验助理、管理助理、学工助理、教辅助理和后勤助理为主,从整体发展状况来看,大约有以下几种常见类型。

1. 管理类

管理类勤工助学岗位对申请学生的综合素质水平要求较高。由于该岗位需要根据服务对象灵活提供相关服务,需要学生拥有较高的灵活性并保持良好的事物洞察能力。此类工作岗位对于大学生的工作实践能力、语言表达能力、人际沟通能力和统筹协调能力等是一种很好的锻炼,在我校深受广大参与勤工助学同学的认可。例如各学院团委办公室学工助理,国际合作与交流处、科研处、统战部等机关职能部门的管理助理。

2. 技术类

技术类工作岗位对申请学生的专业技术水平提出了较高要求。每一位技术人员必须胜任工作岗位所提出的技术要求,这对参与勤工助学大学生的专业水平提出挑战的同时也对其实践能力的提升带来了实实在在的好处。例如各学院实验室的实验助理。他们需要协助老师对学生在实验操作过程中的问题进行答疑解惑并给予正确指导；协助完成实验设备和实验器材的发放及实验耗材补充，进行必要的实验设备安全维护和维修，防止安全事故出现；协助教师完成实验过程控制监督并维护教学秩序，协助教师监督教学环境卫生并保证实验器材课后的定置有顺管理。各学院的科研助理担任教师科研助手，处理日常科研事务，如梳理项目资料、推进实验进程、参与论文撰写等。

3. 劳务类

劳务类的勤工助学工作是最普遍、学校设岗较多的岗位类型。此类工作岗位没有明显的技术要求，也不需要太多的工作经验，但需要参与大学生具备吃苦耐劳、认真负责的良好素养，需求学生数量较大。主要工作包含资料整理、打印材料、管理书籍、卫生打扫等。例如图书馆的教辅助理、楼宇中心和学生公寓管理中心的后勤助理。

（二）研究生"三助"岗位类型

研究生"三助"岗位是指教学助理、科研助理和管理助理三类岗位。

1. 助教

各学校各院（系）根据实际情况，可将课程的教学与教辅工作设置为研究生助教岗位。助教承担课程的习题课、答疑、批改作业和实验报告、实验课的准备、指导实验课、评卷等教学工作。研究生助教要接受主讲教师的指导，了解教学进度和内容，按照主讲教师的工作日程来安排，仔细填写研究生助教工作日志以及任课教师或院系教学教师安排的与课程教学相关的其他工作。在我校主要承担辅导答疑、批改作业、上习题课（不占用课表学时）等工作。

2. 助研

为调动研究生从事科学研究的积极性，按照国家科研计划项目的课题制管理办法并参照国际惯例，由各院（系、所、中心）设立研究生助研岗位。助研在我校主要承担除学位论文工作以外的科学实验与科学研究工作。

3. 助管

研究生按照有关规定和主管要求，协助学校职能部门和各院系（所）进行日常管理工作而设立研究生助管岗位。在我校主要是承担各类教学管理、科研管理、行政管理或思想教育的辅助工作；担任兼职辅导员、班主任及其他管理等方面的工作。

三、我校勤工助学特点

（一）以生为本、人岗相适的精细化设岗模式

为帮助家庭经济困难学生通过力所能及的劳动自立自强，锻炼自我，切实解决生活问题，提高学生自我服务、自我管理、自我教育能力，充分发挥校内勤工助学工作岗位助学育人的目的，学校根据学科、专业特色设置不同类型的勤工助学岗位，探索以生为本、人岗相适的精细化设岗模式。根据这个原则，学校把所有勤工助学岗位分为本科生教辅助理、实验助理、管理助理、后勤助理和研究生助研等十个大类。通过分类设岗，引导学生结合专业学习需求和特长爱好来选择勤工助学岗位，进一步达到勤工助学与人才培养相结合的目的。

（二）"兜底助困"与"资助育人"有机结合

每年6月，学校会举办年度勤工助学岗位的"双选会"，把勤工助学岗位面向全校公开竞聘，打破了传统的由学生管理资助中心"包分配"的资助方式。用人单位不是企业，而是校内各机构；应聘者也不是应届毕业生，而是低年级有勤工俭学需求的学生。双选会以"公开招聘，竞争上岗，扶困优先，择优录用"为原则，招聘单位与学生双向选择，各单位根据实际需求择优聘用。而为了保障家庭经济困难学生的权益，学校对一些技术含量较低且工资标准较高的岗位进行统筹安排，保证特困学生的需求，另外一些专业性、技术性较强岗位则通过"双选会"确定，通过公开招聘、现场面试等系列举措，为学生提供模拟求职体验。通过双选招聘和统筹安排的方式，推动人岗相适，从而实现"兜底助困"与"资助育人"有机结合。对于一些专业性的岗位，比如校报学生编辑、校园网维护等，学校要求校内用人单位在双选面试同等条件下优先考虑家庭经济困难学生，而对于楼宇管理中心、学管中心等工资标准较高岗位不进行公开招聘，由学校直接安排家庭经济特别困难学生参加。勤工助学招聘双选会的举办，能让招聘单位和学生之间加强沟通，增进了解，便于学生在岗期间的培养和教育，同时也为学生提供了一次模拟求职面试、竞聘岗位的机会。

（三）推进劳务型服务向发展性成才升级

为充分挖掘勤工助学工作的育人功能，学校实施"心理提升计划""励志强能计划""助学见习计划"。通过"三大计划"，在助困的同时，助力学生的能力提升，实现勤工助学由推进劳务型服务向发展性成才升级。

为了帮助学生消除自卑、不好意思、怕被人看不起等消极心理，学校通过"心理提升计划"，分单位或岗位类型每学期开展一次团体辅导，强化学生乐观积极心态、抗挫折能力的培养，增强自我效能感，促进学生心理健康发展。此外，联合心理发展与服务中心，及时为有需要的学生进行心理疏导，排解其在从事勤工助学过程中思想和心理方面的困惑。

为了帮助学生了解基本的岗前礼仪与沟通技能，学校组织"励志强能计划"。在做好常规岗前培训的基础上，学校坚持根据学生的短板和实际需求开展岗位业务培训，有针对性地邀请校内外名师、行业精英作为授课导师，对勤工助学学生开展办公软件应用、礼仪与沟通、演讲与口才、公文写作、法律维权、创业实践体验等励志强能系列培训。如面向家庭经济困难学生、新入学学生举办的办公软件操作技巧培训、公文写作、新闻摄影培训等；用人部门组织的有针对性的业务能力培训，让上岗学生在短时间内掌握某项特定的工作能力或规范。学校还以"易班"为载体，为勤工助学学生打造了系列在线学习课程和考核题库，将线上自主学习与线下教育培训相结合，助力学生综合素质能力的提升，凸显勤工助学的素质提升功能。

为了帮助学生提升职业适应力，学校还大力实施"助学见习计划"，设立了助学见习岗位，在国家、省部级实验室开辟技术型岗位，在部分缺编单位和校办企业试行顶岗实习，在校内设立学子爱心超市、创业V咖等实体运营型岗位，优先聘用在科技创新、动手能力和营销管理等方面富有潜质的学生担任科研助理、管理助理或项目主管，并安排专门老师进行指导，促使学生在岗位锻炼中提升职业素养。

四、勤工助学的育人意义

勤工助学不只是为家庭经济困难学生解决经济负担这一初级目标，更重要的是充分发挥其育人功能，成为帮助学生提升综合能力和素质的有效途径。我校勤工助学工作在不断的实践探索中，注重对家庭经济困难学生自立自强、团队合作精神、心理健康和职业能力的培养，全面提升学生的综合能力。

（一）树立自立自强理念

对于家庭经济困难的大学生而言，一方面，勤工助学可以通过个人努力获得一定的经济报酬，改善生活。虽然校内勤工助学的收入要低于校外勤工助学的工资水平，但是在校内工作能够最大限度地保证自己的学业，同时也避免了在校外上当受骗的可能，对学生的工作性质、安全都有一定的保障。另一方面，参加勤工助学工作能够让学生感受到生活的艰辛，体会到自立自强的真正含义，帮助他们树立自信心，培养服务精神和责任意识。学会在团队中面对激烈的竞争，提高他们的心理承受能力，培养危机意识。

（二）养成团队合作的精神

勤工助学活动有利于培养学生的团队合作能力。例如学生在参与研究生"三助"、科研助理、实验助理工作过程中，在保持良好的工作效率的同时，利用自身所掌握的专业知识，协助老师更好地开展教学或研究工作，同时为实现资源优化配置发展目标打下坚实基础。管理助理、学工助理勤工助学活动也能全面提升团队合作精神。学生在工作中，以部门需求为核心，通过多次沟通、交流，确保存在的问题可以得到及时解决。学生通过这种潜移默化的方式，自身的团队合作意识也得到了有效培养。

（三）促进心理状态的健康发展

从心理学角度分析，少部分家庭经济困难学生存在一定的自卑、内向等方面的心理问题。他们考上大学，成为整个家庭的希望和骄傲，再加上大学学习竞争激烈，他们往往比同龄人承担了更多的压力。在这种状态下，他们会表现出一种强烈的自我保护意识。一方面，虽然内心深处渴望与老师同学交流，但由于自信心不足，主动拉开与老师和同学的距离；另一方面，不愿意老师和同学了解自己的实际情况，更不愿意接受"施予"性的帮助。学校主动为他们创造勤工助学的机会，在解决经济问题的同时，也帮助他们全面培养自信心，在工作中学会与老师同学交往，主动参与学校事务，不断提升自己积极面对生活困难的信心和能力。

（四）加速职业能力的全面提升

勤工助学工作的开展，有利于提高学生的职业能力，为将来走向社会打下基础。当下多数大学生缺乏动手能力，认为在大学期间只要努力学习就足够了，至于社会实践是毕业之后的事情。当从目前的就业现状来看，用人单位普遍青睐有工作实践经验的毕业生。参与勤工助学不仅在学生的工作简历中多以了一项工作经历，更重要的是让学生在长期的勤工助学活动中积累了丰富的实践经验，锻炼了自身的综合能力，学会如何与人沟通交往，促进学生提前向职业化的角色转变。

第五节 其他资助

一、新生绿色通道

"绿色通道"是确保普通高校家庭困难新生顺利入学最直接最有效的措施。针对经济困难的新生，学校开辟绿色通道，在新生报到入学时，经审核对经济困难、无法缴纳学杂费用的，批准暂缓缴纳学杂费，先进入学校学习，然后学校帮助这部分学生通过申请国家助学贷款、勤工助学等方式来解决经济困难。

为保证家庭经济困难学生顺利入学，学校在严格执行经济困难学生认定程序的同时，继续设立"绿色通道"，并在开学后通过"奖、贷、助、勤、补、免、缓"等多种资助措施，帮助家庭经济困难学生完成学业。

"绿色通道"在我校已开通有多年。对家庭经济困难新生实行学费缓缴，确保新生安置。可以先入学再交费，每年约有1500人通过"绿色通道"顺利走上求学之路。

二、服兵役资助

（一）政策依据

2013年3月，习近平总书记在出席十二届全国人大一次会议解放军代表团全体会议时提出，建设一支听党指挥、能打胜仗、作风优良的人民军队，是党在新形势下的强军目标。同年8月，财政部、教育部、原总参谋部印发《高等学校学生应征入伍服义务兵役国家资助办法》（以下简称《办法》），该《办法》明确提出高等学校学生应征入伍服义务兵役国家资助的概念，并对资助范围及流程做出了明确规范。

（二）政策解读

1. 应征入伍服义务兵役国家资助

该资助政策的目的是推进国防和军队现代化建设，鼓励高等学校学生积极应征入伍服义务兵役，提高兵员征集质量，对应征入伍服义务兵役及退役后自愿回校复学的高等学校学生，国家给予如下资助：应征入伍服义务兵役学费补偿、国家助学贷款代偿和学费减免。

学费补偿、国家助学贷款代偿是指对应征入伍服义务兵役的高校学生，在入伍时对其在校期间缴纳的学费实行一次性补偿或获得的国家助学贷款（包括校园地国家助学贷款和生源地信用助学贷款）实行代偿。"高校学生"是指全日制普通本专科（含高职）、研究生、第二学士学位的应（往）届毕业生、在校生和入学新生，以及成人高校招收的全日制普通本专科（含高职）的应（往）届毕业生、在校生和入学新生。"往届毕业生"是指毕业年份早于入伍年份的毕业生，但不包括政策实施起始年（2013年）之前入伍的往届毕业生。

学费减免是指对应征入伍服义务兵役前正在高等学校就读的学生（含正式录取的高等学校新生），服役期间按国家有关规定保留学籍或入学资格、退役后自愿复学或入学的，实行学费减免。

学费补偿、国家助学贷款代偿及学费减免标准，本专科生每人每年最高不超过6000元，硕士研究生每人每年最高不超过8000元，博士研究生每人每年最高不超过10000元。

2. 直招士官国家资助

该资助政策是为了鼓励高等学校学生积极参加士官直招，提高部队士官人才质量，推进国防和军队现代化建设。

从2015年起，国家对直接招收为士官的高等学校学生实行国家资助，入伍时对其在校期间缴纳的学费实行一次性补偿或获得的国家助学贷款实行代偿。直招士官高校学生，是指直接从非军事部门招收为部队士官的全日制普通本专科（含高职）、研究生、第二学士学位的应（往）届毕业生，以及成人高校的普通本专科（高职）应（往）届毕业生；纳入全国高等学校招生统一考试、直接招录或选拔补充为部队士官的定向生。"往届毕业生"是指毕业年份早于入伍年份的毕业生，但不包括政策实施起始年（2015年）之前入伍的往届毕业生。

学费补偿或国家助学贷款代偿金额，按学生实际缴纳的学费或获得的国家助学贷款两者金额较高者执行，据实补偿或者代偿，但本专科学生每人每年最高不超过8000元、研究生每人每年最高不超过12000元。

3. 退役士兵学费减免

该资助政策是指退役一年以上，参加全国统一高考或高职单招，考入全日制普通高等学校的自主就业退役士兵，可享受退役士兵教育学费资助。

（三）政策意义

高等学校学生应征入伍服兵役，一方面是公民的法定义务。依照法律服兵役是公民必须履行的义务，是法律赋予公民的神圣职责，每名达到服兵役年龄的公民，都必须依法履行自己应尽的义务兵役。另一方面，满足国防现代化建设对高素质人才的需要。当前战争的形态已经从机械化战争逐步转变为信息化战争，交战双方以信息化军队为主要作战力量，在陆、海、空、天、电等全维空间展开的多军兵种一体化战争。这种战争大量运用具有信息技术、新材料技术、新能源技术、生物技术、航天技术、海洋技术等当代高新技术水平的常规武器装备。而掌握和运用高新技术武器的必然是具备现代科技素质的人，所以高素质的人才是决定现代战争胜负的决定性因素。大学生服兵役国家资助政策的实施，极大地提高了大学生携笔从戎、参军报国的爱国热情，还减轻了服兵役学生的经济压力，同时大幅提升了兵员质量，对推进国防和军队现代化建设，建立强大的人民军队具有重要意义。

"服兵役资助"资助政策主要有三大亮点。

1. "三项政策"联动发力

一项是对应征入伍服义务兵役、招收为士官、退役后复学或入学的全日制普通本专科学生（含高职、第二学士学位学生）实行学费补偿、国家助学贷款代偿、学费减免。另一项是对直接招收为士官的高校学生进行学费补偿或贷款代偿。还有一项是对退役一年以上，考入全日制普通高校的自主就业退役士兵给予教育学费资助。

2. "四个层次"全覆盖

服兵役国家资助政策实现了高等教育专科、本科、硕士、博士四个层次全覆盖。专科生、本科生可申请每人每年不超过8000元的学费补偿、贷款代偿或学费减免，硕士及博士研究生每人每年不超过12000元。

3. "五类学生"全纳入

应征入伍服兵役的高校新生、在校生、应届毕业生、往届毕业生、退役后考入高校的新生等五类学生，符合条件的均可申请国家资助。

三、基层就业奖补

为了促进高校毕业生就业，引导和鼓励高校毕业生到艰苦边远地区基层单位服务，省属高校毕业生到指定的艰苦边远地区基层单位就业，连续服务满三年及以上的，由政府对其学费按一定标准给予奖补的方式即为基层就业奖补。

四、困难补助

(一) 学生临时困难补助

1. 资助目的

临时困难补助主要用于帮助我校学生解决学习、生活中遇到的特殊性、突发性、临时性经济困难，保证其顺利完成学业。临时困难补助经费来源于学校教育事业经费收入中设立的学生资助专项基金。

2. 资助标准

临时困难补助应根据在校学生实际情况，合理确定补助金额，学生申请临时困难补助范围为500～2000元，原则上同一学年内补助总额不超过2000元；同一学期内不能因同一困难理由重复申请。

3. 资助申请条件

全日制在校学生中符合下列条件者，可以申请临时困难补助：学习、生活中遇到的特殊性、突发性、临时性的经济困难者。

(二) 大学生爱心基金

1. 资助目的

"大学生爱心基金"是为了帮助我校罹遇突发性事件或有特殊困难的学生而设立，用于帮助他们完成学业，鼓励他们成为优秀的社会栋梁人才。通过"基金"的设立，更好地弘扬中华民族助人为乐、无私奉献的传统美德，在校园内营造"一方有难、八方支援"的良好氛围。

2. 基金来源

由学校注入初始资金1万元，以后资金来源主要由社会企事业单位、校友捐赠。根据实际需要，开展面向社会或全校师生员工的募捐、捐助活动，筹集"基金"。特殊需要时，向学校行政申请"基金"补助。

3. 基金申请程序

学生可以根据个人情况向所在院系提出受助申请，并填写《西南石油大学大学生爱心基金受助申请表》。各院系审批通过后将受助申请表报基金理事会办公室，由理事会召开全体理事会议，讨论后确定是否实施资助及资助标准。

4. 基金偿还

为了更好地传承爱心，受助学生应在有一定经济能力时偿还受助金，不约定还款期限，不规定还款次数，不设定还款上限，以使"基金"不断发展壮大，以帮助更多有困难的同学。受助学生领取资金后与"基金"理事会办公室签订爱心助学诚信合约。

（三）大学生圆梦基金

1. 基金目的

为帮助特殊家庭经济困难新生安心完成学业，我校教育发展基金会利用非定向捐赠资金于 2013 年 3 月 6 日设立圆梦基金，用于资助我校全日制本科生、研究生中的孤儿及烈士子女顺利完成学业。

2. 资助标准

学校教育发展基金会按照每生每年 6000 元资助标准，直至其毕业离校。

3. 基金申请程序

首先学生本人申请，爱心基金坚持"学生自愿申请"的原则。申请学生对照基本申请条件，认真、如实、规范填写相应的申请表，提出申请；其次是学院审核推荐。学院通过审核材料、走访寝室、谈心谈话等途径，充分了解学生具体情况，核实获助资格，并按照相应要求将推荐结果报送至学生资助管理中心；最后是学校复核、报设立单位审批。学生资助管理中心汇总、复核学院推荐学生名单，报学校教育发展基金会最终审定通过后，按规定发放"圆梦基金"。

第七章　构建帮扶措施精准的资助育人体系

随着时代的发展与进步，高校的资助工作不再是单一的经济资助，而是不断向发展型资助迈进。教育部原部长陈宝生在教育部脱贫攻坚工作领导小组会议上强调，要树立总攻意识，聚焦总攻目标，完善总攻机制，强调要加强精准施策，学生资助要突出"准"，助力脱贫攻坚，打好教育脱贫攻坚战。

第一节　价值塑铸与心理提升

研究表明，家庭经济困难学生的心理健康水平低于非家庭经济困难学生，主要表现为容易发生焦虑、人际关系敏感等心理问题。家庭经济困难学生往往承受着更多的压力与成长困难，出现心理问题的比例相比于正常家庭更高。基于此，家庭经济困难学生的心理调适、心理赋能显得尤为重要。为家庭经济困难学生提供足够的心理支持与正向价值塑造，帮助家庭经济困难学生正确认识自我、塑造健全的人格、保持乐观积极的人生态度是本章研究的重点。

一、家庭经济困难学生价值塑铸与心理提升的深刻内涵

青年兴，则国家兴；青年强，则国强。新时代大学生正处于最好的时候，也处于最具挑战的时代。随着大学生规模的不断扩充，高校家庭经济困难学生的比例也随之增加，其突显的家庭经济困难学生的价值观塑造与心理健康提升也显得尤为重要。大学生正处于三观形成的关键时期，此阶段资助育人工作的开展，一方面能够减轻家庭经济困难学生的经济压力，另一方面通过资助育人工作的开展能激发学生潜在的爱国爱校热情，有利于维护国家安全稳定，助力国家教育扶贫。

价值塑铸与心理提升是指通过系列指导帮助学生形成正确的世界观、人生观、价值观，保持一种积极、稳定、持续良好的心理状态，具有较强的适应社

会的能力，提升学生自我救助、自我教育的能力，激发学生处理心理问题的主观能动性。

二、家庭经济困难学生价值塑铸与心理提升的现实困境

（一）学生自我认知不足

学生心理健康大多通过普查筛选、辅导员谈心谈话、同学观察、自我认知等方式评定。新生普查是一个较为准确且覆盖范围广的普查项目，但多数筛查出有心理异常的学生较少主动地去进行专业咨询。特别是家庭经济困难学生，一提到心理提升可能会出现抵触，甚至反感，狭隘地认为只有心理异常的学生才需要心理咨询，这给工作推进带来了现实困难。

（二）家庭关怀不够

家庭经济困难学生中，有大部分来自农村，部分家庭对于孩子的教育缺乏全方位的关注，他们评判学生时往往只看学习成绩，把成绩的优劣作为评判子女好坏的唯一标准，忽视了孩子的价值观塑造与心理提升。不少学生在遇到困难时，家长因自身原因往往缺乏有效的指导。大学生学习能力强，能在新环境中快速成长，但子女与家长的沟通越来越少，交流谈心的话题越来越表面化，这将导致很多学生与父母沟通不畅，学生也无法从自己父母处获取情感支持，这也给家庭经济困难学生的心理提升造成了阻碍。

三、家庭经济困难学生心理调查

通过问卷调查分析发现，家庭经济困难学生与非家庭经济困难学生在状态自评、压力来源、自我评价、支持体系等方面存在差异。

（一）状态自评的差异

抽样调查的1239份问卷中，仅有141表示"没有压力，心理健康状态良好"，占家庭经济困难人数的11.38%。而非家庭经济困难学生1003人中，则有213名学生选择了"心理健康状态良好"，占比21.24%。很明显，家庭经济困难学生自评良好比例远低于非家庭经济困难学生。

（二）压力来源的差异

通过数据处理，压力来源中，家庭经济困难学生选择经济压力、就业压力

与家庭压力的比例均高于非困难生。三个压力中,最核心的就是经济压力,就业压力与家庭压力其实亦是经济压力。家庭经济困难学生肩负着通过学习改变命运的重任,家庭给予了重大的期望。

(三) 自我评价的差异

在自我评价方面,家庭经济困难学生选择对自己非常满意和基本满意的比例分别为5.03%与68.32%,相比于非家庭经济困难选择的8.32%与70.32%要低。由此可以看出,家庭经济困难学生相对于非困难生是较为自卑与不满意的。这种表现出来的不自信,一定程度上影响了家庭经济困难学生的成长与发展。

(四) 支持体系的差异

在问卷中,笔者将学生分为家人支持、榜样力量、自我意志、社会帮助、教师同学关爱五个支持系统,分别调研在学生遇到问题时,更愿意选择的支持系统。研究表明,当家庭经济困难学生遇到问题时,更愿意选择家人与自我的帮助,较少选择教师和同学的关爱,这表明家庭经济困难学生会自发的选择对自己自尊心保护的支持系统,从而"提升"自我效能感,让自己处在一个更加舒适的状态。

四、家庭经济困难学生心理影响因素研究

调查发现,家庭经济困难学生的心理状态在不同性别、不同生源地、不同年级之间均存在差异。通过对比家庭经济困难学生与非困难学生的SCL90测试性总分,并对各因子进行独立样本检验,得出以下结论。

(一) 不同性别的差异

研究表明,女性在抑郁因子上的得分要高于男性。这可能与女性对自我要求较高以及女性更容易被认为是弱势群体有关。

(二) 不同生源地的差异

农村生源的家庭经济困难学生的人际关系敏感因子得分明显高于城镇学生。来自农村的家庭经济困难学生更敏感。这可能与农村学生从小生长的环境以及接触到的各类资源有关。

（三）不同年级的差异

研究表明，不同年级之间学生的压力表现也不尽相同。大四学生的压力指数明显高于其他年级，这可能与其面临毕业与就业的双重压力有关。

五、家庭经济困难学生价值塑铸与心理提升的实施路径

本章着重从具体案例出发，搜集整理了3个家庭经济困难学生精准资助在价值塑铸与心理提升方面的特色做法与工作案例。

（一）"成长训练营"——受资助大学生心理资本提升训练计划

心理资本对于受资助大学生的个人成长、成功来说都是重要的心理资源，它包括自信、希望、韧性和乐观四个维度。目前，高校部分受资助大学生存在人际关系敏感、抑郁、焦虑等心理问题。

本案例根据心理资本的理论框架，设计了有效提升心理资本的理论课程和实践方案，并使用心理资本问卷（PCQ-24）进行了3次重复测量。心理资本问卷（PCQ-24）将作为活动开展的依据和指导，根据测试结果，有针对性地通过理论学习帮助受助学生认识自我，又通过组织团体辅导、志愿服务、生涯比赛等形式多样的实践活动，让受助学生在活动中提升自己的心理资本和综合能力，为学生成长成才提供支持。

1. 面向对象

心理资本问卷（PCQ-24）测量主要面向200名本科生心理资本较弱的受助学生，在项目开展过程中，会涉及志愿服务、生涯比赛等内容，这些实践活动面向全体家庭经济困难学生。

2. 案例内容及实施计划

（1）项目发布阶段（2020年5月）。

项目组发布招募通知，详细介绍培训内容。根据招募情况，利用Luthans的心理资本问卷（PCQ24）在活动开始前进行第一次调查，问卷共24个题目，包括四个维度：自信、韧性、乐观和希望，采用里克特5点计分。根据问卷得分情况，可以初步了解受助学生心理资本四个维度的情况，本次调查从本科生中确定200名符合条件的受资助大学生参与此项目。

为了更好地推广活动，让更多受助学生了解并乐于参与到项目中来，活动借助学院官方微信公众号、学院官网、QQ、校园展板等途径，进行多渠道、

全方位、覆盖广、内容新、吸引强的宣传和动员。

（2）项目实施阶段。

A. 理论与训练环节

①本环节每次课程集中对受助同学进行培训，培训邀请校内外心理专家、生涯培训教师等开展，课程内容包括自信、韧性、乐观和希望四个维度，涉及积极心理学、自信心训练、朋辈心理辅导等。培训采用线上的形式进行，加强交流互动。

②理论培训不仅仅局限于理论，将理论与实际相结合，用学生感兴趣的方式进行理论的讲解和传授。同时，培训内容贴合受助学生实际，依据第一次进行的 Luthans 心理资本自评问卷测量结果，有针对性地开展理论培训。

③通过课程学习，帮助受助学生树立正确的世界观、人生观与价值观，使同学们认识到贫困并不可怕，可怕的是不能正确认识贫困。

④培训后再次进行心理测评，进行测评结果对比，评价育人实效。

B. 实践环节

①朋辈团体辅导，由学院心理辅导员组织开展，带领家庭经济困难学生参与朋辈辅导团体活动，并帮助学生学习如何开展朋辈辅导活动。选择能够灵活应用活动的优秀学员，带领其他同学再次开展活动，做到学以致用，回馈他人，提升自己的价值感。

②组织志愿服务活动

与学院青志协合作，利用闲暇时间，参与不同形式、有意义的志愿服务工作和活动，如开展关爱留守儿童、敬老院活动、绿色校园等志愿服务活动。通过让受训学生参加志愿服务活动，让他们懂得感恩和付出，学会勇于承担责任，敢于担当。

③职业生涯规划比赛

举办职业生涯规划比赛，主要内容包含参赛选手设计书和制作"个人职业生涯 PPT"电子稿件两个部分，初选后通过线上展示、线上解说的形式进行。通过举办比赛，引导家庭经济困难学生学会利用生涯规划知识，合理规划自己的大学生活。

④开展丰富的实践活动，提升受助学生的综合能力，活动结束后，采用心理资本自评问卷进行第三次测量，检测实践活动效果。

（3）项目总结阶段。

①将 200 名受助学生心理资本在本次活动前后的变化情况进行对比，分析受助学生心理资本及其维度 3 次测量之间的差异，检验本次活动的有效性。

②结合统计数据结果和受训者的访谈内容，回顾整个训练过程，对受助学生的心理资本提升训练进行讨论和总结。

③整个活动形成书面文字总结，将活动中的得失进行梳理，分析本次活动存在的不足，进一步对项目内容进行斟酌和完善，为以后提供参考和借鉴。

3. 工作案例可争取的社会资源或其他支持

（1）学校心理发展与服务中心提供一些专业的帮助与指导，开展在线培训与心理辅导。

（2）学院心理辅导员、心理服务站的协助和支持。

（3）利用校园及网络资源查询相关资料。

（4）使用本项目学校审批下来的资助资金。

4. 工作案例的预期成效和成果

（1）通过Luthans的心理资本问卷（PCQ24）直观了解本案例开展的活动与培训对于大学生心理资本的提升效果。对比受训学生在活动前后的变化，若200名学生在本次心理资本训练，经过3次测试，结果呈现线性增长，说明该项训练计划对受助学生心理资本的提升有较大作用，可以在更大范围内进行推广。

（2）将理论培训与实践环节结合，在引导受助学生正确认识自我，提升受训学生自身心理资本的同时，帮助他们理论联系实际，提高动手能力，增强自我信心，实现自我悦纳。

（3）通过社会实践，让参与本次项目的受助学生在感恩学校、社会对自己的帮助之余，也会思考如何凭借自己的力量去帮助别人。

5. 工作案例的特色与创新

（1）将Luthans的心理资本问卷（PCQ24）贯穿于项目的始终，进行三次测量，第一次测量可以为筛选200名参加此次活动培训的受助者提供直接的参考。后两次的测量对受训者的心理资本变化情况有一个直观的了解，可以了解到本次活动的效果。

（2）本次活动将理论部分与实践环节结合，层层递进，既通过理论学习帮助受助学生认识自我，又通过实践的方式让他们提升自身心理素质和综合能力。

（3）此项目主要针对心理资本较弱的受助群体开展，这部分同学是资助工作中应该重点关注的对象，项目以提升学生心理健康状况为基础，开展思想、心理和学习相互促进、有效融合的能力提升创新性活动。

(二) 资助育人照学海，以劳树德报家国——以"双护"志愿者活动，培养学生感恩意识

懂得感恩，是中华民族的传统美德；感恩教育，是完善人格的人性教育。习近平总书记也曾强调"所有的人都要有感恩的心"。加强大学生感恩教育是落实"立德树人"根本任务的题中之义，而针对家庭经济困难学生开展的一系列志愿者活动，潜移默化地增强了他们的感恩意识、家国情怀，显得更有必要。

学院一直重视学生的感恩教育和个人能力发展，常年开展系列志愿服务活动。为了更好地做好大学生感恩教育，助力学生成长，学院在现有的资源和基础上，实施"双护"（幼苗呵护、夕阳陪护）志愿者活动：利用和新都第一幼儿园的合作，开展对幼儿的英语教育；利用和新都敬老院的合作，开展对留守老人的关爱活动。让学生通过参与具体的志愿活动，把对祖国和社会的感恩之情转化为具体的志愿行动，实现由"他助—自助—助人"的转变，既培养大学生的感恩意识，又提升大学生的劳动技能，真正实现以劳树德、以劳育才的教育目的。

1. 工作案例背景

(1) 项目建设目的。

①以"爱国、敬业、诚信、友善"为主要内容的社会主义核心价值观是开展大学生思政政治教育的重要教育内容，而要培养大学生的爱国意识、感恩意识、敬业精神等需要依托一定的实践活动，实施"双护"志愿者活动，正是通过具体实践活动来实现感恩教育的目的之一。

②感恩是一种责任、一种担当、一种敬畏。全社会能不能营造出"所有的人都要有感恩的心"的良好氛围，直接决定了整个国家的精神文明建设成效，而增强大学生的感恩意识，尤其是增强受过国家和社会资助的家庭经济困难大学生的感恩意识，是其中的重要一环。

(2) 项目建设意义。

①指导家庭经济困难大学生开展志愿者活动是劳动教育的具体体现。通过学生发挥专业优势，帮助幼儿学习英语，一是能够提高学生自身的英语能力，二是能够帮助学生提升感恩意识。

②感恩是一种情操、一种美德，也是一种境界、一种素质。关爱幼儿、老人是国家社会治理的重要内容之一，也是社会道德教育的重要内容之一。让受过资助的大学生通过志愿活动反哺社会，实现由"他助—自助—助人"的转

变，既能培养大学生的感恩意识，又能提升大学生的劳动技能。

2. 项目面向对象

本次"资助育人照学海，以劳树德报家国——以'双护'志愿者活动，培养学生感恩意识"项目实施的主要对象是西南石油大学获得国家和社会资助的家庭经济困难大学生，同时配合项目具体实施过程中的管理需要，让部分志愿者、学生干部、学生党员等参与其中。

3. 项目内容及实施计划

（1）项目内容。

该项目在新冠病毒防控背景下，教育引导学生学会感恩国家、感恩社会、感恩他人，利用大学生最易于接受的志愿者活动，来培养大学生的感恩意识、家国情怀和劳动技能。学院和当地第一幼儿园、敬老院签订了志愿者实践帮扶协议，两地也是学院学生的教学实践基地。学院在受助学生中选拔口语流利、专业扎实的学生，利用课余时间定期到幼儿园陪护幼儿，学习简单的英语并组织游戏活动；利用和新都区敬老院的合作，开展对留守老人的关爱活动。通过心理关怀、节日慰问、卫生清扫、理论宣讲等活动，让学生把对祖国和社会的感恩之情转化为具体的志愿者行动。

（2）实施计划。

为了保障项目的顺利实施，学院成立院级"家庭经济困难生发展性资助计划"指导小组，统筹指导做好学院相关项目的申报推荐、申报立项、中期检查、结题验收等各项具体工作。同时要求学院的"青年志愿者协会"配合项目实施。具体的实施计划安排如下：

①根据工作任务组建志愿者小组。"幼苗呵护"活动重点选拔口语流利、专业扎实的学生，且考虑幼儿教育的特殊要求，偏向选拔女学生；"夕阳陪护"活动选拔热爱劳动、多才多艺的学生，适当选拔男学生。

②"幼苗呵护"实施。考虑到暑假和疫情原因，选择在线上讲授的方式（疫情结束后，线下进行）配合幼儿园教师，有计划地辅导幼儿的英语学习。

③"夕阳陪护"实施。列出活动计划，学生返校后，积极和学校所在地敬老院对接，向留守老人宣讲"两会"精神、健康知识宣传普及；开展卫生清扫、文艺汇演、心理关怀等志愿者活动。

④活动总结阶段。项目以一年为一个开展周期，对活动的开展形式、内容和开展的育人效果、社会效果进行总结、完善，对优秀者进行表彰。

4. 项目预期成效和成果

（1）育人效果。劳动改变世界、劳动改变人类、劳动改变观念。让受助大学生参加志愿者活动，是劳动育人、实践育人的具体体现。到幼儿园开展英语教学志愿活动，可以让学生锻炼专业技能，为今后的就业奠定基础；同时，亲身参与到关爱老人的实践活动中，更能体会到感恩、孝敬、友善的深刻含义，有利于大学生塑造正确的价值观。

（2）社会效果。感恩教育是培育和践行社会主义核心价值观的具体要求之一。在受助大学生中开展感恩教育和志愿者活动，有利于为全社会营造"所有的人都要有感恩的心"的良好氛围，让志愿精神、奉献精神、助人为乐精神得到发扬和传承，为培育和践行社会主义核心价值观营造良好的社会氛围。

5. 项目特色与创新

（1）项目特色。

①项目可以推广。志愿者活动一直是高校开展大学生感恩教育的重要活动形式。本项目发挥外语专业学生的专业特长，投身于学前教育，既可以锻炼学习的教学技能，也可以培养学生的感恩意识，项目具有推广价值。

②项目易受欢迎。志愿活动、关爱老人、呵护幼儿，都是社会倡导的正能量，这也就决定了项目可以得到大家的认可和欢迎，有利于项目顺利实施。

③项目因地制宜。项目中的"幼苗呵护"计划，充分发挥外语专业学生的专业优势，实施地点就在学校里面和附近，便于项目开展，也有利于活动的安全，保证了项目的有效实施。

（2）项目创新。

①巧借时机。受新冠病毒的影响，感恩教育、志愿者活动、关爱留守老人等作为社会的"热点"问题和要长期开展的活动，要结合实际情况，及时开展"双护"志愿者活动，确保项目的实效性。

②巧用资源。第一幼儿园和敬老院，是学院的合作基地，常年有志愿者活动在这里开展，充分利用学生发展型资助项目，有计划地开展志愿者活动，也能提升思想政治工作的有效性。

（三）线上"诚信，与青春同行"主题教育活动

此活动旨在提高在校学生尤其是家庭经济困难学生的诚信意识，在受助的同时，提升心理资本，增强价值塑造。本案例以江苏省部分高校 2020 年开展的诚信主题教育为例。

东南大学资助管理中心开展了国家助学贷款还款签约仪式，并通过老师致辞、毕业生代表发言、集体庄严宣誓、诚信承诺书签订等形式，唤起学生内心深处的"诚信""感恩"意识。同时在会议过程中，组织学生观看了《征信记——人无信则不立》。往年有学生因未及时还款，征信遭受影响，贷款买房时被银行拒绝申请，因此遭受了极大的损失。以组织学生观看视频的形式开展主题教育活动，提醒同学们及时履行国家助学贷款还款义务。与此同时，相关学院还组织开展"诚信立身，诚信立学"文创大赛，举办"线上金融知识竞赛"，采用线上形式举办诚信教育专题课堂，邀请学院本年度教育基金会春季奖助学金获得者作为访谈对象开展事迹宣传与诚信宣讲，围绕诚信做人、诚信学风、诚信考风等内容，创新形式，征集各类文创作品，使诚信意识、感恩意识、资助精神内化于心。

南京师范大学针对学生开展诚信主题教育活动，采取线上线下的形式开展活动，帮助家庭经济困难学生树立正确的消费观、荣辱观、价值观，引导学生合理、理性消费，让大学生成为诚实守信的实践者、传播者和维护者，努力培养德智体美劳全面发展的社会主义建设者和接班人。例如，开展以"写好人生的信用报告"为主题的教育活动，利用新媒体平台推送《写好人生的信用报告——南师大毕业生辅导员的温馨嘱托》《关于国家助学贷款，你想知道的那些事》，普及贷款知识，开展诚信教育。再如，为引导学生珍爱信用，树立合理的消费观、价值观，学校开展资助诚信知识线上竞赛、诚信主题演讲比赛和国家贷款助我成长主题征文比赛，各学院开展云班会、云宣讲、云课堂、云分享营造良好的诚信教育氛围。

六、本节小结

除此之外高校要做好家庭经济困难学生的价值塑造与心理提升，应对贫困生进行积极的心理关怀。主要可以从以下几点展开。

①定期对贫困生进行心理辅导，建立贫困生心理动态档案。

②开展心理讲座，宣传正能量，并通过寒门学子励志成才的真实案例增强贫困生的自信心；开展《开发成功心理资本·为你插上翱翔的翅膀》《有效沟通·遇见不一样的你》主题讲座和《挑战自我·超越自我》素质拓展训练，通过项目开展，达到帮助同学们"正视自我、成就自我、展现自我、践行自我"的目的。

③每班选取心理委员关注每个同学的状态，出现问题及时谈心。同时对各班心理委员进行集中培训，形成"院系—年级—班级"三级联动的学生心理危

机应急处理机制。

④辅导员、班主任等任课教师可定期与有心理问题的同学谈心谈话,通过面对面沟通、"意见信箱"、网络对话等多种途径对学生进行心理压力缓解和疏导。院系定期开展心理拓展活动,增加贫困生与其他学生间的交流,增强学生的交往能力。组织学生参加学校的"心理健康月"活动,传播心理健康卫生知识,在工作过程中,不断与校心理咨询中心保持联络,对于问题严重者,寻求专业辅导医生帮助。

⑤定期开展亲朋互动活动,让学生在自己最熟悉的人面前敞开心扉,吐露心声。

⑥完善"大学生心理健康教育"课程体系,将心理健康教育规范化、体系化,使其成为大学生教育中不可或缺的关键课程。

第二节　学业支持与专业发展

高校家庭经济困难学生在学业与专业方面表现往往较非家庭经济困难学生更为努力,但这并不意味着其学习能力突出。本节主要聚焦狭义上的学业问题,学业帮扶是针对家庭经济困难学生的学业指导,帮助他们尽快适应大学的学习环境,调整学习方法,养成良好的学习习惯,搭建学习平台,提升受助学生专业与学业能力,双向赋能,针对家庭经济困难学生在学业与专业上的培优助困,是本节讲述的重点。

一、家庭经济困难学生学业支持与专业发展的深刻内涵

全国高校本科教育会议指出,教育要回归常识,要引导学生求真问学,练就真本领。学业与专业发展的精准帮扶就是落实教育部这一重要要求的有力措施。提升家庭经济困难学生的学习能力、创新实践能力与综合素质,增强其就业竞争力,保障家庭经济经济困难学生顺利甚至优异地完成学业并就业,带动整个家庭稳定脱贫,培养人才,这是教育扶贫要达到的目标。

二、家庭经济困难学生学业与专业发展精准帮扶的实践路径

学风建设是一个长期且效果较为缓慢的过程,同理家庭经济困难学生的学业帮扶与专业发展亦是一个长期且复杂的过程。精准帮扶可包括点对点指导、点对多指导、多对多指导等。由点及面,精细化指导与立体化指导相结合,通

过分析家庭经济困难学生的基本情况，包括学习能力、专业知识拓展程度等，确定实施对象，制订帮扶措施，跟踪帮扶成效等步骤进行精准化帮扶。

（一）甄别帮扶对象

目前高校实施资助育人的最前线人员依然是高校辅导员，由于辅导员管理的学生众多，要想有效地对受助学生进行学业指导，对帮扶对象进行分类是有效措施。譬如家庭经济困难学生的学业情况分布如何，专业实践参与度如何，都要进行分类整理。对于不同类别的学生开展不同类型的指导。

（二）帮扶对象分析

对于学业与专业存在问题较大的家庭经济困难学生群体，我们应具体问题具体分析。考进同一所大学的学生通过高考的层层选拔，其学习能力与智力应该不会有太大的差距。学业问题主要存在与学习环境以及自我认知和学习方法等方面。通过调研123名家庭经济困难且学业存在问题的学生发现，有接近1/3的学生认为自己做事太拖延，20.4%的学生认为自己学习动力不足，15.7%的学生选择了不适合自己的学习方法，认为家庭经济困难、需要打工的仅有3.1%。关于期待获得的学业困难帮扶措施，51位学生（占24.8%）选择了"同学相伴一起学习"，38位学生（占18.4%）选择了"学涯指导，帮助我规划选课和重修"，34位学生（占16.5%）选择了"学业成绩较好同学分享学习方法和经验"，还有少数学生选择了"集中上自习"和"老师或学长补习学业知识"。

（三）确定帮扶实施主体

贫困学生的学业帮扶应由学生资助部门进行统筹规划和监督指导，各学院在同一框架下，根据学生特点、学科特点、专业发展等分别组织实施。在实施过程中，需要组建一支由对学生专业课程熟悉的教师、学生心理健康教育方面的专业教师、对学生进行日常教育与管理的辅导员、可作为标杆的优秀学生等人员组成的学业帮扶队伍，同时与学生家长建立密切联系，引导家长积极参与其中。家庭的支持和爱护对学生的成长和转变意义重大。

学业帮扶任务艰巨，这对构成学业帮扶队伍的人员素质也有较高的要求：要有正确的价值观、教育观和人才观，能指引学生树立正确的人生方向；要有强烈的责任感，关心学生的成长、成才，尊重学生的人格；要了解本专业的培养方案、培养过程、就业情况；要了解学生的思维方式，熟悉学生的社交方式，能贴近学生，走入学生内心。

要促进学业帮扶队伍建设，还应建立正向激励机制，从制度、荣誉、情感上给予"正向引力"，将关心困难学生、实施学业帮扶纳入教师的岗位职责，充分认可其工作付出。在核算专业课老师工作量、教师评聘职称、学生优干推选时予以考虑，同时选树典型，设置"助学先进岗"，体现"劳有所得""干有所值"，从而激发其潜能和创造力，不断扩大学业帮扶的效益。

（四）帮扶实施路径

家庭经济困难学生学业受挫的原因因人而异，因此学业帮扶也应该因人施策、一生一策。在研究中，根据学生对问卷的具体作答，将学业困难影响因素分为8类：人际关系、心理调适、情感因素、学习动机、学习态度、自我管理、学习方法、经济因素。基于这8类因素，设计帮扶方案。

针对出现人际关系紧张、情感问题、心理难以调适等情况的学生，心理健康教育教师采用分主题开展团体辅导的方式缓解学生压力；针对学习动机、学习态度、学习策略有偏差的学生，由专业课教师和辅导员老师配合与学生谈心谈话，以身边榜样鼓励学生，帮助学生分析优势与不足，制订改进方案；针对自我管理较弱的学生，为其讲授自我管理的知识和技能，由辅导员带领学生制订课余生活计划，并建立监督平台或学业互助组，督促学生完成计划；针对学习方法不当的学生，由专业课教师或高年级学长开设量身定制的答疑课程，提炼、传授学习方法，提高应试能力；针对经济压力较大，兼职占用时间的学生，重新制定资助方案，确保学生主要精力用于学习。根据8类因素对学生影响的程度，按上述方案为每位学生提供个性化"配餐"，打出"组合拳"，同时制订帮扶台账，明确责任人，细化进度时间表，形成反馈销账制度，确保家庭经济困难学生学业脱困。

在实施过程中，注重对帮扶效果进行评估，通过反馈，对实施过程中不合理之处进行改进，以便获得长足的育人效果。学业帮扶评估可以从帮扶过程和帮扶结果两方面设计评估指标。帮扶过程的评估指标有：是否针对经济困难学生的特点制定个性化帮扶方案；是否有帮扶工作记录；帮扶是否体现对学生的关心和尊重。帮扶结果的评估指标有：学生的学习态度及精神面貌；学生的上课出勤率；学生作业质量；学生自习频率；学生不及格课程重修通过率；学生是否有新增不及格课程；学生成绩排名进步情况；经济困难学生对帮扶的满意度等。这些指标有的可以量化，有的不易量化，可以采取定量评估与定性评估相结合的方式，由学校资助部门、教务部门、学院学生工作委员会、被帮扶学生等共同对学业帮扶进行评估。

除此之外，随着大数据、互联网技术的蓬勃发展，通过数据采集获得学生的消费记录、出入寝室校门记录、上网信息等，进行数据处理与分析，寻找其与学生行为的内在关联，可以预测家庭经济困难学生生活和学习的发展趋势，及时发现他们学业面临的困难，作为学业帮扶的目标群体，及早干预。通过大数据技术，还可以动态跟踪帮扶的过程，发现被帮扶学生的微观变化，及时发现问题，改正问题，对帮扶效果做出更为精确的评估，提高资助育人的精准化、科学化水平。

三、家庭经济困难学生学业与专业发展精准帮扶的具体工作案例

本节以具体工作案例为引，搜索列举了各高校开展的家庭经济困难学生在学业与专业帮扶方面的具体方案。

（一）工程教育专业认证视域下，搭建"精准化"发展型资助感恩教育平台

本案例以学院实施的发展型资助育人项目为例。该项目以精准扶贫为背景，在工程认证专业视域下，将科学精神、社会责任、人文关怀和职业素养等作为人才培养标准。本项目坚持"精准思维"，以"学生为中心"的教育理念为宗旨，围绕工程教育人才培养标准，精准聚焦家国情怀和社会责任感的培育，搭建感恩和社会回馈的社会责任教育平台；以"持续改进"的工程教育理念为指导，建立在校家庭经济困难学生跟踪反馈机制，由终极评价转化为发展过程的评价，优化学生评价方式，实现资助育人的可持续性。

以"立德树人"为宗旨，把"扶困"与"扶志""扶智"相结合，着力实现"培育家国情怀，强化社会责任意识"的目标，激发贫困学生内生动力，建立学生学业与专业发展档案，搭建专业、合理的工程教育专业认证视域下的"精准化"发展型资助感恩教育平台。

1. 项目摘要

大学生作为中国特色社会主义现代化建设事业的主要后备力量，对国家发展起着至关重要的作用，贫困大学生资助工作作为高校教育的重要组成部分，在资助过程中应该全过程、全方位融入社会主义核心价值观教育，以"立德树人"为宗旨，精准把握学生特点、个性化需求，使用适当的方式，以促进家庭经济困难学生全面发展为最终目标。在工程教育专业认证的背景下，更加注重

成果导向教育，以社会需求、学生发展需求为导向，将创新精神、社会责任、人文关怀、科学精神和职业素养等作为工程认证评价标准，这对于高校教育提出了更高的要求，对于贫困学生成长发展也提出了更高的要求。

基于工程教育专业认证视域的"精准化"发展型资助爱心工程有三个目标：一是从物质上解决家庭经济困难学生的后顾之忧，不让一名困难学生因为经济困难而辍学；二是以"学生为中心"，精准把握贫困学生发展需求，精准施策，构建"解困—育人—成才—回馈"的发展型资助育人模式，助力学生成长成才；三是坚持"持续改进"，实时跟踪家庭经济困难学生在校的成长发展情况，建立发展性评价和反馈机制，不断优化针对贫困学生的资助育人方案设计，构建满足贫困学生发展需求的资助育人新模式。

2. 项目面向对象

大一到大四全体家庭经济困难在校学生及有意愿参与本项目的其他学生，学院大一到大四非家庭经济困难人数为1309人，占总人数比例为69.2%。

3. 项目具体内容及实施计划

深入贯彻习近平总书记系列讲话精神，落实精准扶贫方略，以"精准资助"作为资助育人工作方向，以工程教育专业认证理念作为资助育人工作抓手，坚持"以学生为中心"的工程教育理念，精准把握家庭经济困难学生成长发展需求，搭建感恩和回馈社会的社会责任教育平台，全面开展感恩成长教育，内化于学生心中，外化于学生的自觉行动，着力实现培育贫困学生的家国情怀和社会责任感，坚持"持续改进"的工程教育理念，建立在校家庭经济困难学生跟踪反馈机制，全面跟踪调研贫困学生的成长发展需求，由终极评价转化为发展评价，建立发展性评价、反馈机制，不断优化资助育人设计方案，构建发展型资助育人新模式。

(1)"学生中心"——搭建感恩和社会回馈的社会责任教育平台。

组织家庭经济困难学生开展勤工助学特色、爱国主义教育活动，一是促进贫困学生形成以劳动换取生活保障的意识，而不是每天"坐等"学校助学金发放，产生依赖、惰性思想；二是培养贫困大学生的家国情怀，强化社会责任感和感恩回馈意识，坚持道德上正确的主张，坚持实践正义原则，勇于担当，愿为他人做出奉献和牺牲；三是通过学生家国情怀、社会责任感的培育，激发贫困学生内生动力，通过不懈奋斗，真正实现脱贫。

①组建"资助政策宣传小分队"。

成立"资助政策宣传小分队"，结合学院暑期招生宣传工作和秋季新生入学教育工作，组织贫困学生到中学、到班级开展资助政策宣讲，同时利用寒暑假回到家乡，到当地、周边地区深入每家每户进行国家和学校的资助政策宣讲，在走访宣传中团结协作，完成从受助到自助再到助人的角色转变，锻炼了实践能力，成为国家资助政策的"宣传大使"，为教育扶贫做出自己的贡献。

②组建科研支招团。

学院组织贫困学生组建科研支招团，以"美丽中国，共建新农村"为主题，暑期赴四川省宜宾市进行实地调研。宜宾市素有"全国天然油樟植物园"的美称，当地出产特优经济林木——油樟树，学院组织学生到宜宾古柏镇油樟林场进行走访，了解当地樟油种植情况、提取工艺、商品市场、产品优势，依靠所学专业知识，利用学校实验室资源，深入研究油樟特性，优化樟油提取工艺，制订切实可行的发展方案，通过提供樟油提取率、减少樟油提取造成的环境污染，提高当地村民的收入水平，减少因樟油炼制带来的环境破坏，助力当地实现生态环境保护和精准扶贫的双赢局面。

③小小歆苗科普课堂。

组织受助学生组成科普小团队到学校幼儿园及周边小学做实验展示，选取一些简单而富有启发性的小实验，通过知识介绍、手工指导、实验演示、实验总结4个过程激发小朋友们的好奇心与想象力，锻炼小朋友们观察并思考生活有趣现象的能力，通过授课和实验等形式激发他们对科学知识的兴趣，引起孩子们对阅读科学书籍的渴求，丰富他们的生活。同时也在此过程中培养受助学生的耐心和爱心，让他们体会获得感，在帮助他人的同时自己也获得满足感。

④求是趣味实验课堂。

以校园开放日为平台和契机，让学院受助学生作为活动的主要策划者和参与者，组织中学生到学院实验室进行参观，介绍学院大型设备仪器，向中学生演示趣味化学实验，解释发生奇妙化学反应的原理，让中学生体会化学的奥妙以及实验的魅力，激发广大中学生爱科学、学科学、讲科学、用科学的热情。

⑤开展劳动固本主题教育。

组织受助学生成立"化爱甘露"志愿服务队，定期开展志愿服务活动，到附近妇幼保健院、干部疗养院等开展义工服务，以"学子感恩林"为劳动教育实践基地，对学子感恩林进行定期维护，通过开展"书声林动""铮铮誓言"等主题活动，帮助家庭经济困难学生树立正确的劳动观与成才观，弘扬劳动精神，体验劳动魅力。

(2)"持续改进"——建立在校困难学生跟踪反馈机制。

①建立在校家庭经济困难学生成长发展跟踪信息库。

建立学院专门的家庭经济困难学生信息库,实现"点对点"的精准追踪,建立学生个人在大学期间的生涯发展信息库,全面追踪学生的学业、生活、心理、就业等情况;a. 每月对贫困学生的心理健康情况进行了解,关注学生心理素质发展;b. 通过定期深入寝室、进行家访等措施,了解学生的生活情况和精神面貌;c. 每学期对家庭经济困难学生的学业成绩进行分析,了解家庭经济困难学生参与学科竞赛、开放实验、企业实习的情况,关注学生生涯发展;d. 统计应届毕业家庭经济困难学生的就业去向,掌握学生职业动向和职业需求。

②建立家庭经济困难学生教育方案发展性评价体系。

在建立基本信息库的基础上,构建发展性评价体系,对家庭经济困难学生在校期间的成长发展情况和毕业去向进行分析,设计调查问卷,针对家庭经济困难应届毕业学生和毕业学生开展问卷调查,精准获取家庭经济困难学生的发展需求和企业对人才培养的需求。根据数据分析和调查结果,不断优化发展型资助育人方案设计,真正做到将学生的个性教育和共性教育相结合,助力家庭经济困难学生成长成才。

4. 项目的特色与创新

①项目基于精准资助视角,重在培养贫困学生的家国情怀和社会责任感意识,树立使命感,激发内生动力,不懈奋斗、勇于拼搏。

②将"工程教育专业认证"理念融入学校家庭经济困难学生教育中,以学生需求为中心,着力培养贫困学生的综合素质,建立学生跟踪反馈机制,将终极评价转化为发展性评价,不断优化资助育人方案,实现工作的可持续性。

③学院与多家校外企业达成协议,设立企业奖学金、学生发展基金、校企合作实践教育基地等,充分发挥校企协同育人作用,为家庭经济困难学生提供创新创业发展平台、科学研究平台和企业实习平台等,帮助家庭经济困难学生更好地适应社会和企业,帮助其提升职业素养和就业能力。

(二)"精准画像"成长计划

本项目来自学院开展的发展型资助项目。辅导员和班主任担任"精准画像"成长计划导师,与家庭经济困难学生逐一进行面对面知心谈话,通过了解学生的学业、生活、工作、人际交往等具体特征对困难学生进行"精准画像",制订"一人一策"帮扶计划,详细记录学生的个性特征、目标规划、学习能力、社交关系、成长轨迹等，并有针对性地开展综合素质提升活动。具体来讲，在进行"精准画像"与确定帮扶计划后，需要对每一位困难学生进行职业规划测试，以确立具体目标导向，根据学生不同职业目标、个人素质，通过参与公益活动、交流读书感受、坚持体育锻炼、参加集体劳动、参观美育基地等五个方面实现家庭经济困难学生"德智体美劳"综合能力的全面提升。

1. 项目建设目的及意义

（1）项目建设目的。

①通过"精准画像"成长计划的实施，为每一位家庭经济困难学生建立信息档案，并制定个性化帮扶政策，实现精准资助育人，提升家庭经济困难学生的综合素质。

②通过"精准画像"成长计划的实施，为每一位家庭经济困难学生提供从入学到毕业的全程帮扶，实现全程资助育人，保证资助育人的有效性。

（2）项目建设意义

①助力家庭经济困难学生成长，使其明晰职业规划，有利于满足学生的个人发展诉求，引导学生树立自立自强信心，努力练就本领进而弥补能力差距。

②有利于对家庭经济困难学生精准开展帮扶和关怀，尤其是理想信念教育和对心理品质的塑造，帮助学生提升心理资本，抗挫折能力，实现心理赋能，体现育人成效。

③对于学校的思想政治教育与资助育人工作具有一定的促进作用。

2. 项目面向对象

本次"精准画像"成长计划项目实施的主要对象是学院获得国家和社会资助的大学生，同时，因为项目具体实施过程中的管理需要，让部分志愿者、学生干部、学生党员等参与其中。其中，非困难学生计划占比10%左右。

3. 项目内容及实施计划

（1）项目内容。

辅导员和班主任担任"精准画像"育人计划导师，与家庭经济困难学生逐一进行面对面知心谈话，通过了解学生的学业、生活、工作、人际交往等具体特征对困难学生进行"精准画像"，制订"一人一策"帮扶计划，详细记录学生的个性特征、目标规划、学习能力、社交关系、成长轨迹等，并有针对性地开展综合素质提升活动。具体来讲，在进行"精准画像"与确定帮扶计划后，需要对每一位困难学生进行职业规划测试，以确立具体目标导向，根据学生不同职业目标、个人素质，通过参与公益活动、交流读书感受、坚持体育锻炼、参加集体劳动、参观美育基地等五个方面实现家庭经济困难学生"德智体美劳"综合能力的提升。

（2）实施计划。

为了保障项目的顺利实施，学院成立院级"家庭经济困难学生发展性资助计划"指导小组，统筹指导做好学院相关项目的申报推荐、申报立项、中期检查、结题验收等具体工作。具体的实施计划安排如下。

①组建育人导师团队。根据"精准画像"成长计划要求，推选辅导员与班主任组建资助育人导师团队

②制定具体实施计划。制订具体的"精准画像"成长计划，辅导员和班主任商讨活动内容和具体形式，为精准资助育人奠定基础。

③"精准画像"实施。辅导员和班主任与家庭经济困难学生逐一进行面对面知心谈话，了解学生的学业、生活、工作、人际交往等具体特征，对困难学生进行"精准画像"，制订"一人一策"帮扶计划。

④综合素质能力提升计划实施。对每一位困难学生进行职业规划测试，以确立具体目标导向，根据学生不同职业目标、个人素质，通过参与公益活动、交流读书感受、坚持体育锻炼、参加集体劳动、参观美育基地等五个方面实现困难学生"德智体美劳"综合能力的提升。

⑤活动总结阶段。项目以一年为一个开展周期，对活动的开展形式、内容和开展的育人效果、社会效果进行总结、完善。

4. 项目的特色与创新

（1）项目紧扣时代主题。《高校思想政治工作质量提升工程实施纲要》中强调坚持全员全过程全方位育人，深入挖掘育人要素，统筹育人资源，积极构建课程、科研、实践、文化、网络、心理、管理、服务、资助、组织"十大"育人体系，其中资助育人作为育人体系的重要一环，对于学生成长成才有着重要意义。本项目紧扣时代主题，发挥资助育人功能，助力家庭经济困难学生综合素质的实现全面提升。

（2）项目主题明确，形式创新且多样。本项目活动内容紧扣精准资助育人，通过精准画像，制定"一人一策"帮扶计划，将资助育人细化到家庭经济困难学生学习生活的每一处细节，有利于资助育人效果落到实处。

（三）创新资助育人方式，实现学业精准帮扶

本案例以西安科技大学开展的家庭经济困难学生学业精准帮扶为例。

1. 加强顶层设计，促进发展型资助快速发展

西安科技大学认真贯彻国家资助相关政策规定，按照当前推进教育改革和国家精准帮扶的目标及要求，紧紧围绕"立德树人"的根本任务，将资助工作落脚于人才培养的目标，创新资助育人途径和方式，出台《关于进一步加强家庭经济困难学生精准帮扶工作的实施意见》《校院两级领导干部联系帮扶家庭经济困难学生工作制度》等文件，建立和完善精准帮扶工作机制，发挥勤工助学的育人功能，坚持以生为本，问题导向，解决思想问题与实际问题。

为帮助学业发展滞后的家庭经济困难学生增强学习信心，提高学习成绩，顺利完成学业，学校依托勤工助学平台，设立勤工助学岗位，组织家庭经济困难且学有余力的优秀学生利用课余时间对有学习辅导需求的学生提供一对一、多对一学习辅导，构建学业指导精准帮扶模式。学业指导精准帮扶活动开展三年来，累计顺利举办五期，覆盖全校16个学院，学业受助对象累计1520人次，聘请家庭经济困难学生助教累计947人次，累计辅导科目1438门次，学业指导考试通过率为73.3%，累计发放勤工助学补助20余万元。

2. 分类分级精准指导，确保帮扶高质量实施

学业指导主要围绕家庭经济困难学生的学业问题诊断、帮扶方案制订、学习状态监督、学习效果反馈四个方面展开。学业指导帮扶活动，实现了助人者与受助者二者的共同进步和成长。电控学院助教同学说："参加学业指导精准帮扶活动，锻炼了自己的能力，让我深刻地感受到了'帮助别人就是帮助自己'。"学院助教黄同学说："为了有能力胜任助教的工作，我更加刻苦地学习和锻炼，将学业内容熟记于心，在期末考试中也取得了相当优异的成绩。这是一段自己与他人共同成长的美好经历。"

（四）以"工匠精神"为依托，精准指导学生专业发展

本案例以某学院为例，该学院以工匠精神为依托，对家庭经济困难学生进行专业指导，培养学生的创新实践能力、吃苦耐劳能力等。具体措施如下。

1. 加强工匠队伍建设，打造一支胸怀匠心的师资队伍

学院提供科研平台，支持学科导师和辅导员申报相关教学改革和科学研究课题，拓展工作平台，将工匠精神与学生学业指导相结合，开展科学研究。学院在辅导员工匠精神与一站式社区、工匠精神与学业指导、工匠精神与劳动精神等方面开展了深入研究，形成了一系列优秀项目，并在学生学业发展方面取得了优秀成绩。

2. 推进工匠精神进校园实践宣传系列活动,加大对大学生弘扬和践行工匠精神的宣传和培育

开展一次主题班会、发动一次工匠精神宿舍文化评比、组织系列党课、发布一系列网络文化作品、培养一批工匠精神带头人、建设一批工匠班级、打造一个工匠精神展览馆的"七个一"工程,厚植学生工匠情怀,培养具有崇高理想信念、深厚人文底蕴、扎实专业知识、强烈创新意识、宽广国际视野的新时代工匠人。

以学生工作室为依托,选树工匠典型,激励更多学生奋发进取,争当工匠的良好风尚和校园氛围,用榜样的力量影响教育学生。学院通过培养一批学生工匠典型,通过微信平台、短视频平台对他们的事迹进行展播,拓展了思想政治教育的平台,夯实了资助育人成效。

3. 总结"师带徒"模式、学生工作室平台等大学生工匠精神传承培育的工作思路和方法

优化有利于大学生工匠精神培育的激励体系。通过总结前期相关工作思路和方法,优化大学生工匠精神培育的激励体系,将大学生不同阶段的特征及个性特点与工匠精神培育过程相结合,制订具体的学习计划和工匠精神培育目标,促进大学生的全面发展,从而取得良好的工匠精神培育实效。

第三节 能力拓展与个性发展

随着时代的不断发展,互联网技术与信息化技术不断创新,"00后"学生进入高校,学生对于能力拓展与个性发展的需求越来越紧迫。能力的拓展与个性发展能够有效地增强家庭经济困难学生的自信心,提升家庭经济困难学生的心理资本,促进学生更加全面的发展。本节将重点从拓展学生办公技能、演讲与沟通交流技能、组织协调能力、实践能力等方面介绍如何精准帮扶家庭经济困难学生,实现能力的拓展与个性化发展。

一、家庭经济困难学生能力拓展与个性发展的实施现状

通过网络素材收集,目前有报道的家庭经济困难学生能力拓展与个性发展的相关项目以及活动如下。北京大学资助中心开展了演说家养成工作坊,邀请知名演说家为家庭经济困难学生开展讲座与培训,为学生赋能,这也是该校学

生发展项目的重要组成部分。宁夏大学为了做好精准资助、资助育人工作，学生资助管理中心积极利用多种形式开展资助育人活动，组织受助学生开展团队建设"破冰训练""鼓动人心""极速60秒""神笔马良"等一系列训练，旨在提升学生的团队意识。西南石油大学为提高学生办公技能与礼仪，在学生资助中心的指导下，开展了助梦飞翔训练营，帮助家庭经济困难学生系统学习基本礼仪以及基本的办公技能。

目前，高校开展的学生能力拓展与个性化的发展型资助项目普遍存在学生参与度不高、覆盖面不广、讲座居多、学生实操较少等缺点。高校发展型资助项目赋能，更多局限于以讲座、比赛、征文的形式开展，以赛促建，以赛代练的活动形式较多。能力拓展不具有系统性和持续性，不容易形成品牌效应。

二、家庭经济困难学生能力拓展与个性发展的模式探究

针对上一节谈到的实施现状以及存在的问题，本节提出了以奖助学金设置为引导，以活动开展为指引，主管部门牵头整合，创新开展学生能力拓展与个性化发展训练营的模式探究。

（一）勤工助学与奖助学金设置精准化

勤工助学是高校资助育人的重要抓手，譬如西南石油大学设置的勤工助学包含了微信采编、学工助理、图书馆管理员、实验室助理、后勤管理助理等诸多岗位，让家庭经济困难学生在勤工助学的同时也能不断提升自我的个性化能力，还能减轻家庭经济负担。

与此同时，高校应根据不同人群，设置不同类型的奖学金，鼓励学生个性化发展，增强资助育人的广度与深度。譬如西南石油大学机电工程学院对于贫困女生设置了康明斯林博士奖学金，对于优秀学生干部设置了专项奖学金，对于在学科竞赛方面有特长的学生也设置了科技标兵的奖励与扶持，鼓励学生个性化发展。

（二）发展型资助育人项目化，实现育人精准化

高校资助中心承担着全校"奖、贷、助、勤、补、免、缓"等诸多工作，资助育人工作必须下沉到各学院、各专业，而实施发展型资助育人项目化管理，是提升资助育人效率、提高资助育人覆盖面、增强资助育人实效的有效途径。简而言之，就是各院系承担一个资助育人项目，由此面向本学院甚至全校家庭经济困难学生开展能力拓展与个性化能力提升项目。各院系在申请过程中

可根据院系专业特色，开展个性化的发展型资助项目，提升学生的参与度与获得感。譬如计算机科学学院可以借助自身的专业优势开展办公技能提升、计算机知识普及等发展型资助项目，提升家庭经济困难学生在计算机与互联网知识方面的广度，由此提升其自我效能感；又比如艺术学院可结合自身专业优势，开展演讲培训、摄影技能提升工作坊等，加强家庭经济困难学生对美的培养，资助育人与美育相结合，更好的发挥学科优势。

（三）探索项目管理模式，实现育人跟踪化

资助育人的成效反馈一直是研究的空白领域。家庭经济困难学生参与了发展型资助项目，其具体成果如何，学生的参与度如何，学生喜欢参与哪些活动等维度均没有具体的研究。高校可尝试结合共青团"第一课堂成绩单"网络管理系统等平台，对学生参与的发展型资助项目进行项目管理，实现育人跟踪化。定期根据学生参与活动的情况，可生成学生理想的能力提升模型，再结合访谈、问卷调查等方式进行对比求证，从而不断地更新、改进与创新资助育人模式，促进资助育人创新发展。

三、家庭经济困难学生能力拓展与个性发展的工作案例

结合上述家庭经济困难学生能力拓展与个性发展的开展以及模式探究，本节列举三个具体的工作案例供读者参考。案例均来源于网络，仅供参考。

（一）"践"造未来，"抖"出自信，"易"起成长——"JDY"资助育人成长计划

本案例项目为学院开展的提升学生办公技能以及演讲能力的资助育人成长计划。项目围绕立德树人根本任务，推进学生资助工作由保障型向发展型、成才型升级，坚持"扶贫"与"扶志""扶智"相结合，将资助工作主动融入"三全育人"体系。针对家庭贫困学生沟通交流能力弱与办公软件技能欠缺的问题，本项目以辅导员工作坊为内核，以易班网络平台与抖音为依托，打造线上微课堂。采用线上线下的方式，以家庭经济困难学生为主体，分类分层级，面向学生系统开展演讲与口才、办公软件高级应用两大方面励志强能提升培训，同时形成相应的能力提升小组，鼓励学生互相帮助，共同成长。

开展形式：线上以学生喜欢的易班与抖音为载体，搭建线上学习平台，定期推送两个主题的学习微视频。线下邀请指导老师与专业团队对家庭经济困难学生进行集中培训，形成课后作业。学生以小组为单位，在易班与抖音提交作

业，帮助学生更好地提升自己。与此同时，建立本项目工作站，面向受助学生招募工作人员，师生一起打造学习平台，制作学习资料，实现家庭经济困难学生的自我教育。真正做到道德浸润、能力拓展、精神激励，打造多维融合育人体系，助力学生成长成才，打造机电院学生资助文化。

1. 项目主题

"践"造未来，"抖"出自信，"易"起成长——"JDY"资助育人成长计划

2. 实施形式

学院以突出实践、学生成长为中心，整合教师资源，以导师带学生团队为主体，成立"JDY"学生资助成长计划工作站，招募家庭经济困难学生。工作站成员在老师的指导下每月定期制作学习微视频，线上通过易班与抖音发布学习微视频，供学生学习。在学生学习之后，每月开展一次线下培训，并分组讨论，完成微视频作业提交。让家庭经济困难学生利用所学，举一反三，并自己制作微视频。挑选优秀视频供大家学习，形成良性互动，提升家庭经济困难学生综合能力与信心。前期每月预计推送学习微视频30个，视频时长15～30秒。

3. 具体实施计划

（1）整合辅导员资源，成立工作站，形成优质内容。

制作调查问卷，了解学院家庭经济困难学生在沟通表达与办公软件应用能力方面的需求，根据需求，辅导员老师进行课程内容整理。

针对家庭经济困难学生，发布"JDY"学生资助成长计划工作站成员招募公告，招收10名左右在两方面有兴趣爱好或者特长的家庭经济困难学生，从学院"微信公众号""易班工作站"挑选主要工作人员。工作站成员在负责老师指导下对内容进行包装，以学生喜闻乐见的形式，形成抖音视频，发布到学习社区，供大家学习。

（2）师生联动，实施学院资助成长计划。

①动员宣讲阶段。由大一、大二辅导员以向家庭经济困难学生宣传此次成长计划的目的和意义，并通知学生加入成长计划微社区（QQ群）。

②开展动员与感恩教育。学生的成长，思想引领尤为重要。在建立好微社区的基础上，召开动员大会，安排部署成长计划的具体内容，并开展感恩教育。

③开展课程。对参加此次成长计划的学生进行分组，5人左右一组。组织

学生线上学习与讨论，在每月集体培训后，形成课堂作业，要求学生以小组为单位制作学习微视频，实现学生的自我教育，增强家庭经济困难学生的综合能力与信心。保存优秀的学习视频，形成珍贵的学习资料库，丰富成长计划的视频资源，形成良性循环。

④效果调研。在经过长期的学习与实践训练后，再次通过问卷调查的形式对家庭经济困难学生进行调研，形成调研报告。

（3）结题阶段。

整理项目实施成果，形成一套完整的课程视频。收集反馈受助学生的意见和建议，对成长计划进行动态调整。了解学生的需求，持续改进和完善成长计划，扩大成长计划的覆盖面。

①考虑项目的可实施性与实效性，本项目此周期仅针对低年级学生开展，覆盖学院300余名家庭经济困难学生。

②本项目预计发布200余个学习微视频，开展20余次学生集中培训，微视频学习不仅针对家庭经济困难学生，也面对全体社会，具有一定的影响力。

③为家庭经济困难学生提供符合自身的学习内容和创新性学习方式，学生参与的积极性更高。

④为辅导员打造品牌，长期积累的微视频，可以提高辅导员相关方面的能力，同时也能形成辅导员的工作品牌，打造品牌效应。

（二）"一技一路"——基于"O2O"模式的家庭经济困难学生演讲与口才能力提升培训计划

"O2O"即Online To Offline（线上到线下），是指将线下的教育实践与互联网结合，打造全方位立体交互式教育平台。"一技一路"——基于"O2O"模式的家庭经济困难学生演讲与口才能力提升培训计划，就是将"O2O"教育模式引用至资助育人工作中的新探索。

该项目运用线上线下互动教学的思路作为解决方案，对家庭经济困难学生进行演讲与口才能力培训。通过线上构建3个以学生演讲与口才提升意向为中心纽带的成长圈（微信群），线下打造对应的3个口才与能力训练班，以问题为导向，强化师生、生生交互频率，凸显了学生在受教育过程中的主体地位，充分调动学生学习实践的积极性，探索高校资助育人工作的新方法和新观念。糅合线上线下优质资源进行不同技能的交互式学习训练，从而真正实现资助育人的效果。

1. 项目建设目的及意义

《教育部 2019 年工作要点》提出"强化资助育人理念，构建资助育人质量体系"的具体要求，根据上级组织的工作要求，学院在认真分析家庭经济困难学生的实际需求和学科优势的基础上提出了基于"O2O"模式的资助育人工作新思路新理念，其目的是：充分利用网络空间快速高效的信息获取渠道，实时动态了解学生状态数据，便于进行更为深入的指导；充分利用网络交互平台高效的信息交流与传播模式，建成互助、交流、共享、监督、竞争的社群氛围；充分利用以问题为导向的社群成员间"强黏性"的关系，以及线下轻松高效的工作坊活动形式，充分调动学生的参与积极性，建立"自我服务、自我管理、自我教育"机制，最大限度地对家庭经济困难学生进行定向帮扶。本项目为家庭困难学生提供专业指导，提升职业适应力和社会竞争力，有助于培育家庭经济困难学生敢于担当、不懈奋斗、乐观向上的精神，激励他们不断提升自己的综合素质能力。

2. 项目具体内容及实施计划

（1）项目具体内容。

基于"O2O 模式"的资助育人工作运用线上线下互动教学的思路作为解决方案，对家庭经济困难学生进行演讲与口才专项训练，这是资助育人教育新模式、新路径的研究和探索。通过线上构建 3 个以学生相同提升意向为中心纽带的成长圈（微信群），线下打造对应的 3 个演讲口才技能培训班，融合线上线下优质资源进行不同技能的交互式学习训练，从而真正实现资助育人的效果。

目前就业形势日趋严峻，大学生无论在人际交往还是今后求职、工作过程中，演讲与口才能力都将显得尤为重要。然而在基础教学中普遍存在"难于开口"的问题，特别是家庭困难学生，往往存在自卑、胆怯等性格因素，不善于表达自我，缺乏一定的竞争力，因此对家庭经济困难学生进行演讲与口才专项培训显得尤为重要。

（2）具体实习计划。

①线上搭建 3 个成长圈。

以演讲与口才需求为纽带初步形成 3 个成长圈群，包括领雁群、弘毅群、强鹰群，每人至少加入 1 个群组织。同时，做好群组织运营团队的招募及管理准备工作。

成长圈运营安排如下。

A. 明确目标：明确此成长圈所有同学的提升目标，即通过此次专项训练希望得到怎样的有效提升。

B. 制定规则：制定群规，例如发言内容、互动办法等，规范群内话语环境，紧密围绕成长提升目标互相学习探讨。

C. 分工明确：群成员根据互动特点分为四类。领导：也就是学生意见领袖（KOL），在群内引导主流舆论，组织成员参与、互动，进行相应管理；常客：积极围绕群目标主动参与日常讨论或活动；新手：被成长圈氛围影响，逐渐靠近社交网络中心；潜水：处于社群外围，不主动参与甚至不关注社群互动。根据不同类型的社群成员制定相应的管理规则、发布针对性的内容吸引更多成员成为"常客"。

D. 刺激互动：通过"每日话题""心得交流""学习讨论""经验分享""打卡监督""语音一分钟"等互动形式与他人结成紧密、互助的成员关系，保证每天群内有活跃话题，有成果呈现。

②线下打造3个精品教学小班

拟将开展3个教学班，班级分别是领雁训练班、弘毅训练班、强鹰训练班，每班包含家庭经济困难学生20人，共计60人。聘任演讲比赛学生冠军、高年级干部和优秀学生作为小导师。步骤包括：提前联系有意向的授课教师和学生；确定教学内容（教材）、方式，教学学时、教学大纲、结业考核标准；申请教学场地与教学设施的使用权限；发布通知公告，将有意参与培训的学生进行分班；等等。

A. 开班仪式邀请辅导员就就业行情、演讲口才等方面进行解析，帮助学生树立技能提升意识；邀请高年级优秀学生讲解自己实习面试或参加活动比赛的真实经历与感受，帮助同学们认清形势、合理筹备，增加同学们对演讲与口才技能的认知。

B. 班级利用晚自习进行授课，每周三次课，邀请艺术学院教师讲授普通话、仪表仪态等相关知识，进行相关案例分析解读。

C. 邀请学校学院演讲冠军、学生干部和优秀学生授课，采用精品化教学方式，在授课中注重实用技能和实战经验。

D. 组织群内学生成立互助小组，在专业老师带领下，依托积极心理学理念开展团体心理辅导，组织破冰游戏、素质拓展等活动，提高学生的适应能力，培养自立自强的精神。

E. 结业典礼采取比赛的形式，组织一场演讲比赛，同时也是一场成果汇报表演。要求每个学员必须参赛，在比赛中提升技能，在实战中见证效果。

3. 项目预期的成效和成果

①互联网+的教育模式，拓展了教育的方式与平台，时间与空间，实现线上学习交流和线下实践互动的无缝对接，使理论与实践相结合，使线上教学与线下教学真正实现互动畅通、教学相长、优势互补。

②"O2O"这种新颖的资助育人方式以问题为导向，建立黏性互动的成长微信群和线下精品训练班，该项目将学与练互动，将师生、生生互动的空间无限延伸，建构"全过程交互和立体式交互模式"，强化了师生、生生交互频率，凸显了学生受教育过程中的主体地位，能够充分调动学生学习实践的积极性，强化资助育人效果。

③该项目使家庭经济困难的学生充分感受到了学校和社会关怀，同时使他们多具备一项生存技能，为今后的工作和发展打下基础。在学生心中种下爱心的种子，不仅为社会培养了更多有技能的人才，还能激发学生对社会的感恩之心和回报之心。

4. 项目的特色与创新

①以学生群体中贴合度高、流行面广、实时性强的形式开展资助育人工作，吸引学生走进"线上线下"资助育人课堂，改变传统的"你说我做"的单向信息传递模式，实现对学生思想动态及受助状态的动态掌握。

②利用网络社群传播效率高的特点，在学生群体中树立榜样，打造属于帮扶指导阵地的"网红"，通过朋辈榜样教育树立"意见领袖"，对贫困学生群体进行有效的思想引领。在自我教育、道德浸润等方面具有积极作用，是资助育人和思想政治教育相结合的有效路径。

③项目覆盖面大，易于推广，能够形成特色长期开展。采用小班精品教学模式，可使学生课堂参与度大大提高，可做到让每个学生每节课都能"开口"，真正有效达到培训目的。

（三）助梦飞翔——励志成长成才系列提升活动

党的十九大报告提出："健全学生资助制度，使绝大多数城乡新增劳动力接受高中阶段教育，更多接受高等教育。"这一论述，强调了高等教育中资助育人的重要性，因此，为扎实落实资助育人质量提升工程，全面推进资助育人工作，通过开展丰富多彩的教育和实践活动，引导家庭经济困难学生在精神上自立自强，同时也为进一步发挥家庭困难优秀学生的模范带头作用，提高大学生综合素质，强化资助育人工作实效，决定在全院学生中开展

"助梦飞翔——石工院励志成长成才系列提升活动"。

本项目立足高校资助工作，与国家提出的工作方向高度统一，结合"精准思政"和国家"精准扶贫"工作，探索高校资助育人的"精准"实施路径，工作理念新颖。基于较为成熟的传统保障性资助工作经验，通过团辅、专题培训、实操训练、微短片拍摄等多渠道，探索发展型资助育人新模式，努力形成"识别—育人—成才—回馈"的良性循环。

1. 项目概述

现有的资助形式多为保障型资助，主要在于帮助家庭经济困难同学解决学费、生活费等经济问题，尚未形成"授人以鱼也要授人以渔"的资助模式。资助只能解决眼前困难，不能使家庭经济困难同学长期受益，据此从保障型资助到发展型资助的道路仍需摸索。为此，本项目为扎实落实资助育人质量提升工程，全面推进资助育人工作，通过开展丰富多彩的教育和实践活动，努力形成"识别—育人—成才—回馈"的良性循环，探索发展育人模式，增强育人实效。

（1）建设目的。

①探索发展资助模式，助力国家精准扶贫。在国家精准扶贫的背景下，着眼于当前高校资助工作问题和局限，探索发展型资助工作新模式，助力国家精准扶贫工作进程。

②开展励志强能培训，提升学生综合素质。开展演讲与口才、办公软件高级应用、公文写作培训、外语学习等系列培训活动，在实践中帮助家庭经济困难学生提升学习热情，提升学习信心，增强综合素质。

③评选励志先进榜样，树立典型励志之星。打造励志典型，树立励志榜样，通过榜样力量带动身边更多人的进步和发展，营造良好学习氛围。

（2）建设意义。

①形成"识别—育人—成长—回馈"的良性资助育人体系，助力学院人才培养。

②增强学生综合素质，让学生在实践锻炼中提升支撑其终身发展、适应时代要求的关键能力。

2. 项目具体内容及实施计划

项目基于传统高校资助育人模式的局限性等问题，探索高校发展型资助育人新模式。针对当前家庭经济学生普遍存在的语言表达能力不强、办公软件使用困难、自信心欠缺、主动性较差等问题，开展团体辅导和专题培训。每班选拔2~3名家庭经济困难学生，全程参加所有培训，树立典型励志榜样，通过以点带面的方式，让参加学习的同学回到班级去影响和带动其他同学。

（1）助梦飞翔系列成长提升活动——团队成员的精准识别。

实施时间：2019年4月

通过学院官方网站、官方微信、易班等渠道广泛宣传，大一、大二各专业采用自主报名、班级推荐、年级推荐、学院审核的方式，精准识别成绩相对优异，但综合素质有待提高的同学，作为项目成员，共计66名。

（2）助梦飞翔系列成长提升活动——团队建设与心理团辅。

实施时间：2019年4月

在学校运动场开展为期半天的户外素质拓展活动，通过滚雪球、雨点变奏曲等丰富的团辅活动，进行团队建设与心理团辅。一是通过滚雪球等破冰活动，促进同学们的相互认识和了解；二是通过"无敌风火轮"等团建活动，增强团队凝聚力和集体荣誉感；三是通过"我是谁"等心理团辅游戏，帮助同学发现他人优点、自我优点，增强自信心。

（3）助梦飞翔系列成长提升活动——口才艺术与社交礼仪。

实施时间：2019年5月

①理论训练：邀请"口才艺术与社交礼仪"授课教师开展专题培训活动，提升学生的口才艺术与社交礼仪能力。一是锻炼和提升日常口语表达能力，促进日常有效沟通；二是提高演讲能力，提升口才、增强自信心；三是了解社交礼仪常识，提升社交能力。

②实操演练：针对本次培训举办"我的未来我做主"主题演讲比赛。一是在实践中提升口才表达能力；二是引导家庭经济困难学生积极向上，勇敢为未来打拼创造；三是将优秀演讲文稿及视频通过学院、学校媒体广泛传播，辐射引导其他同学励志成才。

（4）助梦飞翔系列成长提升活动——办公软件的实际应用。

实施时间：2019年6月

开展办公软件应用专题培训，使学生初步掌握办公软件使用技巧，提升职业适应力。一是能基本掌握Office文档编辑、排版的技巧和方法；二是能基本掌握Excel的简单公式的编辑和常用函数的使用；三是能基本掌握PPT制作的基本方法和技巧。

（5）助梦飞翔系列成长提升活动——学长学姐成长交流会。

实施时间：2019年6月

邀请创业、保研、科技竞赛获奖等优秀学长学姐典型，进行成长事迹分享及面对面零距离交流。通过成长故事的分享，帮助家庭经济困难学生树立信心，解答疑惑，明确未来发展方向和目标。通过面对面零距离分享，向学长学姐讨教成功学习的方法、科技竞赛备赛的关键和技巧、创业的经验和所需的准备等。

(6) 助梦飞翔系列成长提升活动——励志成长微短片拍摄。

实施时间：2019 年 9、10 月

选取典型励志素材，整理编写微短片剧本，通过励志短片的拍摄，引导广大学生正确认识人生不同阶段所面临的困境，振奋精神、努力奋斗。在学校、院系媒体广泛发布微短片视频，拓展传播渠道，扩大影响力。

3. 项目预期成效和成果

(1) 项目成效。

①初步探索发展型资助育人的实施道路。通过系列活动的开展，努力形成"识别—育人—成才—回馈"的良性循环，初步探索精准资助育人和发展型资助育人道路，增强资助育人实效性，助力国家精准扶贫。

②增强家庭经济困难学生的信心和综合素质。通过团辅和系列培训活动的开展，增强家庭经济困难学生在语言表达、办公软件运用方面的能力。通过优秀学长学姐交流会的开展，帮助家庭经济困难学生明确发展方向，提升学习技巧，增强学习自信心。

③辐射广大家庭经济困难学生，扩大社会影响力。通过微短片的拍摄和广泛传播，引导广大家庭经济困难学生直面困难、勇敢追梦。微短片方便复制和传播，辐射范围广，给社会和学校带来正能量。

(2) 项目成果。

①项目总结 1 份。

②活动新闻稿 5 篇，其中校级以上不低于 1 篇。

③励志成长微短片 1 部。

4. 项目的特色与创新

在活动的组织方面，以学生为中心，充分考虑学生的现实需要和实际困难，引入学生所需要的课程和活动，努力形成"识别—育人—成才—回馈"的良性循环，通过家庭经济困难学生优秀代表以点带面，辐射家庭困难学生和其他学生，促进育人生态发展。

在活动的形式方面，充分考虑学生需要，通过学生喜闻乐见的团辅、交流、视频拍摄等方式开展活动，学生积极参与，有利于提升育人实效，引导学生励志成才，完成"他助—自助—助人"的转变。

第四节 就业帮扶与创业引导

随着国际形势的不断变化以及我国脱贫攻坚成效显著局面的到来，家庭经济困难学生特别是建档立卡学生的工作就业成为重中之重。近几年，教育部全面掌握建档立卡贫困家庭和身体残疾等特殊情况的大学毕业生的数据，国家和相关教育部门开始实行分类帮扶和"一人一策"的动态服务，优先给以上学生推荐就业岗位。家庭经济困难学生的精准帮扶最终具体表现形式还是就业帮扶，做好家庭经济困难学生的就业帮扶与创业引导是落实资助育人的具体体现。

一、家庭经济困难学生就业帮扶与创业引导的重要意义

（一）高等教育意义

高等教育的目的在于为国家的发展提供高素质人才，教育的持续发展对国家的科教兴国战略以及全面建成小康社会具有重要意义。提高家庭经济困难学生的就业质量以及就业率，引导家庭经济困难学生在机会成熟的情况下进行创业，不仅能够巩固高等教育在脱贫攻坚中起到的重要作用，还能增强家庭经济困难学生的家庭收入及人民对高等教育的信心，增强文化自信与制度自信，从而进一步促进高等教育可持续发展。

（二）社会意义

家庭经济困难学生从贫困地方走出来，他们是脱贫攻坚的重要一环，他们的就业质量是脱贫攻坚战成效的重要指标，对国家贫困地区的长远发展以及全面实现小康社会具有重要意义。

（三）家庭意义

对于绝大多数家庭经济困难学生的家庭来说，孩子考上大学，家庭就有机会摆脱贫困，才能真正摆脱贫困的代际传递。因此，做好家庭经济困难学生的就业帮扶工作，对于家庭经济困难学生特别是农村生源的学生家庭意义重大。

（四）个人意义

学生在就业求职过程中，会学到非常专业的技能，包括信息收集、简历制作、决策判断、目标确认等。求职过程的每一步准备对于家庭经济困难学生来说都是完善自我和提升自我的过程，帮助家庭经济困难学生就业，对于其个人来说不仅能在经济上能摆脱贫困，还能在知识与能力上得到进一步的提升。

二、家庭经济困难学生就业与创业的影响因素

（一）就业思想

家庭经济困难学生往往更愿意追求高薪资，到大城市工作，因为他们想继续拓展自己的见识，选择企业时，优先选择企业发展前景好的单位，至于专业对口度、稳定度、户籍等问题则考虑较少。

（二）就业心理

家庭经济困难学生相比于非家庭经济困难生在自我认知、自信心、抗压等方面可能不太占优势，在找工作过程中遇到困难时容易焦虑，失去找工作的自信心。

（三）就业机会

截至2020年，我国高校毕业生人数已经超过了800万，从2010年的600余万，足足上升了200万，大学生的就业压力也逐年增大。受全球经济下滑影响，企业提供的岗位数量相对减少，学生就业环境相比以前更加严峻。为缓解就业压力，全国多部门联合出台政策，全面确保六稳六保中的保就业工作，但本科生的就业率仍然在下降，对于家庭经济困难学生来说影响较大。

（四）家庭因素

家庭经济困难学生在家庭的期望和环境的影响下可能会在找工作时产生自身能力与企业需求不匹配的情况。家庭经济困难学生如果没能建立起明确的就业观，并对自身综合素质判断不准，就会导致择业期望与现实产生矛盾，最终错失就业机会。

三、家庭经济困难学生就业与创业的帮扶措施

（一）协同联动，全面掌握学生就业诉求

高校联合学院成立了就业专项工作小组，联合开展毕业班就业指导工作，建立毕业生就业指导工作台账，详细了解每个学生就业的具体情况，对学生就业帮扶采用"蓝—黄—橙—红"四级预警机制，各等级可相互转变，实现动态预警机制下的分类指导，不同预警等级的工作各有侧重、相同等级的学生围绕等级根据实际情况，采用有针对性的方法，切实有效地开展分类指导的就业创业指导相关工作。

（二）拓宽路径，加强就业指导服务。

深入推进和开展毕业生就业线上服务，通过就业云平台掌握学生求职动态，线下对学生建档立卡，一对一交流，深入、细致、准确、全面地掌握困难学生的实际情况与心理状态，帮助家庭经济困学生尽快就业。特别是针对学习困难、经济困难、就业困难、少数民族毕业生等个别群体，以"专门辅导、专题研讨、专注督导"为保障，实行"一生一策"动态管理和"一对一"精准帮扶，最大限度地掌握毕业生的所需所想，在综合评估的基础上，有针对性、分类别地开展工作。

（三）系统谋划，集中部署就业各项工作

为进一步统一思想，明确工作重点，落实落细各项工作举措，建立毕业生就业工作微信群，每周发布就业工作周报，定期召开就业工作专题会议，研判工作、沟通信息、共享经验，就业帮扶老师逐一汇报自己所负责的每一位毕业生的就业去向及进展，就学生遇到的就业问题和困难，进行线上协商研讨，提出解决方案。同时要进一步增强做好就业工作的紧迫感和责任感。针对考研学生，可邀请前一年考取研究生的学长、就业帮扶老师和专业教师利用QQ群、线上线下讲座等形式，围绕面试礼仪、英语自我介绍、面试技巧、复试简历的制作等专题为大家开展辅导。

（四）多面出击，多渠道探索就业工作模式

根据毕业生专业情况、生源情况和求职意向，策划、联系、集成优质资源，通过线上线下方式开展就业信息推介、云招聘以及相关就业指导。邀请长

期合作企业、实习实践基地、其他校友企业等用人单位，开展"云双选网络视频招聘与就业指导"、绵阳高新区人才引进专场招聘会等系列活动。确保单位信息发布、空中招聘、就业指导、就业服务工作等线上一体化完成的有效实现。

其次是围绕国家发展战略，在国家专项就业工作方面，譬如"应征入伍""西部计划""三支一扶"等中央基层就业专项工作，引导家庭经济困难学生树立正确的就业观，勇于并敢于将国家发展与自身发展结合起来，积极参与到基层就业之中。鼓励他们到国家需要的岗位上去，到家乡去，发扬吃苦耐劳、艰苦奋斗的优良传统，到一线建功立业。

四、家庭经济困难学生就业与创业的工作案例

以上重点介绍了家庭经济困难学生在就业与创业过程中存在的问题及总的帮扶措施，本节将以具体案例的形式讲解家庭经济困难学生的就业与创业精准帮扶，帮助学生树立正确的就业观与创业观，提升求职能力，增强求职信心，找到理想工作。

（一）助力脱贫，稳推就业——就业胜任力提升训练营计划

2020年4月17日，习近平总书记主持召开中共中央政治局会议，会议强调要抓好重点行业、重点人群就业工作，把高校毕业生就业作为重中之重。总书记的重要讲话，为高校的就业扶贫工作提供了行动指南，为高校发展型资助指明了工作方向，也对高校的资助和就业工作提出了新的要求。

本项目立足于高校资助工作，结合"精准扶贫"和国家"稳就业"等工作要求，探索高校资助育人的"精准"实施路径。基于当前就业难的现实形势，聚焦家庭经济困难学生就业能力的提升，通过简历、面试、求职礼仪等专题培训，提升学生就业胜任力，帮助家庭经济困难学生打通就业的"最后一公里"。探索发展型资助育人新模式，努力实现从资助助人向资助育人的转变，形成"识别—育人—成才—回馈"的良性循环。

1. 项目建设目的及意义

（1）建设目的。

探索发展型资助模式，助力国家精准扶贫。在国家精准扶贫的背景下，着眼于当前高校资助工作问题和局限，探索发展型资助工作新模式，助力国家精准扶贫工作进程。

开展就业胜任力培训，促进学生顺利就业。开展简历制作、面试技巧、求

职礼仪、求职心理调适等系列培训活动，在实践中帮助家庭经济困难学生，提升就业胜任力，增强就业信心。

评选励志先进榜样，树立典型就业之星。打造励志典型，树立就业榜样，通过榜样力量带动身边更多人的进步和发展，营造良好学习、就业氛围，形成良好育人回馈。

(2) 建设意义。

理论意义：新时代以精准理念为指导探索高校精准化育人道路，不仅能为高校开展资助育人实践工作提供理论支持，还有利于发展型资助育人方式和内容的创新。

实践意义：一方面有助于提高高校资助育人的效果，探索发展型资助育人的有效路径；另一方面学生就业胜任力的提升又能促进学生就业，同时解决扶贫和就业两大关键问题，二者辩证统一，相辅相成。

2. 项目面向对象

项目面向某学院 2021 届毕业年级家庭经济困难学生，非家庭经济困难学生 30 人。

3. 项目内容及实施计划

(1) 训练营的组建——资助对象识别。

① 训练营组建和营员招募。

开展时间：2020 年 6 月

负责人员：专项负责人、毕业年级辅导员

实施方式：通过学院官方网站、官方微信、易班等渠道广泛宣传训练营计划，2021 届毕业年级采用自主报名、班级推荐、年级推荐、学院审核的方式招募营员，精准识别就业胜任力有待提升的同学作为项目成员，训练营人数视报名情况而定。

② 营员见面暨问题收集会。

开展时间：2020 年 6 月

负责人员：专项负责人

实施方式：通过腾讯会议举行线上见面会，一是由专项负责人向全体营员介绍训练营设立的目的和主要课程安排；二是选拔训练营班长和宣传委员各一名，主要负责后期课程组织、考勤和宣传报道等主要工作；三是通过在线表格收集营员想要在培训中解决的问题和提升的能力，整理反馈给培训老师，使培训更有针对性；四是答疑环节，解答同学们的各项疑问。

(2) 开展系列培训——聚焦资助育人。

① 简历制作培训。

开展时间：2020年6月

负责人员：培训教师

实施方式：邀请大学生职业生涯发展与规划中心的老师开展与简历相关的培训：一是带领学生认识简历的重要性，帮助学生提升思想认识；二是教给学生简历制作的方法和技巧，让学生具备基本的简历制作能力；三是开展专门的简历门诊，一对一地指导学生修改简历，帮助学生优化简历，做好求职准备。

② 面试技巧培训。

开展时间：2020年7月

负责人员：培训教师

实施方式：一是讲清楚面试的主要类型和流程，帮助学生构建对面试的基本认识；二是逐项讲解面试中自我介绍、常见问题的回答策略、常见面试类型应对策略等面试要点，帮助学生从知识层面掌握面试技巧；三是开展模拟面试，在模拟中丰富学生的面试经验，提升应对面试的能力。

③ 求职礼仪培训。

开展时间：2020年9月

负责人员：培训教师

实施方式：邀请学校具有丰富求职礼仪培训经验的老师开展求职礼仪培训。一是普及求职礼仪的作用，加强学生对求职礼仪重要性的认识；二是锻炼和提升学生的着装礼仪，帮助学生建立良好的职业形象；三是提高学生的职场社交礼仪，帮助学生掌握良好的沟通技巧，促进有效的沟通交流。

④ 求职心理培训。

开展时间：2020年9月

负责人员：培训教师

实施方式：邀请专业老师开展求职心理调适培训，一是帮助学生调整心态，舒缓紧张、压力等不良情绪；二是引导学生合理定位，建立合理的求职期待；三是正向激励，帮助学生增强自信心，提升就业胜任软实力。

(3) 实施跟踪指导——助力学生成才。

开展时间：2020年9月—11月

负责人员：培训教师

实施方式：组建以毕业班辅导员为主的就业指导团，长期向学生提供简历、面试、礼仪、心理等就业预约咨询服务，一对一帮助学生解决就业困惑，提升就业胜任力。

（4）引导总结分享——实现育人回馈。

开展时间：2020年12月

负责人员：培训教师

实施方式：在营员中选取就业典型，梳理就业故事，整理就业事迹材料。一是组成2~3人的求职故事分享团，面向低年级家庭经济困难学生开展求职故事分享会，传授求职经验，以榜样力量带动、鼓励同学增强求职信心，实现资助育人的良好回馈；二是通过学院微信公众号、易班等网络媒体平台进行广泛宣传，扩大本活动的影响力。

4. 项目预期的成效和成果

（1）项目成效。

① 初步探索发展型资助育人实施道路，助力精准扶贫。

通过系列活动的开展，努力形成"识别—育人—成才—回馈"的良性循环，初步探索精准资助育人和发展型资助育人道路，增强资助育人实效性，助力国家精准扶贫。

② 增强家庭经济困难学生就业胜任力，促进学生就业。

通过系列培训活动和"一对一"咨询活动的开展，增强家庭经济困难学生简历制作、面试技巧等就业胜任力，帮助家庭经济困难学生成功就业，推动学校就业工作顺利进行。

③ 可推广辐射广大家庭经济困难同学，形成良好回馈。

通过典型就业事迹材料的整理和广泛传播，通过就业故事分享，引导典型人物走进低年级，分享求职故事，形成良好的资助育人回馈。

（2）项目成果。

① 项目总结1份。

② 活动新闻稿5篇，其中校级以上不低于2篇。

③ 典型就业事迹材料2~3份。

④ 项目的特色与创新。

在活动内容方面，聚焦当前学生就业困难、绝大多数家庭经济困难学生就业胜任力不强等问题，通过系列培训活动，增强学生就业胜任力，帮助解决家庭经济困难学生的就业困难问题。

在活动组织方面，以学生为中心，努力形成"识别—育人—成才—回馈"的良性发展型资助工作循环，通过典型代表以点带面，辐射家庭困难学生和其他学生，促进发展型资助育人的良好生态发展。

在活动形式方面，充分考虑学生需要，通过学生喜闻乐见的团辅、培训、一对一咨询等方式开展活动，学生积极参与，有利于提升育人实效，引导学生励志成才。

(二)"点亮生涯，筑梦未来"机电院新生家庭经济困难学生生涯嘉年华

本案例以学院对新生中家庭经济困难学生进行的生涯教育为例。

1. 案例概述及特色、亮点

新生入学阶段是大学生尤为重要的时期，加强对新生入学阶段的教育显得尤为重要。根据前期调研，很多同学存在自我认知模糊、目标规划缺乏、职业认识浅薄等问题。针对这些问题，设计了"点亮生涯，筑梦未来"2020级本科生生涯嘉年华活动，即通过"重探自我"主题网络测评、"规划人生、绽放精彩"主题班会、"职业探索三张纸""学涯领航"系列活动、大学生职业生涯规划大赛等活动开展自我认知、实践交流、专业学习、技能提升、反馈总结全方位的生涯规划体验与实践。帮助学生从入学起唤醒生涯规划意识、提升自我认知水平、培养职业探索能力，在亲身参与和体验中发现自我、自我感悟、自我反思，发现自己未来的多种可能性，并形成"我的生涯我做主"的积极理念，实现全员、全方位、全过程生涯教育。案例具有以下特点。

(1) 以唤醒学生生涯意识、激发学生成长动力为目标，采用讲授指导与实践体验相结合、落地实训与专家对话相结合、专业测评与针对性指导相结合、线上线下相结合、与专业机构强强联合，进一步增强了活动的广泛性、针对性和影响力。

(2) 秉承创新理念，除延续整合以往精品活动外，结合学院学生需求和专业特点，利用新媒体新技术，开展多项特色型活动，此次活动具有系统性、层次性、相关性等特点，能实现育人效果的最大化。

(3) 通过调研学生需求，搭建学习平台，建立学生与生涯导师、科研班主任交流学习的工作机制，不仅可以构建与学生未来职业发展匹配的知识结构、提升学生综合素质，还能增强学生的专业荣誉感，培养学生精益求精的工匠精神和艰苦奋斗的工作态度。

2. 项目设计说明

(1) 项目背景：目标学生群体特征分析及拟解决问题分析。

对大学生而言，生涯设计与定向关系着今后的发展方向，也决定着大学学

习生活的重点。根据前期调研发现，部分学生存在自我认识不清、价值取向偏颇、目标规划缺乏、职业认知浅薄等问题。一些同学在选择未来方向过程中缺乏自主规划意识，不能针对个人的具体情况制订科学合理的职业规划，或者不能合理的分解和有机衔接总目标与分目标，导致生涯规划的操作性不强，学生行动力不够。针对以上问题，2020级本科生设计了"生涯嘉年华"活动，通过活动搭建了一个资源丰富、多维度、宽视野的生涯指导平台。从内部动力到外部支持，从理论学习到实际应用，帮助学生在亲身参与和体验中发现自我、感悟自我、反思自我，发现自己未来的多种可能性，实现全员、全方位、全过程生涯教育。

（2）实施过程：本项目的实施目标、实施思路及过程、主要阶段、学生反馈成果等。

实施目标：2020级全体本科生为主，部分2019级本科生

实施思路及过程：生涯嘉年华以"点亮生涯，筑梦未来"为主题，旨在指导学生通过"重探自我"主题网络测评、"规划人生、绽放精彩"主题班会、"职业探索三张纸""学涯领航"系列活动、大学生职业生涯规划大赛等活动开展自我认知、实践交流、专业学习、技能提升、反馈总结等全方位的生涯规划体验与实践。

活动一．"重探自我"主题网络测评

时间：2021年1月—2月

具体内容：结合学院专业特色，通过17道题目梳理学生的处境和初步想法，采用霍兰德职业兴趣测评、MBTI职业性格测评、职业技能测评、价值观测评、学习风格测评五项测评，组织大一新生进行以"重探自我"为主题的职业生涯规划自主测评，使学生全面深入地了解自己的兴趣、能力、特质、价值观，为职业决策与定位、职业目标的确认与分解奠定基础。

活动二："规划人生、绽放精彩"线上主题班会

时间：2021年2月

具体内容：各班级结合自主测评结果和学业规划目标，组织召开"规划人生、绽放精彩"主题班会，辅导员和班主任向学生解读职业测评报告以及"点亮生涯"职业生涯规划大赛的具体要求和相关事宜，引导学生将测评结果及职业生涯规划进行班内分享。同时根据专业和班级制作主题班会PPT及班会记录表，上交PPT和照片等活动材料。通过师生间的交流与互动，帮助学生在深层次探索自我、充分认识自我、准确定位自我的同时更出彩的完成职业规划。

活动三：职业探索三张纸

时间：2021年2月—3月

具体内容：学生自愿组队建立访谈小组，明确想了解的职业方向，通过网络、访谈、实习体验等多渠道查询专业以及专业背后的职业信息，进行相关人物访谈，包括"探索什么""怎么探索""成果收获"三个部分，对行业、组织、职位等方面进行深入了解，最后总结访谈成果，其成果包括：文字、图片、短视频等资料。通过探知社会需求和自身的需求，明确自己的职业选择，提升学习动力，蓄力精彩人生。

活动四："学涯领航"系列活动

时间：2021年3月—4月

具体内容：学院邀请3~5名校内外生涯导师、科研班主任、毕业生代表、学长学姐，针对不同学生群体的个性化成长需求以专业教育、学业规划、求职准备、社交智慧及领导力为主题进行分享，学生自行选择一个或多个主题进行学习，加强学生专业认知学习，增强主动学习、立志成才意识，使学生能够尽快地完成角色转变，适应和融入大学生活。

活动五："点亮生涯"大学生职业生涯规划大赛

时间：2021年3月—5月

具体内容：初步筛选出较好的职业生涯规划书，以短信形式通知学生参加"点亮生涯"大学生职业生涯规划大赛院级初赛，要求参赛者（报名选手＋职业生涯规划书优秀者）准备2~3分钟的个人展示视频（展示自身职业规划、职业形象、职业素养），将参赛选手资料和视频投放到官方微信公众号，根据网络投票数来确定评选分值，最终确定两名同学参加校级复赛、决赛。

学生反馈成果：本次"生涯嘉年华"活动将实时更新活动清单和预告，由同学们自行开展生涯探索活动。

必选项目为"重探自我"主题网络测评、"规划人生、绽放精彩"线上主题班会和"学涯领航"系列活动，其余为鼓励参与项目。

优秀：完成必选项目＋两项自选项目

良好：完成必选项目＋一项自选项目

合格：完成必选项目

不同评价等级的同学将获得对应的第二课堂积分。

3. 预期成果：项目实施效果、相关科研成果；

在2020级本科生中广泛展开该活动，通过充分挖掘和发挥学生主体性，整合校内外资源，组织学生、广大师生共同参与，将第一课堂主阵地与第二课堂主渠道深度融合，以期达到唤醒学生生涯意识、激发学生成长动力、深化学生职业认知、帮助学生提升能力的效果。

针对学生参与情况及反馈成效，形成成果，发表论文一篇。

4. 实施基础：学院已实施类似项目说明

前期，学院已经开展"生涯人物1234""联校友情、感成长路、点赞西油人""生涯体验五个一"三项品牌活动，从活动效果反馈来看，学生的综合能力得到提升，学生积极性得到提高，变生涯教育、专业教育、学校教育的"要我学、老师讲、学生学"模式为学生的主动探索。

5. 项目实施计划（见表7-1）

表7-1 项目实施安排表

项目主要活动	预计完成时间	学生作业形式
"重探自我"主题网络测评	2021年2月	自我测评报告
"规划人生、绽放精彩"线上主题班会	2021年2月	主题班会PPT及照片
职业探索三张纸	2021年3月	访谈记录、图片、短视频
"学涯领航"系列活动	2021年4月	撰写参与心得体会
"点亮生涯"大学生职业生涯规划大赛	2021年5月	职业生涯规划书、个人展示视频

（三）构建三级"工作室"模式并贯穿家庭经济困难学生创新创业教育全过程

本案例构建了"3×3工作室"模式并贯穿大学生创新创业教育全过程，通过工作室将学生专业知识学习和创新创业实践相结合，探索有效的创新创业教育模式。"3×3工作室"以学生为中心，提高学生专业知识学习和创新创业实践的参与性和主动性，突破人才培养薄弱环节，为学生提供创新实践的氛围、环境和平台，培养学生的创新精神、创业意识，提升创新创业能力。

第一级为班级工作室：在学院指导下，辅导员组建若干个7~8人的班级小组，学生结合自身需求和意愿加入小组，这些小组可以覆盖全专业一年级学生。"大学生职业生涯发展与规划"课程教师与班级小组紧密联系，教师根据课程内容，布置课程任务，由小组精选申请任务，在课程后期通过PPT答辩形式展示任务的完成情况，这样除了教师的教授，学生会主动思考，查阅资料，更广泛更深层次地了解相关知识点。

第二级为专业工作室：通过对班级工作室成绩的遴选及个人意愿初选，再通过创意答辩选出专业工作室成员，由专业方向负责人组建专业学习和创新研究工作室，同时分配经验丰富的双师型校内指导教师指导项目，承接相应项目，参与专业竞赛、创新创业竞赛等方向的尝试。第二级专业工作室主要在导师制模式下提升大学生创新创业能力，导师为主体，招募团队，选择有兴趣的人强化理念，对学生情况进行充分了解和分析，加强对学生技能的培训和指导，让团队发挥长板效应。专业教师在大学生思想政治教育中有着不可替代的重要作用。专业教师除了依靠自身的教学经验，在课堂上传授专业知识之外，还需将思想政治教育融入专业教学之中，实现课程思政。在课堂之外，对学生进行学业、学科竞赛指导，帮助学生了解专业、学习专业、发挥专业特色就势。在这方面，专业课教师的思想政治教育工作者更具有优势。因此，在家庭经济困难学生的育人过程中，如若能够发挥专业教师的特长，势必会极大地提升资助育人成效。

第三级为校企融合工作室：教研室与企业联合，组建校企融合工作室，譬如近年来西南石油大学机电学院工业设计教研室分别同川庆钻探工程有限公司安检院、广汉宏华集团、广汉奇美铝业有限公司、成都泰山环保科技有限公司、广州圣洁美美容科技有限公司等企业合作。按照企业的管理办法进行管理，学生在专业教师和企业导师指导下完成项目实施、项目竞赛、项目研发、项目成果转化，实现综合能力提升。比如专业课程"产品系统设计"由校企双方教师共同授课，该课程主要讲述产品系统设计过程和系统设计内容，校内教师主要讲解系统设计的理论知识，企业教师由项目主管或项目经理授课，主要讲述项目要求、进度以及市场需求分析。整个课程采用情景导入式教学，通过引入企业实际设计项目，学生3人为一组，组内设有项目主管，负责小组整个课程的设计进度。企业项目引入课程后，将项目按照系统设计的流程划分为多个内容，理论课程讲述一段，学生团队做一段，项目执行一段，课程结束时，企业项目也就完成了。每个阶段做完都会有小组汇报，校企双方教师会到现场听取汇报，并提出意见和建议，为项目后期运行指明方向。课程最终结课大作业就是该项目的全套完整的企划书、商业视频广告展示以及现场答辩。校企双方教师都会到场背对背为各小组评分。通过三级工作室模式，提升家庭经济困难学生创新创业能力，增强实践能力，促进学生快速就业创业。

第八章　构建育人成效精准的资助育人体系

第一节　对学生成才达成度的评价

一、大学生成才的相关知识

(一) 大学生成才的基本概念

1. 成才

"成为一名合格的人才"是每一个中国人的理想,也是每一个大学生为之努力的方向。"成才"并不只是一种相对稳定的心智发展,它还包括不断发展的动态过程。具体地说,"成才"指的是一个人在社会实践活动中,经过系统的职业教育和专业的技术训练,或者是经过自己的努力,掌握了一定的技能,进而变成一个可以对社会发展有一定影响的因素的动态过程。

2. 成才观

成才观是一个人在成才活动中逐步发展起来的一种价值观念。具体来说,就是人们为实现自己的理想与追求而努力奋斗,在前进的道路上,坚持自己的信仰,并一直保持着一种对社会有贡献的价值观念,通常是指青年为了成长成才而建立起的信仰。

3. 成才导向

成才导向是指人在成才过程中的方向引导,包括成才目标导向、成才问题导向、成才效果导向,只有将这三个方面的导向牢牢地把握住,才可以有效地帮助大学生们实现对未来社会发展以及个人发展状况的准确判断和预测。大学生的文化素质和道德素质直接影响着他们的成才方向。为此,有必要从影响大学生成才取向的几个因素入手,对大学生成才观进行深入剖析,并对其构成因素进行研究。

4. 成才动机

动机指的是主体的心理过程和主观意愿,它是一种在主观层次上对个人行为产生影响的欲望开端。动机是一种内部的心智进程和心智动力,它可以不断地对一个人的行为产生影响。成才动机指的是个体在心理功能发育与身体功能发育的过程中,将个人的需要与社会的需要相结合而发展出来的一种动力组成部分。成才动机对大学生而言具有十分重要的影响和意义,它可以让大学生在不断发展的过程中,认识到自己的需要,分析自己的特点,从而激发自己的成才动力,推动自己在成才的道路上不断地发展和进步。

5. 成才标准

"成才标准"是指与时代背景、个人能力、社会环境、学习空间等因素相关的一种评价准则和自我评价确认方式。认识和确定青年人的成才标准,与其所处的特殊历史时期有着密不可分的联系。在新时代背景下,习近平总书记根据当今国际局势和我国社会发展的需要对青年成才提出了新的要求,即要做有理想、敢担当、能吃苦、肯奋斗的时代新人。对新时代的年轻人,有了更清晰、更具体的要求。

6. 成才价值选择

人类从诞生之日起,就开始了一种有意识的社会实践行为。在社会发展的进程中,人们作出了正确的价值选择,从而推动了社会的进步与发展。成才的价值抉择,就是引导人对自己、对社会的需求作出合理的判断,从而引导着人在自己的成长、成才的过程中作出合理的选择。在一定的阶段和时期内,合理的成才价值选择不能只注重自身的利益,而应当在充分尊重社会客观规律的前提下,将自身的需求与社会发展有机地联系起来。

(二) 大学生成才的理论基础

"成才"思想源于中国古代哲学史,马克思恩格斯也对"成才"赋予了深刻的内涵,在新的历史时期,习近平新时代"成才"理念,为"成才"提供了更为现实的理论基础。

1. 中国传统文化中的青年成才思想

"成才"的思想来源,首先要追溯到中国的传统文化,从历史的发展过程来看,在"德治观"和"道德社会"的影响下,"成才"成为中国人的核心价值,并将前人的创造与智慧融为一体,形成了一个具有开放性与朝气的理念系统。

中华优秀的传统文化,对于君子成才有着严格的要求。儒家认为"仁"是一个人的最高境界,而"义、礼、智、信"紧随其后。这就是我们所熟知的"五常",其目的在于使年轻人明白做人的道理,学会处理人际关系,调节情绪,转变观念,实现人生目标。此外,儒家思想中的"温、良、恭、俭、让"和"忠、孝、廉、耻、勇"也反映了人们的成才理想,目的是让人们以温和、善良、恭敬、节俭、谦逊的态度为人做事,并以忠心、孝悌、廉洁、羞耻、勇敢的品格来约束自己。

在继承与发展中国优秀传统文化的过程中,重视对人才培养与培养的"全面性"进行"全方位"的探索。例如,"孔子之仁""孟子之义",都是培养人才的一种途径。因此,在中华优秀传统文化里,"成才"理念的建设,不仅表现在"以德育人",还表现在"以人为本"。又比如,在道家看来,青年成才的方法就是要顺应、遵从自然,珍视生命而不是名利,它主张将自己与自然融合在一起,从而保持清静、戒除贪欲,用清静、谦让等遵从自然的品性来修身养性,最后达到成才的境界。

2. 马克思、恩格斯的青年成才思想

在马克思、恩格斯看来,青年人应该"了解整个生产系统""不要被片面的东西所左右""要得到充分的发展"。"人的全面发展",既是马克思、恩格斯关于人的未来发展目标的设想,也是马克思、恩格斯为青年人所确立并努力实现的理想。在《共产党宣言》中,马克思、恩格斯提出了对未来社会的构想:"代替那存在着阶级和阶级对立的资产阶级旧社会的,将是这样一个联合体,在那里,每个人的自由发展是一切人的自由发展的条件。"在马克思看来,"一个理想的社会,应当是一个以每一个人的全面和自由发展为其根本宗旨的社会"。恩格斯在1847年为共产主义者同盟起草的纲领草案《共产主义原理》中指出,青年人应该是"能够熟悉整个生产系统",摆脱"分工给每个人造成的片面性"而追求全面发展的人。破除分工是实现全面发展的手段。他们在《德意志意识形态》中指出:"要消灭关系对个人的独立化、个性对偶然性的屈从、个人的私人关系对共同的阶级关系的屈从等,归根到底都要取决于分工的消灭。""在共产主义社会里,任何人都没有特定的活动范围,每个人都可以在任何部门内发展,社会调节着整个生产,因而使我有可能随我自己的心愿今天干这事,明天干那事,上午打猎,下午捕鱼,傍晚从事畜牧,晚饭后从事批判,但并不因此就使我成为一个猎人、渔夫、牧人或批判者"。人的全面发展是生产力高度发展和社会消除分工的必然要求,人的全面发展,人的解放也就是劳动的解放,人从被剥削的劳动者变成了享受劳动成果的劳动者，从被迫的劳动变成了主动的、幸福的劳动，这就是共产主义，也是所有青年人奋斗的最高目标。

3. 习近平青年成才思想

习近平新时代的青年思想，是党的十八大以来，习近平总书记对青年和青年工作的一系列重要讲话，是对党新理念、新思想、新战略对青年发展问题的深入剖析，是对我们国家青年工作的伟大实践的总结，是一个具有一定逻辑框架的完整的思想体系。按照顺序，大致可以分为"基础篇""核心篇""实践篇"三部分，每一部分的修炼都有自己的特点。

将青年的历史地位和时代使命作为一个逻辑出发点，对青年与青年工作进行科学的分析，并将其作为习近平新时代青年思想的"基础篇"。习近平总书记明确指出，青年兴则国家兴，青年强则国家强。青年一代有理想、有本领、有担当，国家就有前途，民族就有希望。基于中国特色社会主义进入新时代这一科学判断，习近平总书记深刻指出，实现"两个一百年"奋斗目标的历史进程，将贯穿千千万万当代青年成长发展的全过程，"全面建成小康社会，广大青年是生力军和突击队"，中华民族伟大复兴的中国梦终将在一代代青年的接力奋斗中变为现实"，这些论述是习近平总书记对青年地位和历史作用的新定位、新要求，科学阐释了当代青年承担的历史使命和肩负的时代责任，充分体现了以习近平同志为核心的党中央对当代青年的高度重视、充分信任和殷切期望。

要把对青年进行社会主义核心价值观的培育作为基础，推动他们的健康成长和全面发展，这是习近平有关青年论述的"核心篇章"。没有理想信念的支持与引导，青年人的健康成长是不可能实现的。当前，社会发生了深刻的变化，生活发生了丰富的变化，思想观念的变化也是多种多样的，这就要求我们加强对理想信念的引导。

习近平总书记明确指出，"青年时代树立正确的理想、坚定的信念十分紧要，不仅要树立，而且要在心中扎根，一直都能坚持为之奋斗"。青年要合理地认同科学理论，正确地理解历史规律，准确地掌握基本国情，夯实理想信念的基础。在全国高校思想政治工作会议上，习近平总书记指出，"要引导学生从社会主义思想源头和历史演进中，从我们党探索中国特色社会主义历史发展和伟大实践中，认识和把握人类社会发展的历史必然性，认识和把握中国特色社会主义的历史必然性，不断树立为共产主义远大理想和中国特色社会主义共同理想而奋斗的信念和信心"。这些重要的论述，为年轻人的健康成长指明了方向，画出了前进的路。

习近平总书记提出，用理想信念引导青年补足人生之钙，培育践行社会主义核心价值观,扣好人生第一粒扣子,用中华民族伟大复兴中国梦引领青年追逐个人梦想。习近平关于青年成长与成才的最大特点就是坚持问题导向,青年问题是新时代青年最真实的声音,要及时地面对问题、回答问题、解读问题,只有以问题为导向,才能持续地推动青年提高自己,推动他们的成长与成才。

(三)新时代大学生成才的基本要求

1. 坚定理想信念

习近平总书记对于信念和信仰的支撑力与推动力,以及个人理想和共同理想凝聚力有着明确的要求和指引。同时,习近平还对大学生的理想信念提出了"绝对忠诚、绝对纯洁、绝对可靠"的要求,并要求保持理想信念的高度、理想信念的硬度、理想信念的黏度、理想信念的深度和理想信念的效度。只有这样,才能使大学生的理想信念得以建立和发展。我们要深刻贯彻落实习近平对大学生提出的理想信念教育要求,要引导新时代的大学生将个人的理想融入中华民族伟大复兴的梦想当中,以此来构建大学生成才观的建设主导权。大学生的人生目标会存在差异,他们的职业选择也会存在差异,但只有将自己的小我与祖国的大我、人民的大我融合在一起,与时代同步前进、与人民共命运,才能更好地实现人生价值、升华人生境界。

2. 拥有过硬本领

高校毕业生是高校人才培养的主体。这是一支潜力无穷的队伍,它将成为未来社会发展、建设的骨干力量。一个国家、一个民族的发展方向与命运同大学生的技能与能力素质的高低密切相连。习近平提出,"一个人能否成才,关键在于所掌握的实际本领"。而大学,就是学生们学习知识、掌握技能、提升技能的地方,同时也是年轻人学习的关键期。要让大学生在不断强化自身本领、发展个人技能的基础上,深刻地领悟到"贵在坚持,重在学懂弄通"这一道理。同时,也要让学生们明白,提高自己的能力,掌握一门好的技术是多么重要的事情。习近平用"如饥似渴"这个成语来形容大学生应有的学习态度和学习模式,还重点强调了新时代背景下的青年不仅要多读"有字之书",还要重点关注"无字之书"。要在学习理论知识的基础上,掌握实践探索的方法,在应用实践探索的过程中,掌握真知,练就本领,升华思想。

3. 敢于担当责任

中华民族伟大复兴是当代中国青年的使命和历史责任。中国青年肩负着实现民族复兴的重任,肩负着时代的重任。习近平说,一代青年有一代青年的历史机遇。我们国家正在走向繁荣富强，我们的民族正在走向伟大复兴，我们的人民正在走向更加幸福美好的生活。当代中国青年要有所作为，就必须投身人民的伟大奋斗。同人民一起奋斗，青春才能亮丽；同人民一起前进，青春才能昂扬；同人民一起梦想，青春才能无悔。在目前的条件下，在实现中华民族伟大复兴的历史进程中，我们迫切要求我们的青年能够勇敢地面对巨大的挑战，能够抵御巨大的风险，能够克服巨大的阻力，能够解决巨大的矛盾，能够迎难而上，能够面对挑战，能够增强我们的责任感。只有新时代的青年敢于承担责任，敢于面对更多的困难和风险，才能有中国特色的社会主义，才能有更多的生机，更多的活力，更多的希望。新时代青年要始终保持初生牛犊不怕虎，越艰险越勇敢奋进的朝气蓬勃、勇往直前的精神，挺立时代潮头，争当时代先锋。

4. 新时代大学生成才的表征指标体系

根据前文所叙，这里总结归纳了表征大学生成才的指标体系，分别为宽仁厚义、志趣高雅、忠孝有节、清廉谦让、奋发向上、技能精湛、热爱劳动、勇于斗争、理想远大、敢于担当、奉献作为、热爱祖国、本领过硬、脚踏实地14个指标，见表8-1。

表8-1 新时代大学生成才表征指标体系

一级指标	二级指标	三级指标
大学生成才	传统青年成才思想角度	宽仁厚义
		志趣高雅
		忠孝有节
		清廉谦让
	马克思、恩格斯的青年成才思想角度	奋发向上
		技能精湛
		热爱劳动
		勇于斗争
	习近平青年成才思想角度	理想远大
		敢于担当
		奉献作为
		热爱祖国
		本领过硬
		脚踏实地

5. 新时代大学生成才达成度的评价标准

前文从中华民族优秀传统文化，马克思、恩格斯青年成才思想和习近平青年成才思想3个维度进行了归纳，提炼出14个表征大学生成才度的指标。本节在统计的基础上采用层次分析法确定各指标的权重，从而量化学生的能力达成度。

1）层次分析法简介

（1）层次分析法概念。

层次分析法（AHP）是美国运筹学家匹茨堡大学萨蒂（T. L. Saaty）在20世纪70年代初期，针对美国国防部"按各行业对国家利益的贡献度来确定功率的分配"这一课题，运用了网络系统理论与多指标的综合评估方法，并在此基础上，发展了一套基于AHP的分层加权决策分析方法。其特征在于，通过对问题本质、影响因素和内在联系的深刻剖析，以少量的量化信息，实现对多目标、多指标和非结构性的决策问题的数学建模，为解决多目标、多指标和非结构性的问题，提供了一种简单易行的决策方法。本项目拟采用定量分析和定性分析相结合的方法，通过决策者的经验来判定各个指标是否能够达到的相对重要性，为各个决策方案确定其指标的权重和优先级，从而能够较为有效地解决一些用量化方法难以解决的问题。

根据问题的性质和所要实现的总体目标，层次分析法将问题分解成不同的组成因素，并依据因素之间的相关影响和隶属关系，在不同的层面上对因素进行聚集和组合，构成了一个多层次的分析结构模型，最后将问题转化为确定最底层（供决策的方案、措施等）相对于最高层（总目标）的相对重要性权重，或者排序其相对优劣顺序。

（2）层次分析法确定权重参数的步骤。

① 判断矩阵的构造原理及方法。

在对各个层级中的各个因素进行权衡的时候，如果仅仅给予一个概括的、定性的结论，往往难以被人们所接受，所以采用判断矩阵来标度各指标之间的相对重要程度。在构造判断矩阵的过程中，对同一指标的所有下级指标采用相同的尺度进行两两比较。指标间的相对重要程度通过Santy的1~9标度方法确定，见表8-2。

表8-2 判断矩阵构造的1~9标度标准

标度	含义
1	两个因素同样重要
3	因素A比因素B稍微重要
5	因素A比因素B明显重要

续表

标度	含义
7	因素 A 比因素 B 强烈重要
8	因素 A 比因素 B 极端重要
2，4，6，8，	上述两相邻判断的中间值
倒数	因素 B 与因素 A 比较

假设指标 A 有 B、C、D 三个下级指标，这三个下级指标针对于 A 而言有如下的比较结果：B 与 C 相比，B 强烈重要；C 与 D 相比，C 明显重要；B 与 D 相比，B 极端重要。那么，则可以构造判断矩阵，见表 8-3。

表 8-3 判断矩阵

对 A 而言	B	C	D
B	1	7	9
C	1/7	1	5
D	1/9	1/5	1

上述案例体现了构造判断矩阵最基本的过程。从该例得出的判断矩阵可以看出，由于人的思维不具备严格的完备性，当某一指标的下级指标超过 2 个时，通过专家经验给出的判断矩阵不一定严格满足一致性。

当判断矩阵 A 为一致阵时，A 的唯一非零特征根为 n，该特征根对应的特征向量归一化后可作为权向量。对于不一致（但在允许范围内）的判断矩阵 A，则可以用对应于最大特征根 λ 的特征向量作为权向量 w。

② 层次单排序及其一致性检验。

通过标准化处理，得到了一个与最大本征值 λ_{max} 相对应的本征值。它是指同一层因子对较高一层因子的相对重要程度所赋予的权重，这个过程被称为分层单因子排序。单水平排序的结论是否能被采纳，还需对其进行一致性检查。判断矩阵的一致性检验采用公式：

$$CI = \frac{\lambda - n}{n - 1}$$

如果 $CI=0$，有完全的一致性；CI 接近于 0，有满意的一致性；CI 越大，不一致越严重。为衡量 CI 的大小，Santy 等人随机构造了 500 个成对比较矩阵，得出随机一致性指标 RI，见表 8-4。

表 8-4　随机一致性指标 RI

	1	2	3	4	5	6	7	8	9	10	11
RI	0	0	0.58	0.90	1.12	1.24	1.32	1.41	1.45	1.49	1.51

定义一致性比率为：$CR = \dfrac{CI}{RI}$，当一致性比率小于 0.1 时认为 A 的不一致程度在允许范围之内，有满意的一致性，通过一致性检验。可用其归一化特征向量作为权向量，否则要重新构造成对比较矩阵 A，对 a_{ij} 加以调整。

③ 评价体系参数确定方法。

一般来说，求矩阵的最大特征值需要先求出所有的特征值，再通过比较得到最大的那一个。然而，实际运算中除最大特征值以外的其他所有值都是不必要的。同时，一致矩阵中的任何一个列都是本征矢量，具有良好一致性的正互反矩阵中的列都应该接近本征矢量，这样就可以从一定程度上简化计算。

幂法：

幂法在理论上能够得到任意精度的近似最大特征根 $\lambda_{\max}$ 及其对应的特征向量 W。其计算步骤如下：

a. 任取与判断矩阵 B 同阶的正规化初始向量 W^0。

b. 计算 $W^{k+1} = BW^k$，k=0，1，2，…。

c. 令 $\beta = \sum\limits_{i=1}^{n} W^{k+1}$，计算

$$\overline{W}^{k+1} = \dfrac{1}{\beta} \overline{W}^{k+1}, k = 0, 1, 2, \cdots$$

d. 对于预先给定的进度 ε，当 $|\overline{W}^{k+1} - W^k| < \varepsilon$，对所有 $i = 1, 2, \cdots, n$ 成立时，则 $W = W_i^{k+1}$ 为所求特征向量。$\lambda_{\max}$ 可以通过公式 $\lambda_{\max} = \sum\limits_{i=1}^{n} \dfrac{W_i^{k+1}}{nW_i^k}$ 求得。式中，n 为矩阵阶数，W_i^k 为向量 W^k 的第 i 个分量。

和积法：

和积法的运算量较小，能够在小规模计算的条件下保证计算的精度。具体步骤如下：

a. 将矩阵每一列正规化

$$\overline{b}_{ij} = \dfrac{b_{ij}}{\sum\limits_{k=1}^{n} b_{kj}}, i, j = 1, 2, \cdots, n$$

b. 正规化后的矩阵按行相加

$$\overline{W}_i = \sum_{j=1}^{n} \overline{b}_{ij}, j = 1, 2, \cdots, n$$

c. 将向量 $\overline{\boldsymbol{W}} = [\overline{W}_1, \overline{W}_2, \cdots, \overline{W}_n]^\mathrm{T}$ 正规化

$$W = \frac{\overline{W}_i}{\sum_{k=1}^{n} \overline{W}_j}, i = 1, 2, \cdots, n$$

所得到的 $\boldsymbol{W} = [W_1, W_2, \cdots, W_n]^\mathrm{T}$ 即为所求的特征向量。

d. 计算判断矩阵的最大特征根 $\lambda_{\max}$

$$\lambda_{\max} = \sum_{i=1}^{n} \frac{(AW)_i}{nW_i}$$

式中，$(AW)_i$ 表示向量 $\boldsymbol{AW}$ 的第 i 个分量。

方根法：

同样为简化计算，也可以用方根法近似计算矩阵的最大特征根和其对应的特征向量。步骤如下：

a. 将判断矩阵 $\boldsymbol{B}$ 的元素按行相乘

$$M_i = \prod_{j=1}^{n} b_{ij}$$

b. 所得的乘积分别开 n 次方

$$\overline{W}_i = \sqrt[n]{M_i}, i = 1, 2, \cdots, n$$

c. 将方根向量正规化，即得特征向量 $\boldsymbol{W}$

$$W_i = \frac{\overline{W}_i}{\sum_{i=1}^{n} \overline{W}_i}, i = 1, 2, \cdots, n$$

d. 计算判断矩阵的最大特征根 $\lambda_{\max}$

$$\lambda_{\max} = \sum_{i=1}^{n} \frac{(AW)_i}{nW_i}$$

式中，$(AW)_i$ 表示向量 $\boldsymbol{AW}$ 的第 i 个分量。

考虑到对结果的计算量和精度要求，本书选用和积法求解判断矩阵最大特征值。

2）大学生成才达成度的确定

根据前文所确定的指标体系，本书构建了如图 8-1 所示的层次结构。

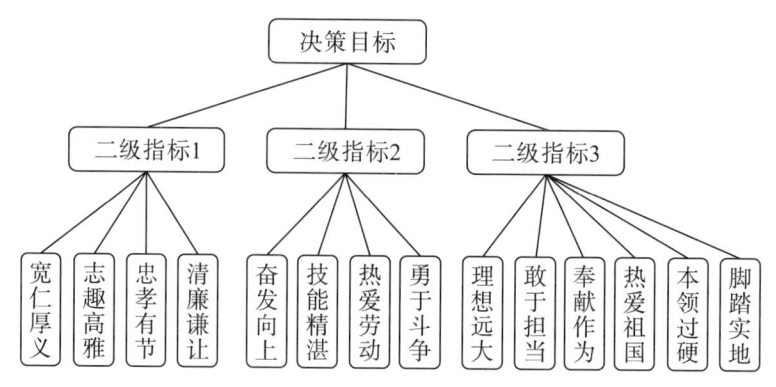

图 8-1 大学生成才达成度指标体系

其中的二级指标为虚拟指标，旨在通过"优秀传统文化"的能力要求、"马克思、恩格斯青年思想"的能力要求和"习近平青年思想"的能力要求三个方面对大学生能力指标表征指标（三级指标）进行分类。

通过走访专家，确定各个三级指标构成的判断矩阵，计算得到大学生能力达成表征指标体系中各指标的权重，见表 8-5。

表 8-5 大学生成才指标权重

一级指标	二级指标	权重	三级指标	权重	总的贡献度
大学生成才	二级指标1	0.21	宽仁厚义	0.23	0.0483
			志趣高雅	0.13	0.0273
			忠孝有节	0.35	0.0735
			清廉谦让	0.29	0.0609
	二级指标2	0.33	奋发向上	0.17	0.0561
			技能精湛	0.34	0.1122
			热爱劳动	0.28	0.0924
			勇于斗争	0.21	0.0693
	二级指标3	0.46	理想远大	0.18	0.0828
			敢于担当	0.13	0.0598
			奉献作为	0.19	0.0874
			热爱祖国	0.21	0.0966
			本领过硬	0.13	0.0598
			脚踏实地	0.16	0.0736

在实际测评过程中，可通过问卷调查、走访和自评等方式获取学生的能力

表征指标评分（百分制评分）。乘以权重后得到成才度的得分，将该得分转换为百分比作为学生能力的达成度。比如，某同学的能力表征指标评分见表 8-6。

表 8-6　某同学能力表征指标评分表

能力表征指标	宽仁厚义	志趣高雅	忠孝有节	清廉谦让	奋发向上	技能精湛	热爱劳动
指标评价分	91	78	82	67	65	64	83
能力表征指标	勇于斗争	理想远大	敢于担当	奉献作为	热爱祖国	本领过硬	脚踏实地
指标评价分	81	84	65	91	85	79	67

通过初步评价分数可得知该同学的能力达成度为 77.4%，见表 8-7。

表 8-7　层次分析计算得到的指标贡献和累计贡献

能力表征指标	宽仁厚义	志趣高雅	忠孝有节	清廉谦让	奋发向上	技能精湛	热爱劳动	累计贡献（达成度）
指标评价分	91	78	82	67	65	64	83	
指标权重	0.048	0.027	0.074	0.061	0.056	0.112	0.092	
指标贡献	4.395	2.129	6.027	4.08	3.647	7.181	7.669	77.4038 (77.4%)
能力表征指标	勇于斗争	理想远大	敢于担当	奉献作为	热爱祖国	本领过硬	脚踏实地	
指标评价分	81	84	65	91	85	79	67	
指标权重	0.069	0.083	0.06	0.087	0.097	0.06	0.074	
指标贡献	5.613	6.955	3.887	7.953	8.211	4.724	4.931	

二、成才型资助育人体系

（一）成才型资助育人体系的内涵

关于成才型资助育人，目前学术界尚无明确的标准和要求，要厘清这个概念，其逻辑始点在于资助，其逻辑终点在于成才。本书将大学生成才型资助定义为：区别于发展型资助的、着眼于学生成长，能够有效推动学生成才的资助理念、资助方法以及资助措施的总和。

依照该定义，成才型资助的重心在于，促进学生成长，使资助的形式由"他助"转变为"自助"，进一步发展为"助他"。

(二)成才型资助育人体系的措施(以 S 大学为例)

1. 以资助育人为引领,建立完善的"他助"体系

(1)创新工作方法,不让一个学生因家庭经济困难而辍学。

举措一:发放一份爱心包裹

为了让每一位家庭经济困难的新生在入校的时候就能够感受到学校的关怀,在"开通学费绿色通道"的同时,坚持为家庭经济困难的新生发放爱心包裹。

措施二:提供一项学习贷款

为了给学生提供更多的便利,学院每年都会利用各种渠道,对学生进行相关政策的宣传,开设咨询电话,并精心设计一份申请书,制作一份《毕业生还贷须知》,发给每位有需求的学生。

措施三:提供一系列助学项目

学校积极加强与校友企业、社会慈善机构的联系,广泛争取社会资助。先后设立了"中海油助学金""圆梦基金""慈善助力成长计划"等近 20 项助学金项目。

措施四:开通一条补助渠道

为了让学生们在遇到突发或特殊事件时能得到及时帮助,学校为家庭经济遭受突发性重大变故的学生开通了临时困难一次性补助,帮助他们及时渡过难关。

措施五:进行一次关怀慰问

校、院领导和辅导员不定期到宿舍楼去,询问学生的生活状况,询问他们每个月的餐卡扣除情况,以及他们的伙食开支。学校的领导们经常和有困难的同学交流,了解他们的学习和生活状况。每到冬天,学校就会给家庭困难的同学送去保暖衣物,在过年的时候,还会对留宿的同学进行"新年慰问"。

(2)走访家庭经济困难学生确保精准帮扶。

为了对家庭经济困难学生的家庭情况进行深入了解,积极将学校的关注和关爱带到经济困难学生面前,学校常年组织教职工利用寒暑假等机会,对家庭经济困难学生进行家访,将关怀送到他们的家里,向他们详细介绍学校奖、勤、助、贷、补的相关政策。

2. 以成长学校为平台，着力促进"自助"成长

(1) 宣讲资助政策。

每年，学校都会利用新生报到日、资助政策宣讲会等节点，向全校开展各种资助政策的宣传，让不知道学校资助政策的家庭经济困难学生，能够第一时间了解学校的资助政策，消除他们的疑虑。

(2) 开拓勤工岗位。

针对目前学校没有足够的勤工助学岗位，不能让每个家庭贫困的学生都能找到工作的情况，成长中心积极与救助中心合作。资助中心的教师们走进学校的各个教研室、实验室和图书馆，与教师们进行面对面的交流，并成功地开发了一百多个勤工助学岗位，确保了每个家庭经济困难的学生都能找到工作。

(3) 宣传励志榜样。

学校每年举行励志奖学金颁奖典礼，书记、校长坚持亲自为每一位获得励志奖学金的同学颁奖。学工部资助中心在官网、官方微信平台等网络媒体上发布推文，宣传获得国家励志奖学金学生的事迹。通过多种形式加强宣传引导，形成带动作用，鼓励家庭经济困难学生励志成才。

(4) 开展团体心理辅导。

为了解决家庭经济困难学生容易出现的心理问题，学院请来心理中心的专业教师对他们进行了心理辅导，让他们敞开心扉，缓解压力。

3. 以服务社会为切入点，奉献爱心"助他"成才

学校积极搭建"助他"育人平台，引导家庭经济困难学生服务他人、回报社会，开展志愿服务等系列活动，在关爱他人、关爱社会中不断成长。

(1) 老生带新生，促进新生尽快融入校园生活。

每年迎新季，学校均组织曾获得过资助的学生，向新生介绍国家和学校的资助政策，鼓励老生在迎新点担任志愿者，参加引导新学员参观校园的各项服务工作。此外，还可以邀请离退休的校领导、在职老师、辅导员等来做一些讲座，通过各种方式帮助新生更快地适应大学学习生活。

(2) 开辟学子感恩林，加强感恩教育。

2012年，学校、学院、获奖受助学生三方共同出资出力建立了"学子感恩林"，常态化开展感恩励志教育和劳动教育，现有银杏、桂花、樱花和紫薇四种树木共计1600余棵，已成为学校校园文化景观。

(3) 开展朋辈帮扶，共同提升学业。

学校组织成绩优秀的受助学生，开展"1+1"朋辈帮扶活动，与本班级、

本专业、本年级的学习后进学生结成对子，在学习上予以帮助。组织英语、计算机等单科成绩好的同学开设志愿辅导班，开堂授课，为这方面基础较差的同学补习。

(4) 以志愿服务促进学生回报学校和社会。

学校注重在各大型活动和日常的教学工作中开辟志愿服务活动岗位，以自愿申请的方式组织受助学生积极参与服务，为学校发展贡献个人力量。学校充分发挥学生专业优势，把志愿服务的面拓展到校外，以体育教育专业为例，学校每年组织体育教育专业受助学生参与省市级体育运动赛事服务、社区运动项目展演、运动按摩等志愿服务活动，服务时长约12小时/年·人。

三、对标大学生成才达成度的成才型资助育人评价（以S大学为例）

通过前文的叙述，学校为进一步完善成才型资助育人体系建设，开展了爱心包裹、助学贷款、社会资助、临时补助、生活补贴、家访关怀、资助政策宣讲、勤工岗位开拓、励志榜样宣传、团体心理辅导、老生带新生、感恩教育、朋辈学业帮扶、志愿服务等多项"他助""自动"以及"助他"措施，分别对应支撑14个学生成才表征指标。

（一）对标大学生成才达成度的成才型资助育人评价方法

本章节采用人工神经网络的方法来确定14个成才型资助措施和14个成才表征指标的关系。即构建以成才型资助措施指标为输入、成才表征指标为输出的人工神经网络。一方面评价措施的有效性，另一方面评价家庭经济困难学生的成才达成度。

神经网络又被称为人工神经网络或神经计算，它是一种抽象的动物脑运行模式的数学模型，它拥有从环境学习的能力，可以以类似生物的交换方式来适应环境。神经网络对动物特别是人类大脑的工作方式进行创新，扩展了智能计算的手段，为更多的复杂问题的求解提供了一种新的思路。该方法由网络各结点及各结点间的权值构成。每一个结点代表一种不同的动机功能。该方法利用两结点间的权值来表示输入信号的权值，即神经网络的存储器。在此基础上，提出了一种基于遗传的算法。网络本身往往就是一种近似的算法，一种函数，一种策略。

人工神经网络中最关键的部分就是人工神经元。人工神经元模型如图8-2所示。

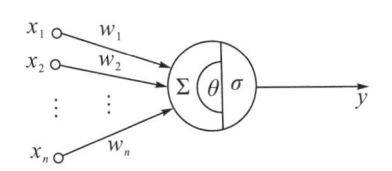

图 8-2 人工神经元模型

图 8-2 中，ω_i 是加在输入端上的输入信号；ω_i 是相应的连接权系数，这是模拟突触传递强度的一个系数，$\sum$ 表示对突触后电势脉冲信号的累加；θ 为神经元的临界值，σ 为人工神经元的激励函数。人工神经元模型可以表示为：

$$S = \sum_{i=1}^{n} \omega_i x_i - \theta$$
$$y = \sigma(s)$$

根据激励的不同，人工神经元也不同，如图 8-3 所示。

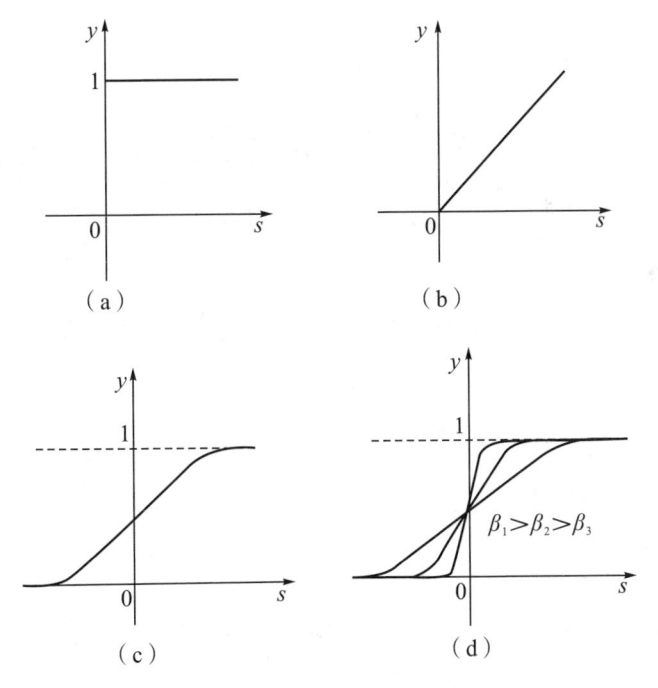

图 8-3 人工神经元的激励函数

（1）阈值单元的激励函数如下：

$$\sigma(s) = \begin{cases} 1, & s \geqslant 0 \\ 0, & s < 0 \end{cases}$$

（2）线性单元的激励函数如下：
$$y = \sigma(s) = s$$
（3）非线性单元常用激励函数为 S 型（Sigmoid）函数。
$$\sigma(s) = \frac{1}{1+e^{-1}}$$
$$\sigma(s) = \tanh(\beta s)$$

由许多结构相同的人造神经元排列成人工神经网络。其中，接受信息的神经元被称作"输入层"，输出信号的神经元被称为"输出层"，不直接参与输入或者输出的神经元将其作为"中间层"或"隐藏层"，如图 8-4 所示。

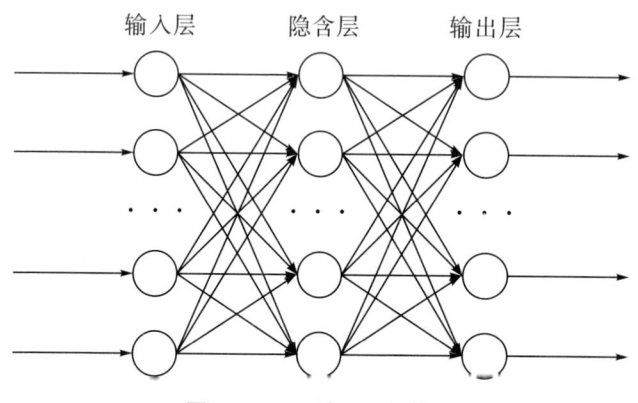

图 8-4 BP 神经网络模型

在神经网络构架已定的情况下，可以进行网络的训练与学习。本节提出了一种基于遗传的算法，该算法是利用遗传算法对神经网络进行学习的方法。

（二）对标大学生成才达成度的成才型资助育人评价模型

此处将人工神经网络和层次分析法两种方法进行融合，建立成才型资助育人评价的数学模型，其具体思路如下。

Step 1：输入学生成才型资助的 14 个指标，输出 14 个学生成才表征指标进行机器学习，训练神经网络参数。

Step 2：将获取的学生成才型资助项目实施情况输入训练好的神经网络，计算成才表征指标的值。此处分为两种情况：第一种是以学生个体为单位开展评价，即评价学生个人的成才达成度，所以输入值应为 0-1 变量；第二种是以学生群体为单位开展评价，即评价学生发展型资助措施的有效性，所以输入的值非 0-1 变量。

Step 3：根据 Step 2 计算得到的成才表征指标的值，乘以层次分析法所计算出的权重，计算学生成才达成度。

模型逻辑结构如图8-5所示。

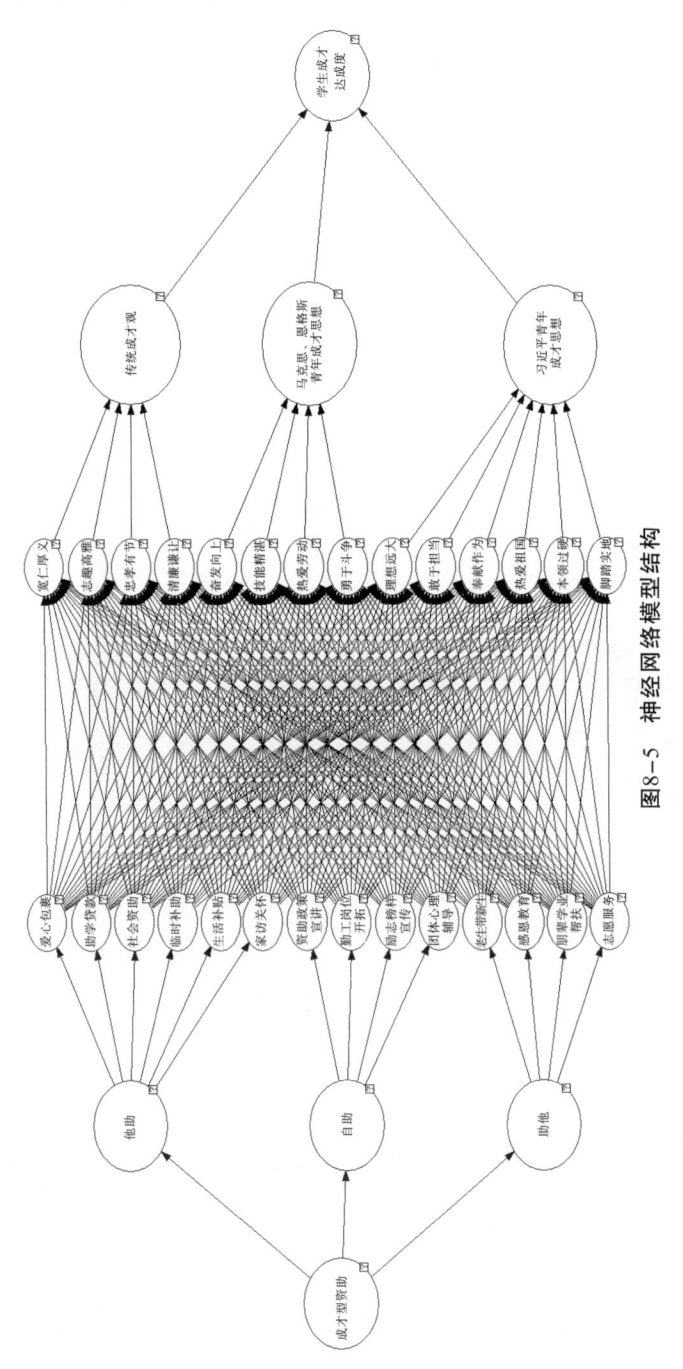

图8-5 神经网络模型结构

(三)对标大学生成才达成度的成才型资助育人评价实践

模型采集了S大学近3年的学生成才型资助措施实施数据,学生参与情况是指学生是否参与到该项成才型资助措施中来,参与效果评价是指学生参与后是否有收获的主观评价和通过辅导员访谈等方式得到的评价结果。数据见表8-8和表8-9。

表8-8 学生参与情况

	学生参与情况						
	爱心包裹	助学贷款	社会资助	临时补助	生活补贴	家访关怀	资助政策宣讲
学生1	1	0	1	1	0	1	1
学生2	1	1	1	0	1	1	1
学生3	1	1	0	0	1	0	1
……	……	……	……	……	……	……	……
学生615	1	1	1	0	1	1	0
学生616	1	0	0	1	1	0	1
	勤工岗位开拓	励志榜样宣传	团体心理辅导	老生带新生	感恩教育	朋辈学业帮扶	志愿服务
学生1	1	1	0	1	0	1	1
学生2	0	1	1	0	1	1	0
学生3	1	1	1	1	1	0	1
……	……	……	……	……	……	……	……
学生615	0	1	0	1	1	1	1
学生616	1	1	1	0	1	1	1

表8-9 参与效果评价

	参与效果评价(自评+访评)						
	爱心包裹	助学贷款	社会资助	临时补助	生活补贴	家访关怀	资助政策宣讲
学生1	84.39	0.00	83.75	80.34	0.00	86.32	80.75
学生2	92.19	87.06	74.49	0.00	88.05	71.18	96.54
学生3	72.19	90.99	0.00	0.00	78.64	0.00	98.91

续表

参与效果评价（自评+访评）							
……	……	……	……	……	……	……	……
学生615	93.10	85.60	95.42	0.00	80.87	72.57	0.00
学生616	94.82	0.00	0.00	71.44	84.78	0.00	87.56
	勤工岗位开拓	励志榜样宣传	团体心理辅导	老生带新生	感恩教育	朋辈学业帮扶	志愿服务
学生1	86.76	86.18	0.00	86.39	0.00	99.41	99.24
学生2	0.00	87.63	70.14	0.00	88.62	85.20	0.00
学生3	92.12	95.33	97.46	96.64	85.41	0.00	81.38
……	……	……	……	……	……	……	……
学生615	0.00	85.35	0.00	89.60	71.69	87.34	86.41
学生616	71.43	0.00	80.70	0.00	99.47	92.42	90.19

接下来训练神经网络，网络一共有两个中间层，每层有12个节点，这些参数的设置是根据实际的仿真预测结果来决定的。由于每个网络的输入样本和输出样本都不相同，因此可以设置不同的网络层次结构和每级节点数，从而使网络的收敛速度和收敛精度都能够达到理想效果。将迭代数设为10000次，以确保迭代数可以在有限的时间内收敛到所需的精确度。拟合精度设定在0.002之间。收敛过程如图8-6所示。

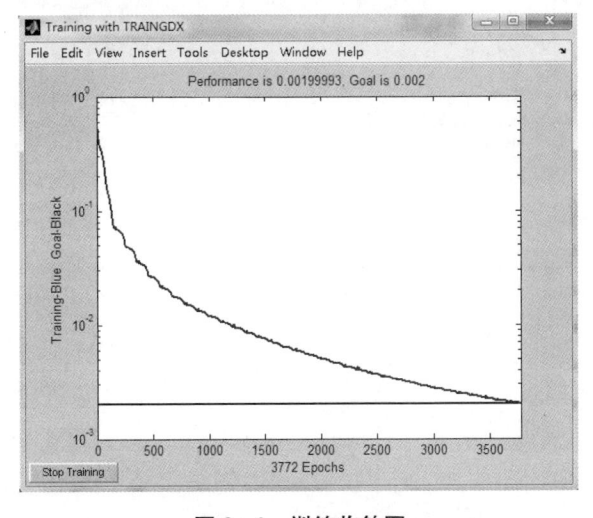

图8-6 训练收敛图

接下来由神经网络计算学生成才表征指标的值，现有两组样本数据，第一组是针对学生个人的数据，第二组是针对整个成才型资助的数据。

表 8-10 样本数据

	爱心包裹	助学贷款	社会资助	临时补助	生活补贴	家访关怀	资助政策宣讲
第一组	[1, 96]	[1, 85]	[0, 0]	[0, 0]	[1, 93]	[1, 95]	[1, 87]
第二组	[0.85, 76]	[0.76, 72]	[0.73, 69]	[0.53, 91]	[0.92, 95]	[0.67, 87]	[0.94, 79]
	勤工岗位开拓	励志榜样宣传	团体心理辅导	老生带新生	感恩教育	朋辈学业帮扶	志愿服务
第一组	[1, 88]	[1, 80]	[1, 76]	[1, 79]	[1, 95]	[1, 74]	[1, 91]
第二组	[0.82, 78]	[0.76, 85]	[0.89, 76]	[0.87, 72]	[0.95, 91]	[0.83, 82]	[0.89, 87]

根据两组数据分别计算得到学生成才表征指标的值见表 8-11。

表 8-11 学生成才表征指标特征值

	宽仁厚义	志趣高雅	忠孝有节	清廉谦让	奋发向上	技能精湛	热爱劳动
第一组	93.13	91.42	85.86	94.84	86.21	91.98	92.46
第二组	78.68	94.29	95.12	88.27	97.31	75.41	99.56
	勇于斗争	理想远大	敢于担当	奉献作为	热爱祖国	本领过硬	脚踏实地
第一组	90.98	88.33	93.40	91.79	91.99	88.87	92.73
第二组	72.10	90.00	75.75	98.62	71.26	94.63	93.56

接下来分别计算学生个人和成才型资助育人的成才达成表征指标的加权值，见表 8-12。

表 8-12 学生个人和成才型资助育人的成才达成表征指标加权重

	宽仁厚义	志趣高雅	忠孝有节	清廉谦让	奋发向上	技能精湛	热爱劳动
权重	0.05	0.03	0.07	0.06	0.06	0.11	0.09
第一组	93.13	91.42	85.86	94.84	86.21	91.98	92.46
加权得分	4.50	2.50	6.31	5.78	4.84	10.32	8.54
第二组	78.68	94.29	95.12	88.27	97.31	75.41	99.56
加权得分	3.80	2.57	6.99	5.38	5.46	8.46	9.20

续表

	勇于斗争	理想远大	敢于担当	奉献作为	热爱祖国	本领过硬	脚踏实地
权重	0.07	0.08	0.06	0.09	0.10	0.06	0.07
第一组	90.98	88.33	93.40	91.79	91.99	88.87	92.73
加权得分	6.30	7.31	5.59	8.02	8.89	5.31	6.82
第二组	72.10	90.00	75.75	98.62	71.26	94.63	93.56
加权得分	5.00	7.45	4.53	8.62	6.88	5.66	6.89

由此可以计算学生个人和成才型资助育人的达成度，见表8-13。

表8-13 学生个人和成才型资助育人的达成度

	累计贡献（达成度）
第一组	91.03（91%）
第二组	86.89（87%）

针对该案例而言，第一组（学生个人数据）的计算结果显示该名学生的在参加各项成才型资助育人的项目后，其成才达成度为91%；整个学校成才型资助育人的达成度为87%。

第二节 对资助育人有效性的评价

一、资助育人评价的现状与开展评价的意义

资助育人在推动教育公平、社会正义方面有着举足轻重的作用，助学的工作效果直接关系到大学生思想政治工作的质量与水平。对于大学资助教育的研究，国内学者十分重视。夏书珍提出了建立"成长型资助育人"模式的构想，但并没有在实践上做过深入的探讨；曹国永把资助与育人工作相结合，充分体现了资助育人的作用，但是缺少对两者相结合的度量标准；王铭在高校德育中提出了在高校资助育人中融入社会主义核心价值观，并针对高校资助中存在的问题，提出了解决的办法，但是，他的研究没有从育人的角度进行；徐美华从助学工作中存在的问题出发，对高校助学工作应建立长效机制进行了探讨；段玉清分析了高校学生资助育人工作的意义，指出了目前

高校学生资助育人工作中存在的一些问题,并针对这些问题提出了一些应对措施;吕玉叶探索了高校发展型资助育人的新模式,提出发展型资助育人模式的工作要求及具体措施;孟国忠探讨高校资助育人在大数据时代的转型与适应,但未提出资助育人成效的评判标准;张志勇通过探索新形势下资助育人工作,提出优化资助育人的要点,但未对高校资助工作环境进行全面评估。

综上所述,当前关于资助育人方向的研究主要分为四方面:一是研究构建资助育人模式和工作机制;二是研究资助育人工作的问题和对策;三是结合时代背景研究资助育人工作体系;四是家庭经济困难学生精准认定。由此可知,当前还鲜有学者对资助育人成效提出一个系统完善的评价体系。

二、CIPP 资助育人评价模型

(一)CIPP 模型与高校资助育人成效评价的有效性

美国学者斯塔夫比姆(Stufle-beam)于 1967 年首次提出 CIPP 模型,该模型由背景、输入、过程和结果四个评价要素组成。这一模式的主要特征是:"最重要的不是证明结果,而是注重实施过程的改进。"高校资助育人可以让受资助学生在育人、成才、回馈等方面持续提高,还可以将诚信精神传递出去,培养感恩回报意识等。在这个过程中,需要高校对资助育人的资源投入过程、成效评价等展开一系列的整合,这与 CIPP 模型有较高的契合度和一致性。

1. CIPP 模型的阶段性与反馈性,适合于不同阶段的资助育人工作

在资助育人工作中,资助是根本,育人是目的。CIPP 模型是具有管理导向特征的评价模型,它注重决策导向、过程导向和改进功能,可贯穿资助育人工作全过程,从环境基础、资源配置、行动过程和成果实效四个方面,全面剖析资助育人工作中的主要问题,并及时反馈给资助育人工作者。

使用 CIPP 模型,对资助育人效果展开评估,在工作开展的过程中,可以对其进行实时反馈。此外,还可以发现资助育人中可能存在的问题和不利因素,可以根据评估指标,找出可能会出现疏漏的过程环节,从而对目前正在进行的资助育人工作展开适时的调整,从而为资助育人工作的及时改进和成效提升做出贡献。

2. CIPP 模式的可操作性和灵活性，适合于育人效果评估的复杂性和多样性

资助育人效果的评估是一个动态的、长期的和复杂的过程，CIPP 模式具有很强的可操作性和很高的灵活性，在评估的过程中，可以按照不同的阶段选择相应的指标，并从多个方面来评估；同时，通过广泛地获取各个方面的反馈信息，并以这些信息为依据进行调整，来持续地引导并改进资助育人实践工作。CIPP 模型将多层次的小评估指标整合到最终评估框架中，能够避免实际资助育人工作在选取时产生的偏差，提高了它的实用性和科学性。

资助育人是通过资助的方式来实现的，如果仅仅以资助金有没有发放到位来衡量，就不能全面地反映出整体的工作效果。同时，大学资助教育的效果也是一个不断发展的过程，单纯的评估并不能体现出教育的真实效果。因此，有必要把评估当作一种改善教育经费投入工作的手段。CIPP 模型的选择将资助育人的特性和高校资助育人工作的属性结合起来，其评价侧重于形成性，由目标导向转变为决策导向，将评价作为资助工作的一部分，也正是 CIPP 模型的这些特性，使得其对高校资助育人成效评价具有适用性。

（二）基于 CIPP 模型的高校资助育人成效评价体系构建

高校资助育人的环境基础能力是背景评价的前提，资源配置能力是输入评价的保障，行动过程能力是过程评价的核心，成果实效能力是结果评价的关键。这四大评估因素相互联系，形成了大学资助育人效果评估的一个整体框架和结构。

1. 环境基础能力

高校资助育人环境基础能力，指的是在进行高校资助工作的过程中，对其所处环境进行的一种观察和评价，具体包括社会环境、基础现状和教育政策等。它的目标是对高校开展资助育人工作的可行性进行评估，分析社会环境、基础现状、教育政策等对资助工作开展的影响，并在此基础上，持续改进环境氛围，深入了解基础现状，将教育政策实施到位，从而提升高校资助育人环境基础能力。

2. 资源配置能力

高校资助育人资源配置能力，是指大学在实施资助育人工作时，能够对人力、财力、组织等资源进行合理调配和高效利用的潜力与力量。高校资助育人的资金来源主要有国家资助、社会捐助和学校奖助等，资金的充足投入和合理

配置，是实现资助育人作用的前提。人力资源指的是高校资助育人工作者所拥有的数量以及他们的专业水平。在新的时期，资助育人工作具有复杂性和特殊性，因此，一方面要对专职的资助育人工作者进行合理的配置，另一方面要对资助育人工作者的专业水平进行强化，让他们能够各司其职，从而提升他们的工作效率。组织资源是在资助育人活动中，对学校资助工作方案的评估，主要包括资助育人团队、资助方案和资助资料。总之，在大学资助的全过程中，资源的调配是一个强有力的保证。

3. 行动过程能力

高校资助育人行动过程能力，就是在大学开展资助工作的时候，资助育人工作者要通过广泛宣传国家和学校的资助政策与计划，开展资助育人的诚信与感恩等相关活动，与被资助学生谈心谈话，开展"一对一"辅导，从而使资助育人工作的影响得到进一步的加强，并使其规范化，让教师与学生对资助育人进行全方位的监督，从而提高对贫困学生的识别精度和资助育人效果。从某种意义上说，助学活动能否有效地发挥其教育作用，取决于助学活动的实施效果。

4. 成果实效能力

高校资助育人成果实效能力，指的是高校实施资助工作，在育人效果、成才效果和回馈效果方面的发展潜力和实力。这种绩效评估主要是针对受助学生，包括他们的学习效果、毕业后的去向、对生活的忠诚、对社会的主动服务以及其他能力的提高等。资助育人成果的有效性是资助育人工作的起点和终点，是资助育人能力的组成要素。将CIPP评价模型的背景、投入、过程和结果四个评价体系，分别提炼为环境基础、资源配置、行动过程和结果有效性四个主要指标，并以其为基础，构造出10个次指标和26个子指标，见表8-14。用量化的方式，对资助育人的各个指标展开评估，并根据评估结果，将其反馈给资助育人工作者，最终实现改善资助工作的目标。

表 8-14 高校资助育人成果评价指标体系

一级指标	二级指标	三级指标
背景评价（C）环境基础	社会环境	社会人士对在校受资助学生的关注度
		社会机构对受资助学生的扶持度
	基础现状	资助育人工作者的经验
		受资助学生比（%）
		受资助学生对资助资金的需求度
	教育政策	资助育人国家政策出台数
		学校资助政策数
		国家资助总金额
输入评价（I）资源配置	经费投入	社会捐助总金额
		学校资助总金额
	组织计划	学校资助人员配置合理性
		学校资助计划现实性
过程评价（P）过程行动	资助项目	资助项目的宣传力度
		资助管理规范性
	途径监督	举办资助育人相关工作讲座数
		教师与受资助学生年均谈心谈话次数
		学生对监督工作的满意度
结果评价（P）成果绩效	育人效果	受资助学生在校期间所获省级以上奖项数
		受资助学生毕业考研率
		受资助学生毕业就业率
	成才效果	受资助学生毕业偿还助学贷款比例
		受资助学生的人生规划意识
		资助育人工作师生满意度
	回馈效果	受资助学生参加志愿服务活动次数
		受资助学生参加感恩活动次数
		受资助学生毕业参加三支一扶等基层工作人数

（一级指标总称：高校资助育人有效性评价指标体系）

（三）基于 CIPP 模型的高校资助育人成效评价指标解析

1. 背景评价指标解析

背景评估是指对教育经费投入与教育有关的环境进行评估，并对其缺陷进行诊断。在大学中，应通过政策激励、社会互动，以及捐赠者自身的积累来实现捐赠者教育的目标。在此基础上，本研究选取社会环境、基本状况、教育政策三个指标进行背景评估。

社会环境方面，选取"社会人士对受资助学生的重视程度""社会机构对受资助学生的支持程度"两个子指标。其中，"社会人士对学校受资助学生的重视程度"可以扩展受助教育的渠道与方式，并可以用来检视受助教育的社会参与和贡献；"社会机构对受资助学生的支持程度"可以用来衡量社会各群体对高校资助育人的支持力度，侧面反映出资助体系的多样性。

基本状况方面，选取"资助育人工作者的经验""受资助学生比例""受资助学生对资助资金的需要程度"三个子指标。其中，"资助育人工作者的经验"能够为开展资助工作提供一种正确的方式和思路，"受资助学生比例"和"受资助学生对资助资金的需求度"能够体现出受资助学生对资助的需求程度。

教育政策方面，选取"资助育人国家政策出台数""学校资助政策数"两个子指标，可以将国家和学校等层面对资助育人工作的政策性引导和扶持表现出来，方便指导各高校进行资助育人工作。

2. 输入评价指标解析

输入评价指的是在背景评价的基础上，对达到资助育人目的的内外部资源分配情况进行评估，其本质是评价资助育人方案的实用性。投入评价的主体是资助育人过程中的资源分配情况，它的目的是对资助育人中资源配置的测评，具体包含经费投入、组织计划两个子指标。实施资助育人工作，首先要有经费投入，只有增加经费投入，才能提高资助育人工作的效果。资助育人的资金主要来自国家、地区以及社会资助机构，可以分为三个层次，即国家资助、学校奖助和社会捐赠。选择"国家资助总金额""社会捐助总金额"和"学校奖助总金额"三个子指标来衡量国家和社会对学生的资助能力。资助育人工作者在资助育人工作中占据着非常重要的地位，他们是资助育人的重要组织保障。因此，本研究选择"学校资助人员配置合理性"子指标来衡量高校资助育人工作人员体系的科学性。大学的资助方案要能及时、准确地反映目前的资助状况，从而为资助育人工作的决策提供有力的保证；选择"学校资助计划现实性"来衡量高校资助育人工作计划与实际资助状况之间的匹配程度，从而保证资助计划能够跟上时代发展的步伐。

3. 过程评价指标解析

过程评估是指对高校资助育人工作中的反馈信息进行及时的梳理和收集，从而使高校资助育人工作中的漏洞和不足得到及时弥补。由于过程评估具有鲜明的动态特性，因此可以帮助捐赠者更好地掌握捐赠资源的实施状况，从而提高捐赠者对接受捐赠者教育的过程能力。资助项目、资助方式、资助工作监管等都是大学资助育人工作的重要组成部分。本研究选择了经费项目与渠道监管这两个子指标，对二者进行了较为客观的阐释。大学助学计划既是助学计划实施的前提，也是助学计划实施的理论基础。本研究选择"资助计划的宣传力度"对大学资助计划的宣传作用进行了测度；选择"资助管理规范性"来衡量高校资助育人工作是满足公平、公正、公开、透明的要求。方式监管既是实施助学贷款教育的重要手段，也是检验助学贷款工作科学性和合理性的一个重要标准。本研究选择"举办资助育人有关工作的讲座数"作为对高校资助工作的诚信、感恩等育人能力的评判标准，为了实现对受助学生的精准识别，对精准资助工作机制进行完善，选择"教师与受助学生年均谈心谈话次数"作为衡量资助工作的精准能力的评判标准，选择"学生对监督工作的满意度"作为测量学生对资助育人督导工作的满意度的评判标准。

4. 成果评价指标解析

成果评价是指在培养、成才和回报三个层面对目标有无实现的过程进行的评价。在这一环节中，根据《高校思想政治工作质量提升工程实施纲要》提出的"解困—育人—成才—回馈"的良性循环，选取育人效果、成才效果和回馈效果作为考评高校资助育人成效的三个子指标。

育人效果指的是高校资助育人成效能力在学校自身层面的体现，选择可量化的"受资助学生在校期间所获省级以上奖项数"子指标，来衡量受资助学生在校期间参加竞赛的成绩和有效性。本研究选择了两个子指标，即"贫困大学生研究生入学率"和"贫困大学生毕业就业率"来测度贫困大学生毕业后的学习与就业能力。

成才效果指的是高校资助育人成果实效能力在受资助学生自身层面上的体现，选择"受资助学生毕业偿还助学贷款比例"子指标用来衡量受资助学生的诚信意识。本研究选择"贫困大学生生活计划意识"作为对贫困大学生生活计划和生活计划能力的测度，选择"资助育人工作师生满意度"子指标来衡量高校资助育人工作是否符合资助对象的需要和是否达到了受助学生成才的效果。回馈效应是大学资助教育教学效果在社会层面上的反映,应重视对受助学生进行感恩回报的教育。为此,本研究选择"受资助学生参与义工服务活动的数量"和"受资助学生参与感恩活动的数量"两个子指标作为对受资助学生服务社会、感恩社会的观念进行测量,选择"受资助学生毕业参加三支一扶等基层工作人数"作为衡量受资助学生对社会基础工作的支持力度的标准,从而突出受资助学生的示范和引领作用。

三、资助育人有效性评价

本研究将评价内容分为客观评价内容和主观评价内容两个部分,客观评价内容包括环境、资源和过程三个学生个体无法用主观意识控制的内容,主观内容是指学生在受资助到成才的过程中能够充分发挥自身能动性,积极创造条件努力促成成功。

(一)从环境、资源和过程维度的评价

1. 评价指标体系

从环境、资源和过程三个客观维度评价高校资助育人工作的有效性,其评价指标体系即CIPP模型中的CIP三项,指标见表8-15所示。

表8-15 CIP评价指标体系

一级指标	二级指标	三级指标
背景评价(C)环境基础	社会环境	社会人士对受资助学生的重视程度
		社会机构对受资助学生的支持程度
	基础现状	资助育人工作者的经验
		受资助学生比
		受资助学生对资助资金的需求程度
	教育政策	资助育人国家政策出台数
		学校资助政策数

续表

一级指标	二级指标	三级指标
输入评价（I）资源配置	经费投入	国家资助总金额
		社会捐助总金额
		学校资助总金额
	组织计划	学校资助人员配置合理性
		学校资助计划现实性
过程评价（P）过程行动	资助项目	资助项目的宣传力度
		资助管理规范性
	途径监督	举办资助育人相关工作的讲座数
		教师与受助学生年均谈心谈话次数
		学生对监督工作的满意度

2. 评价方法

根据指标所描述的实际意义，本书采用模糊综合评价法开展评价。

（1）模糊集与隶属度函数。

① 模糊集的概念。

1965年，扎德（Zadeh）教授的一篇《模糊集合》（*Fuzzy Solutions*）为模糊数学的研究打开了一扇门。人们所熟知的经典数学，是建立在其精确性之上的。然而，在日常生活中，我们经常使用的描述性词汇，如厚、薄、大、小、美、丑等，均具有一定的模糊性，它们往往只能表达一定的程度，而不能精确刻画与该程度的具体数值。此外，这种程度在不同的人的理解中，或者在不同的环境下，并不一定是一样的。因此，背离"精确"的模糊性并非毫无意义，在某些场合，"模糊性"比"精确"更为切合实际。

定义1 设U是论域，称映射

$$\mu_A:U\to[0,1], x\mapsto\mu_A(x)\in[0,1]$$

确定了一个U上的模糊子集$\tilde{A}$，映射$\mu_{\tilde{A}}$称为$\tilde{A}$的隶属度函数，$\mu_{\tilde{A}}(x)$称为x对$\tilde{A}$的隶属程度，使$\mu_{\tilde{A}}(x)=0.5$的点x称为$\tilde{A}$的过渡点，此点最具模糊性。

在对模糊集合进行描述时，通常采用扎德表示法、序偶表示法和矢量表示法。设论域$U=\{x_1, x_2, \cdots, x_n\}$是有限集，$U$上的任意模糊集$\tilde{A}$的隶属

度为 $\tilde{A}(x_i)$ ($i=1, 2, \cdots, n$)，则

Zadeh 表示法

$$\tilde{A} = \frac{\tilde{A}(x_1)}{x_1} + \frac{\tilde{A}(x_2)}{x_2} + \cdots + \frac{\tilde{A}(x_n)}{x_n}$$

这里的 $\frac{\tilde{A}(x_i)}{x_i}$ 不是分数，"+"也并不表示加法，它只是一个记号，它只有一个符号意义，没有任何的运算功能。

序偶表示法

$$\tilde{A} = \{(x_1, \tilde{A}(x_1)), (x_2, \tilde{A}(x_2)), \cdots, (x_n, \tilde{A}(x_n))\}$$

向量表示法

$$\tilde{A} = [\tilde{A}(x_1), \tilde{A}(x_2), \cdots, \tilde{A}(x_n)]$$

其中，向量表示法比较精简，容易使用计算机编程，它要求隶属度为 0 和 1 的点不能舍去，且两个点对应的隶属度之间不能互换位置。

② 隶属度与隶属函数的确定。

隶属关系的概念是模糊数学中最基本的概念。在概率理论中，某个事件发生的可能性的大小是根据概率测度收敛的，也就是在进行多次实验的情况下，某一事件发生的概率总是接近于该事件发生的概率值。同样，在模糊数学中，所有的要素都按照其隶属程度属于某个模糊集，此处的隶属程度就是某个要素属于某个模糊集的"概率"或"可能性"。从模糊统计学试验结果可以看出，当试验个数增加时，论域基元的从属频次逐渐趋于稳定，说明从属频次是客观存在的。

隶属度函数的确定有多种方法，如 F 统计法、指派法、二进制比较法等。

F 统计法：F 统计法是指确定一个模糊集所含的区域，例如，为确定"胖子"这个模糊集的隶属度，可以使用单相型 F 统计法。

向多个人发出一份调查表，要求每个人在他们心目中的"胖子"的体重范围内进行填表。在通过分析找到了有效的问卷之后，可以获得所有数据中的最小值和最大值，这两个数组成的区间就是论域，在这个论域中，以一定的步长来计算每个节点的隶属度，使用"方框图法"来画出隶属函数的曲线，就可以确定隶属度函数。如果要同时确定多个模糊集合的隶属函数，而且这些模糊集合在语义上是互不相关的，那么就可以使用多相 F 统计的方法。

设有多相集 $P_m = \{A_1, A_2, \cdots, A_m\}$，$\forall A_i \in F(U)$，$i=1, 2, \cdots, m$。每一次试验都确定一个映射 $e: U \to P_m$，相当于对论域 U 进行一个划分。多相

F 统计的结果，可以确定各相在 U 上的隶属函数，它们满足 $\forall u \in U$，$A_1(u)$ $+A_2(u)$ $+\cdots+A_m(u)$ $=1$。

设进行了 n 次试验，第 k 次试验确定的映射为 e_k，令

$$a_i^k(u) = \begin{cases} 1, e_k(u) = A_i \\ 0, e_k(u) \neq A_i \end{cases}$$

其中，$a_i^k(u)$ 为元素 u 在第 k 次试验划归 A_i 的次数，u 对 A_i 的隶属频率 $A_i(u) = \frac{1}{n}\sum_{k=1}^{n} a_i^k(u)$，且

$$\sum_{i=1}^{m} A_i(u) = \sum_{i=1}^{m} \frac{1}{n}\sum_{k=1}^{n} a_i^k(u)$$
$$= \frac{1}{n}\sum_{i=1}^{m}\sum_{k=1}^{n} a_i^k(u)$$
$$= \frac{1}{n}\sum_{k=1}^{n}\sum_{i=1}^{m} a_i^k(u)$$
$$= \frac{1}{n}\sum_{i=1}^{n} 1 = \frac{1}{n} \cdot n = 1$$

指派方法：通常被看作是一种主观性的方法，其以实数 **R** 为论域，应用已有的一些形式的模糊分布，然后基于实际状况和实测资料来确定分布中所含的参数的常见模型，见表 8-16。

通常情况下，偏小的模糊概率分布更适用于对"小""冷""年轻"等具有偏小倾向的模糊性进行描述，其隶属度函数通常为

$$\widetilde{A}(x) = \begin{cases} 1, x \leqslant a \\ f(x), x > a \end{cases}$$

其中，a 为常数，而 $f(x)$ 为非增函数。

偏大的模糊概率分布更适用于对"大""热""年老"等具有偏大倾向的模糊性进行描述，其隶属度函数通常为

$$\widetilde{A}(x) = \begin{cases} 0, x \leqslant a \\ f(x), x > a \end{cases}$$

中间的模糊概率分布更适用于对"中""暖和""中年"等介于两者之间的模糊性进行描述，它的隶属度可用它来表达。

二元对比排序法：对一些模糊集来说，直接给出隶属度是很困难的，但两个元素的隶属度可以通过两两比较来决定。因此，可以首先对一个元素进行排序，然后再决定每个元素对这个模糊集合的隶属程度，从而确定一个隶属函

数，这种方法从根本上来说，就是一种模糊集的离散表达方式。其思路与 AHP 构建判断矩阵的方法相似。

表 8-16 常见的模糊隶属度函数

类型	偏小型	中间型	偏大型
矩阵型	$\mu A = \begin{cases} 1, & x \leq a \\ 0, & x > a \end{cases}$	$\mu A = \begin{cases} 1, & a \leq x \leq b \\ 0, & x < a \text{ 或 } x > b \end{cases}$	$\mu A = \begin{cases} 1, & x \geq a \\ 0, & x < a \end{cases}$
梯形型	$\mu A = \begin{cases} 1, & x \leq a \\ \frac{b-x}{b-a}, & a \leq x \leq b \\ 0, & x > b \end{cases}$	$\mu A = \begin{cases} \frac{x-a}{b-a}, & a \leq x \leq b \\ 1, & b \leq x \leq c \\ \frac{d-x}{d-c}, & c \leq x \leq d \\ 0, & x < a, x \geq d \end{cases}$	$\mu A = \begin{cases} 0, & x < a \\ \frac{x-a}{b-a}, & a \leq x \leq b \\ 1, & x > b \end{cases}$
k 次抛物型	$\mu A = \begin{cases} 1, & x \leq a \\ \left(\frac{b-x}{b-a}\right)^k, & a \leq x \leq b \\ 0, & x > b \end{cases}$	$\mu A = \begin{cases} \left(\frac{x-a}{b-a}\right)^k, & a \leq x \leq b \\ 1, & b \leq x \leq c \\ \left(\frac{d-x}{d-c}\right)^k, & c \leq x \leq d \\ 0, & x < a, x \geq d \end{cases}$	$\mu A = \begin{cases} 0, & x < a \\ \left(\frac{x-a}{b-a}\right)^k, & a \leq x \leq b \\ 1, & x > b \end{cases}$
Γ 型	$\mu A = \begin{cases} 1, & x \leq a \\ e^{k(x-a)}, & x > a \end{cases}$	$\mu A = \begin{cases} e^{k(x-a)}, & x < a \\ 1, & a \leq x \leq b \\ e^{-k(x-a)}, & x > b \end{cases}$	$\mu A = \begin{cases} 0, & x < a \\ 1 - e^{-k(x-a)}, & x \geq a \end{cases}$
正态型	$\mu A = \begin{cases} 1, & x \leq a \\ \exp\left\{-\left(\frac{x-a}{\sigma}\right)\right\}, & x > a \end{cases}$	$\mu A = \exp\left\{-\left(\frac{x-a}{\sigma}\right)^2\right\}$	$\mu A = \begin{cases} 0, & x \leq a \\ 1 - \exp\left\{-\left(\frac{x-a}{\sigma}\right)^2\right\}, & x > a \end{cases}$
柯西型	$\mu A = \begin{cases} 1, & x \leq a \\ \frac{1}{1+\alpha(x-a)^\beta}, & x > a \end{cases}$ ($\alpha > 0, \beta > 0$)	$\mu A = \frac{1}{1+\alpha(x-a)^\beta}$ ($\alpha > 0, \beta$ 为正偶数)	$\mu A = \begin{cases} 0, & x \leq a \\ \frac{1}{1+\alpha(x-a)^{-\beta}}, & x > a \end{cases}$ ($\alpha > 0, \beta > 0$)

(2) 模糊综合评价法。

模糊综合评价又被称作多目标决策，它指的是根据所给的测量值与判断标准，模糊变换后，对目标做出评价。它主要包括以下几个步骤：

步骤 1：为评估目标确定一组要素 R。

因子集是一组对评估目标产生影响的所有因子，用下式表示：

$$R = \{r_1, r_2, \cdots, r_n\}$$

上式中的 r_i（$i=1, 2, \cdots, n$）表示各影响因素，它们是评估体系的评估指标，具有不同程度的模糊性。在确定因素集时，要确保所选择的影响因素可以比较完整地描述评价目标的性质，并且要区分影响因素的主次。

步骤 2：为评估目标确定一组评论 V。

由评价者对评估对象中各要素的评估结果所构成的评估等级的集合，被称为评估集。泛指：

$$V = \{v_1, v_2, \cdots, v_n\}$$

其中，$v_i(i=1,2,\cdots,n)$ 为第 i 个评估结果，n 为评估结果的总数。每个评价等级的集合都有一个模糊子集。

步骤3：建立模糊关系矩阵 U，进行单因素模糊评价。

单因素模糊评价指的是单独对其中一个因素展开评价，进而确定评价目标对评语集 V 的隶属度，最终获得模糊关系矩阵 U：

$$U = \begin{bmatrix} u_{11} & \cdots & u_{1n} \\ \vdots & \ddots & \vdots \\ u_{m1} & \cdots & u_{mn} \end{bmatrix}$$

在矩阵 U 中，第 i 行第 j 列的元素 U_{ij} 代表相对于因子 r_i 而言，某一被评估对象对于 v_j 级模糊子集的隶属程度。被评估对象对某一因子 r_i 的绩效用模糊向量 u_i 表示。u_i 是一种可以看作是因子 R 与评分组 V 的模糊关系，也可以看作是因子与评估对象之间的一种"合理关系"。在此基础上，提出了一种新的评价指标体系。

步骤4：为评估因子确定权向量。

在评估过程中，各因素对评估结果的影响会有一定的差异。因此，要给一个评估因素 r 赋予一个不同的权重，来表达这个因素的重要性，而这个权重向量就是由那些权重组成的，将这个权重向量设为 A，它可以表达为：

$$A = \{a_1, a_2, \cdots, a_n\}$$

其中，$a_i\{i=1,2,\cdots,n\}$ 表示第 i 个因素的权重，且要求：

$$\sum_{i=1}^{n} a_i = 1, a_i \geqslant 0(i=1,2,\cdots,n)$$

步骤5：确定模糊综合评判矩阵 B。

在确定了因素权重向量 A 以及模糊关系矩阵 U 后，根据模糊运算规则，对其进行模糊综合评判，得出了模糊综合评判矩阵 B：

$$B = A \cdot U$$

即

$$B = (b_1, b_2, \cdots, b_m) = (a_1, a_2, \cdots, a_n) \cdot \begin{bmatrix} u_{11} & \cdots & u_{1n} \\ \vdots & \ddots & \vdots \\ u_{m1} & \cdots & u_{mn} \end{bmatrix}$$

其中，b_i 代表在总体上被评估的目标对评估等级模糊子集的隶属度。一般情况下，关于模糊综合评判矩阵 B 的解法见表8-17。

表8-17 模糊综合评判矩阵的解法

序号	模型	算子	计算公式	利用U充分度	类型
1	$M(\vee,\wedge)$	$\wedge\vee$	$b_j=\sum_{i=1}^{n}(a_i\wedge u_{ij})$	不充分	主要素决定
2	$M(\bullet,\vee)$	$\bullet\vee$	$b_j=\sum_{i=1}^{n}(a_i u_{ij})$	不充分	主要素突出
3	$M(\wedge,\oplus)$	$\wedge\oplus$	$b_j=\sum_{i=1}^{n}(a_i\wedge u_{ij})$	比较充分	不均衡平均
4	$M(\bullet,\oplus)$	$\bullet\oplus$	$b_j=\sum_{i=1}^{n}(a_i u_{ij})$	充分	加权平均

在这里,"∨"算子和"∧"算子代表的是"大"和"小"的意思,"●"算子代表的是"一般的乘"的意思,"⊕"算子表示的含义为普通的相加运算。以上四种求解方法的适用范围各不相同:方法一的评价结果忽略了其他影响因素,只对主要影响作用的因素进行了考虑,此方法有时会使结果不精确,故适合在单因素评价时使用;方法二与方法三在方法一的基础上有所优化,重点考虑了主要因素的同时也兼顾了其他的次要因素,当方法一不适用时可以采用方法二,而如果起主导作用的是权重最大的因素时则可选用方法三;方法四的判别结果比较精细,对各元素的权重大小也进行了考虑,能够较好地表现出评价目标的整体特征,所以它也被称作"加权平均模型"。因此,本研究拟选用第四种方法来确定模糊评判矩阵。

步骤6:模糊综合评判分析。

在实际应用中,最大隶属度法是一种比较常见的进行模糊综合评价分析的方法,最大隶属度法是一种利用模糊集合理论对模型进行识别的方法,最后的评价结果取自识别中与最大评价指标对应的评语集的元素。

(3)评价实例。

①指标权重的确定。

采用层次分析法确定指标的权重,其结果见表8-18,总贡献权重是三级指标对针对资助育人评价总目标的权重,该权重向量标记为R^*。

表 8-18 层次分析法确定的指标权重

一级指标	权重	二级指标	权重	三级指标	权重	总贡献权重
背景评价（C）环境基础	0.21	社会环境	0.19	社会人士对受资助学生的重视程度	0.53	0.021147
				社会机构对受资助学生的支持程度	0.47	0.018753
		基本状况	0.31	资助育人工作者的经验	0.21	0.013671
				受资助学生比	0.46	0.029946
				受资助学生对资助资金的需求程度	0.33	0.021483
		教育政策	0.5	资助育人国家政策出台数	0.17	0.01785
				学校资助政策数	0.26	0.0273
输入评价（I）资源配置	0.35	经费投入	0.51	国家资助总金额	0.57	0.05985
				社会捐助总金额	0.34	0.06069
				学校资助总金额	0.66	0.11781
		组织计划	0.49	学校资助人员配置合理性	0.25	0.042875
				学校资助计划现实性	0.75	0.128625
过程评价（P）过程行动	0.44	资助项目	0.46	资助项目的宣传力度	0.33	0.066792
				资助管理规范性	0.67	0.135608
		途径监督	0.54	举办资助育人相关工作的讲座数	0.28	0.066528
				教师与受助学生年均谈心谈话次数	0.21	0.049896
				学生对监督工作的满意度	0.51	0.121176

②指标评价标准确定。

在客观层次上，建立指标与标准是一项十分重要的基础性工作。各指标都有其各自的特征和变动幅度，为使所制定的标准在高校资助育人工作评估中具有普遍意义，应按照如下原则进行制定。

理论优先原则：从理论角度入手，利用严格的数学推导，对每个评价指标在不同情形下的变化规律进行研究，并与高校实际管理动态相结合，对每个评价指标标准进行确定。

参考原则：参考目前常用的一些评价标准来确定每个评价指标标准，适用于不存在规律问题的一些关键指标以及已被普遍认可的部分指标标准。

补充原则：对某些规律不明确，且没有相应的现有标准的指标，要依据专家意见、文献调研结果等来确定评价标准。因为所涉及的指标比较多，所以在确定指标的时候，需要将上述几个原则相结合，确定四个评价指标构成评语集：好、较好、一般、差。

③指标量化。

本书以S大学为例，根据实际情况采用专家（含学生）打分的方法对现有各项三级客观指标进行评分，结果见表8-19。

表8-19 专家打分评价结果

序号	指标	评价得分
1	社会人士对在校受资助学生的关注度	90.09
2	社会机构对受资助学生的扶持度	81.46
3	资助育人工作者的经验	81.08
4	受资助学生比	91.37
5	受资助学生对资助资金的需求度	93.54
6	资助育人国家政策出台数	92.18
7	学校资助政策数	78.70
8	国家资助总金额	95.52
9	社会捐助总金额	85.03
10	学校资助总金额	83.51
11	学校资助人员配置合理性	92.28
12	学校资助计划现实性	88.91
13	资助项目的宣传力度	91.82
14	资助管理规范性	88.13
15	举办资助育人相关工作讲座数	92.40
16	教师与受资助学生年均谈心谈话次数	94.60
17	学生对监督工作的满意度	82.97

④单因素指标评价集。

本书采用梯形隶属度函数来确定单因素指标的评价集。四个模糊评语集对应的隶属度函数如下：

$$\text{好}: f = \begin{cases} 0, & x < 90 \\ \dfrac{x-90}{95-90}, & 90 \leqslant x < 95 \\ 1, & x \geqslant 95 \end{cases} \quad \text{较好}: f = \begin{cases} \dfrac{x-80}{85-80}, & 80 \leqslant x < 85 \\ 1, & 85 \leqslant x < 90 \\ \dfrac{95-x}{95-90}, & 90 \leqslant x < 95 \\ 0, & x \geqslant 95, x < 80 \end{cases}$$

$$\text{一般}: f = \begin{cases} \dfrac{x-75}{80-75}, & 75 \leqslant x \leqslant 80 \\ 1, & 80 \leqslant x \leqslant 85 \\ \dfrac{90-x}{90-85}, & 85 \leqslant x \leqslant 90 \\ 0, & x \geqslant 90, x < 75 \end{cases} \quad \text{差}: f = \begin{cases} 1, & x < 60 \\ \dfrac{70-x}{70-60}, & 60 \leqslant x < 70 \\ 0, & x \geqslant 70 \end{cases}$$

各单因素的评价集见表 8—20。

表 8—20 单因素评价集

	好	较好	一般	差
社会人士对在校受资助学生的关注度	0.018	0.982	0	0
社会机构对受资助学生的扶持度	0	0.292	0.708	0
资助育人工作者的经验	0	0.216	0.784	0
受资助学生比（%）	0.274	0.726	0	0
受资助学生对资助资金的需求度	0.708	0.292	0	0
资助育人国家政策出台数	0.436	0.564	0	0
学校资助政策数	0	0	1	0
国家资助总金额	1	0	0	0
社会捐助总金额	0	1	0	0
学校资助总金额	0	0.702	0.298	0
学校资助人员配置合理性	0.456	0.544	0	0
学校资助计划现实性	0	1	0	0
资助项目的宣传力度	0.364	0.636	0	0
资助管理规范性	0	1	0	0
举办资助育人相关工作讲座数	0.48	0.52	0	0
教师与受资助学生年均谈心谈话次数	0.92	0.08	0	0
学生对监督工作的满意度	0	0.594	0.406	0

将所有指标的评价集按序排列，构成评价矩阵 K，由此可以计算资助育人

有效性的评价结果 S：

$$S = R^* \cdot K = [0.2131\ 0.6513\ 0.1356\ 0]$$

根据隶属度最大原则可以判断，资助育人有效性的客观维度评价结果为较好。

(二) 从家庭经济困难学生成长维度的评价

1. 评价指标体系

从学生主观维度对学生资助育人工作的有效性进行评价，其指标体系首先由 CIPP 评价模型中成果绩效部分的指标构成。另外，家庭反馈也能够充分反映学生受资助而得到成长这一事实。因此在回馈效果下加入家庭反馈方面的指标。补充后见表 8-21。为方便后文叙述，三级指标记为 D_i（$i=1, 2, \cdots, 10$）。

表 8-21 结果评价指标体系

	一级指标	二级指标
结果评价（P）成果绩效	育人效果	受资助学生在校期间所获省级以上奖项数
		受资助学生毕业考研率
		受资助学生毕业就业率
	成才效果	受资助学生毕业偿还助学贷款比例
		受资助学生的人生规划意识
		资助育人工作师生满意度
	回馈效果	受资助学生参加志愿服务活动次数
		受资助学生参加感恩活动次数
		受资助学生毕业参加三支一扶等基层工作人数
		学生家庭对学生受资助及学生成长的满意度

相关指标解释请参照上一节的说明。

2. 评价方法

本部分依然可以采用模糊综合评价法来开展评价，但一方面为了向读者介绍更多的方法，另一方面该部分定性指标与定量指标相互掺杂，故而采用云模型进行评价。云模型的优势在于不仅仅考虑指标本身的模糊性，还能够解决指标所携带的随机性对评价结果的影响。

(1) 云模型简介。

设 A 为在论域 $U=\{x\}$ 上的一个定性的概念，其有严格的数字表达。$x \in U$ 作为概念 A 的一阶随机实现，对任何元素 x 都存在一个有稳定趋势的随机数 $u \in [0, 1]$，我们称之为 x 对 A 的从属程度，而 u 在 U 上的分布被称作从属云，简称为云。云是由很多云滴构成的，所以 (x, u) 就是其中的一颗云滴。在定义中，论域 U 可分为一维和多维两种情况。

不确定性具有两个最根本的特性，即随机与模糊。对于具有随机不确定性的事件，我们可以利用随机数学进行分析；同时，我们也可以利用概率来定量地描述事件的随机性。如果一个概念没有一个清晰的意义，或者没有一个清晰的量化边界，那么它自身的模糊性就会显现出来。

随机与模糊性通常相互关联，难以分辨，但却各自独立存在。而云模型则基于随机与模糊数学，利用三种数字特征，将语言价值中的随机性与模糊性联系在一起，体现了定性概念的量化特征。

期望 Ex：是指云滴在数域中的分布情况，它可以用来描述云滴的性质，也可以用来描述云滴的重心位置。

熵 En：是一种对定性概念进行不确定性测量的方法。在概率理论中，熵的统计量为标准偏差，而在模糊集合中，熵则代表着概念 A 所认可的云滴群域的大小，称为模糊度，反映了模糊性与随机性之间的关系。

超熵 He：是一种测量熵的不确定性的方法。它用来描述云的凝聚性和云的厚度。云滴的分散性和云的厚度随超熵的增大而增大，反之则随超熵的减少而减少。图 8-7 表示了云的三个数字化特性。

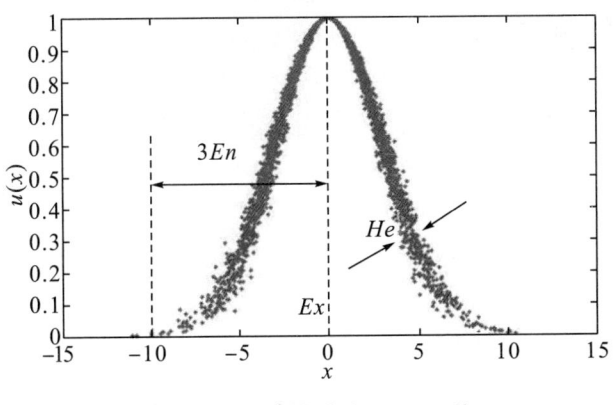

图 8-7 二阶云 C (0, 3, 0.2)

(2) 云模型的类别。

正态云模型：在实际应用中，人们对云图的期望值均符合正态或半正态分布。正态云中的任一种元素在论域空间上的分布基本上服从正态分布，其定义为：若 x 满足 $x \sim N(Ex, En'^2)$，其中 $En' \sim N(En, He^2)$，对于定性概念 A 的确定度满足 $u_a(x) = e^{-\frac{(x-Ex)^2}{2En'^2}}$，则这个云在整个论域中的分布被称为正态云模型。其模式可分为三类：完全云、左边一半云和右边一半云。完全云表达的是一种性质上的完全云，半云表达的是一种性质上的单边性质。

衍生云模型：正态云模型虽然适用范围很广，但也不能完全适用于不同的场景，特别是在不同的场景下。派生云模式是指在常规云模式的基础上，通过添加一些或几个参数，按照不同的应用目的，产生各种形式的云模式。当云具有非对称性时，其中心不能只有一个数值，而必须包括一些在论域中的元素，从而产生了诸如 Γ 云，三角云，梯形云等各种不同的衍生云模式。

(3) 云发生器。

云发生器是一种云生的算法。在该模式下，由一个云发生器完成从定性到定量的数字转化。云生成器可分为两类，一类是将一个定性的概念转化为一个定量的数据，另一类是将一个定量的数据转化为一个反向的数据。

(4) 虚拟云。

虚拟云能计算相同或不同子云的数值特性，从而构造一个新云，包括浮动云和综合云两种。记 $(T_1, T_2, \cdots, T_n)$ 为各个基云，其中基云 T_i 可以用三个数字特征 (Ex_i, En_i, He_i) 表示，通过对基云 T_i 的计算可以得到新云 T，新云 $T(Ex, En, He)$ 就是虚拟云。

浮动云：在确定双子云模式的数字化特性后，通过人工设定双子云模式的期望值，将双子云按照线性缺省条件转化为新的双子云，称为浮动云。根据两个子云的数值特性，分别求出浮云的熵和超熵，其数值特性表达式如下：

$$\begin{cases} Ex = u \\ En = \dfrac{Ex_2 - u}{Ex_2 - Ex_1} \times En_1 + \dfrac{u - Ex_1}{Ex_2 - Ex_1} \times En_2 \\ He = \dfrac{Ex_2 - u}{Ex_2 - Ex_1} \times He_1 + \dfrac{u - Ex_1}{Ex_2 - Ex_1} \times He_2 \end{cases}$$

在论域空间中，如果出现了概念或规则冗余的问题，可以使用浮动云来处理，对于没有被定性概念所覆盖的空白处，浮动云会自动产生虚拟语言值，从而实现知识的表达和归纳。

综合云：不同于浮动云，它是一种由两个或多个同一种基云组成的高阶云系，但它的个数是根据所有基云的个数来计算的。

① 两朵子云的综合云。

若有两朵子云 C_1（Ex_1，En_1，He_1），C_2（Ex_2，En_2，He_2），其中 $Ex_1 < Ex_2$，将子云综合得到一个综合云 C（Ex，En，He）。

两朵相离子云的综合云的生成：当左右两朵子云相距较远时，即 $C_1 \cap C_2 = \emptyset$，有 $|Ex_2 - Ex_1| > 3|En_2 - En_1|$ 成立，则生成的综合云 C（Ex，En，He）的各数字特征计算公式如下：

$$\begin{cases} Ex = [(Ex_1 + 3En_1) + (Ex_2 - 3En_2)]/2 \\ En = \max\{(Ex - Ex_1)/3, (Ex_2 - Ex)/3\} \\ He = \sqrt{He_1^2 + He_2^2} \end{cases}$$

理论上，左云和右云之间的中间点为合成云的数学期望值，而合成云的熵能要求合成云的论域能完全覆盖前面两个子云的期望值，因为两个子云之间的距离很大，所以合成云只能覆盖期望值。

两朵相交子云的综合云的生成：当左右两朵子云存在交点，即 $C_1 \cap C_2 \neq \emptyset$ 时，有 $|Ex_2 - Ex_1| < 3|En_2 - En_1|$，则生成的综合云 C（Ex，En，He）的各数字特征计算公式如下：

$$\begin{cases} Ex = \dfrac{Ex_1 \times En_1 + Ex_2 \times En_2}{En_1 + En_2} \\ En = \max\{En_1 + (Ex - Ex_1)/3, En_2 + (Ex_2 - Ex)/3\} \\ He = \sqrt{He_1^2 + He_2^2} \end{cases}$$

理论上，两个云模式之间的相交点可被视为合成云的期望值，且合成云的论域应充分涵盖前两个子云的所有论域。

② 多朵子云的综合云的生成。

同型子云（基云）有两个或更多的同型云聚合体，形成合成云，其实质就是多种定性概念的合成。杜湘瑜于2008年提出了一种集成的云技术，通常情况下，当有几个云时，它的数字特性的计算公式是：

$$Ex = \frac{Ex_1 En_1 + Ex_2 En_2 + \cdots + Ex_k En_k}{En_1 + En_2 + \cdots + En_k}$$

$$En = En_1 + En_2 + \cdots + En_k$$

$$He = \frac{He_1 En_1 + He_2 En_2 + \cdots + He_k En_k}{En_1 + En_2 + \cdots + En_k}$$

一般而言，子云云模型期望曲线的交叉点的平均值是期望的确定原则，综合后的云模型的论域要覆盖合并前所有子云期望曲线所覆盖的论域是熵的确定原则。

（5）云重心法评价。

① 基本思想。

云重心评估法是近年来发展起来的一种新型评价方法。云模式三大数字化特征之一，其重心位置一般由描述概念信息中心值的期望值来描述，而随着期望值的变化，其与理想重心的偏离度也会相应地发生变化，因而可以用期望值来衡量实际情况下的重心偏离度。

② 方法步骤。

步骤1：指标集的云模型表示。

在对被评对象的评价中，将其划分为两类，一类是质的，一类是量的。在抽取了 n 组样本后，具有准确数值的指数的云模型可以被表达为：

$$Ex = (Ex_1 + Ex_2 + \cdots + Ex_n)/n$$

$$En = [\max(Ex_1, Ex_2, \cdots, Ex_n) - \min(Ex_1, Ex_2, \cdots, Ex_n)]/6$$

语言类型的定性指标，其云模型可以表示为：

$$Ex = (Ex_1 Ex_1 + Ex_2 Ex_2 + \cdots + Ex_n En_n)/(En_1 + En_2 + \cdots + En_n)$$

$$En = (En_1 + En_2 \cdots + En_n)/n$$

步骤2：确定评语集的云模型。

在论域上，利用黄金分割的思想来决定评价集的云模式，其基本思路是：每个语言变量的语言值都可以被表达为一个云，并且相邻的云熵和超熵的大小是其大小的 0.618 倍。由若干专家确定语言指标的评价集为 $H = \{H_{-2} = 差, H_{-1} = 一般, H_0 = 中等, H_1 = 良好, H_2 = 优秀\}$，规定评价集所对应的数域为 $[X_{\min}, X_{\max}]$，在评价集中，每一条评语都将数域划分为若干个小的区间，按照黄金分割法，构造出具有5种语言值的云图，该云图具有如下的数字特征：

$$Ex_{-2} = X_{\min} \qquad En_{-2} = En_{-1}/0.618$$

$$Ex_{-1} = Ex_0 - 0.382(X_{\min} + X_{\max})/2 \qquad En_{-1} = 0.382(X_{\max} - X_{\min})/6$$

$$Ex_0 = (X_{\min} + X_{\max})/2 \qquad En_0 = 0.618 En_1$$

$$Ex_1 = Ex_0 + 0.382(X_{\min} + X_{\max})/2 \qquad En_1 = 0.382(X_{\max} - X_{\min})/6$$

$$Ex_2 = X_{\max} \qquad En_2 = En_1/0.618$$

其中超熵 He 由专家给定，$He_{-1} = He_1 = He_0/0.618$，$He_{-2} = He_2 = He_1/0.618$。

步骤3：系统云重心的度量。

假定评估指数体系中存在 p 个指标，那么具有 p 个指标的云模式就构成

了一个 p 维云 $T = (T_1, T_2, \cdots, T_p)$，其中 $T_i = a_i \times b_i$，$a = (Ex_1, Ex_2, \cdots, Ex_p)$ 表示为云的位置，$b = [b_1, b_2, \cdots, b_p]$ 表示为云的高度，$b_i = \omega_i \times 0.317$，$\omega_i$ 为指标权重。当系统发生改变时，云的状态和重心也会相应地改变。

步骤4：理想状态下云重心的度量方法。

假设云在理想状态下的位置向量为 $\boldsymbol{a}^0 = (Ex_1^0, Ex_2^0, \cdots, Ex_p^0)$，云的高度为 $\boldsymbol{b} = [b_1, b_2, \cdots, b_p]$，其中 $b_i = \omega_i \times 0.317$，$\omega_i$ 为指标权重，则理想状态下云的状态可表示为 $\boldsymbol{T}^0 = (T_1^0, T_2^0, \cdots, T_p^0)$，云的位置可以表示为 $T_i^0 = a_i^0 \times b_i$。

步骤5：云重心的归一化处理。

归一化的云重心向量 $\boldsymbol{T}^G = (T_1^G, T_2^G, \cdots, T_p^G)$ 可以用来度量现实和理想两种状态下的云重心的差异情况，归一化公式如下：

$$T_i^G = \begin{cases} (T_i - T_i^0)/T_i^0, & T_i < T_i^0 \\ (T_i - T_i^0)/T_i, & T_i \geq T_i^0 \end{cases}$$

步骤6：确定各个指标的权重。

在多指标综合评价中，指标权重的科学性与合理性直接关系到评价结果的准确性与可靠性。当前，对属性进行权重的确定，主要有两种方式，一种是主观赋权，另一种是客观赋权，但这两种方式都有其局限性。为了让属性的权重能够达到主客观的统一，此处将层次分析法和熵权法的优点和不足之处进行了对比，采用一种将主客观结果相结合的组合赋权法来确定指标的权重。在层次分析法中，各个指标的权重被记为 ω_i^a，熵权法中，各个指标的权重被记为 ω_i^e，那么，以组合权重法来确定各个指标的权重的计算公式如下：

$$\omega_i = \frac{\omega_i^a \cdot \omega_i^e}{\sum_{i=1}^{p} \omega_i^a \cdot \omega_i^e}$$

步骤7：加权偏离度的确定。

在云模型中，借用加权偏离度 θ 来衡量现实状态下和理想状态下的云重心偏离程度，θ 的取值在 [0, 1] 之间，其值越小，表示云目前所处的状态越接近于理想状态。权重偏差可由以下公式推导出来：

$$\theta = \sum_{i=1}^{p} (\omega_i \times T_i^G)$$

步骤8：确定评测结果。

通过将评论集内五条评论的云模型放在一系列的语言标尺上，构成一个定性评论的云生成器,并通过权重偏差值 θ 的输入,实现对被评论目标的评价。

(6) 改进的评价方法

合成云的产生是两个或多个同型子云(基云)到更高阶的父云的跳跃,通过对较低阶的概念进行融合,形成更高阶的合成云,提升了概念的抽象程度。一般而言,父云的预期以两个子云的预期曲线相交的平均为准则,而熵值则以合成后的云的预期曲线相交为准则。然而,杜湘瑜等人提出的合成云算法,尽管合成云的期望值和熵值都满足一定的准则,但其缺点在于:合成云的论域只涵盖了所有子云期望值,而其论域却比所有子云的论域要大得多,这就增加了对合成云的定性定义的不确定性,也就是定性定义的模糊、随机性增加,从而降低了合成云的可信度。

由三个数字特性组成的改进方法,其计算公式如下:

$$\begin{cases} Ex = \dfrac{Ex_1 \times En_1 + Ex_2 \times En_2 + \cdots + Ex_k \times En_k}{En_1 + En_2 + \cdots + En_k} \\ En = \max\{En_1 + |Ex - Ex_1|/3, En_2 + |Ex - Ex_2|/3, \cdots, En_k + |Ex - Ex_k|/3\} \\ He = \dfrac{He_1 \times En_1 + He_2 \times En_2 + \cdots + He_k \times En_k}{En_1 + En_2 + \cdots + En_k} \end{cases}$$

综合云的数值特性可以用下面的公式来表示:

$$\begin{cases} Ex = \dfrac{\omega_1 Ex_1 En_1 + \omega_2 Ex_2 En_2 + \cdots + \omega_k Ex_k En_k}{\omega_1 En_1 + \omega_2 En_2 + \cdots + \omega_k En_k} \\ En = \max\{En_1 + |Ex - Ex_1|/3, En_2 + |Ex - Ex_2|/3, \cdots, En_k + |Ex - Ex_k|/3\} \\ He = \dfrac{\omega_1 He_1 En_1 + \omega_2 He_2 En_2 + \cdots + \omega_k He_k En_k}{\omega_1 En_1 + \omega_2 En_2 + \cdots + \omega_k En_k} \end{cases}$$

(7) 改进方法的评价步骤

① 指标与指标集云模型的确定。

本节的指标体系已在前文列出,包括一级指标1个,二级指标3个,三级指标10个。对于收集到的数据,每个三级指标都可以用10个评语语言值的云模型来表示,那么,第 i 个一级指标的第 j 个二级指标的云模型如下:

$$Ex_{ij} = (Ex_1 Ex_1 + Ex_2 Ex_2 + \cdots + Ex_{10} En_{10})/(En_1 + En_2 + \cdots + En_{10})$$
$$En_{ij} = (En_1 + En_2 + \cdots + En_{10})/10$$

② 评价集云模型的确定。

评价集设定为 $H = \{H_{-2} = 差, H_{-1} = 一般, H_0 = 中等, H_1 = 较好, H_2 = 好\}$,评价集所对应的数域定为 $[0, 100]$,形成5个语言值的云模型,见表8−22。

表 8-22　各语言值评语的云模型数字特征

评价集	差	一般	中等	较好	好
数域区间	[0, 20]	[20, 40]	[40, 60]	[60, 80]	[80, 100]
Ex	0	30.9	50	69.1	100
En	10.31	6.37	3.93	6.37	10.31

③ 云重心的确定。

记第 i 个一级指标的第 j 个二级指标的云模型和指标权重为 $C_{ij}(Ex_{ij}, En_{ij}, He_{ij})$ 和 ω_{ij}，第 i 个一级指标的云模型记为 $C_i(Ex_i, En_i, He_i)$，则通过二级指标的云模型和改进的综合云技术，分别得到育人效果和成才效果的云模型：

$$\begin{cases} Ex_i = \dfrac{\omega_{i1}Ex_{i1}En_{i1} + \omega_{i2}Ex_{i2}En_{i2} + \cdots + \omega_{i3}Ex_{i3}En_{i3}}{\omega_{i1}En_{i1} + \omega_{i2}En_{i2} + \cdots + \omega_{i3}En_{i3}} \\ En_i = \max\{En_{i1} + |Ex_i - Ex_{i1}|/3, En_{i2} + |Ex_i - Ex_{i2}|/3, \cdots, \\ \qquad\quad En_{i3} + |Ex_i - Ex_{i3}|/3\} \\ He_i = \dfrac{\omega_{i1}He_{i1}En_{i1} + \omega_{i2}He_{i2}En_{i2} + \cdots + \omega_{i3}He_{i3}En_{i3}}{\omega_{i1}En_{i1} + \omega_{i2}En_{i2} + \cdots + \omega_{i3}En_{i3}} \end{cases}, i = 1, 2$$

回馈效果的云模型为：

$$\begin{cases} Ex_4 = \dfrac{\omega_{41}Ex_{41}En_{41} + \omega_{42}Ex_{42}En_{42} + \cdots + \omega_{44}Ex_{44}En_{44}}{\omega_{41}En_{41} + \omega_{42}En_{42} + \cdots + \omega_{44}En_{44}} \\ En_4 = \max\{En_{41} + |Ex_4 - Ex_{41}|/3, En_{42} + |Ex_4 - Ex_{42}|/3, \cdots, \\ \qquad\quad En_{44} + |Ex_4 - Ex_{44}|/3\} \\ He_4 = \dfrac{\omega_{41}He_{41}En_{41} + \omega_{42}He_{42}En_{42} + \cdots + \omega_{44}He_{44}En_{44}}{\omega_{41}En_{41} + \omega_{42}En_{42} + \cdots + \omega_{44}En_{44}} \end{cases}$$

则系统现实状态下的云模型可以用三个一级指标构成的三维云 $T = (T_1, T_2, T_3)$ 表示，其中 $T_i = Ex_i \cdot \omega_i \cdot 0.317(i = 1, 2, 3)$，$\omega_i$ 是指标权重。

④ 加权相似度的确定。

余弦相似度

使用余弦相似性法度量系统在真实状态下的云重心向量与每个评价等级云重心向量的相似度，即

$$sim(\vec{T}, \vec{T}^{0t}) = \cos\theta = \frac{\vec{T} \times \vec{T}^{0t}}{|\vec{T}||\vec{T}^{0t}|} = \frac{\sum_{i=1}^{4} T_i \times T_i^{0t}}{\sqrt{\sum_{i=1}^{4}(T_i)^2} \times \sqrt{\sum_{i=1}^{4}(T_i^{0t})^2}}, t = 1, 2, \cdots, 5$$

欧氏距离

在实际情况下,使用欧氏距离法则来度量云重心矢量到各个评估级别的云重心矢量之间的距离,表示为:

$$dist(\vec{T},\vec{T^{0t}}) = \sqrt{\sum_{i=1}^{4}(T_i - T_i^{0t})^2}, t = 1,2,\cdots,5$$

⑤ 指标等级确定。

使用加权相似度 φ,也就是满足系统实际状况下,云重心与5个评价等级云重心之间相似性最大,距离最小的评价集云,就是被评对象的评价等级。其中,λ 是权重因子,取 $\lambda \in [0,1]$,那么,加权相似度 φ 的计算公式是:

$$\varphi = \lambda sim(\vec{T},\vec{T^{0t}}) + (1-\lambda)\frac{1}{dist(\vec{T},\vec{T^{0t}})}, t = 1,2,\cdots,5$$

⑥ 样本数据的搜集和处理。

本实验对S大学36名家庭经济困难毕业生发放问卷,共回收问卷12份,其中有效问卷10份。

本研究通过综合层次分析法和熵权法的组合权重法,确定二级指标的权重见表8-23。

表8-23 二级指标权重

一级指标	权重	二级指标	权重
育人效果	0.38	受资助学生在校期间所获省级以上奖项数	0.17
		受资助学生毕业考研率	0.36
		受资助学生毕业就业率	0.47
成才效果	0.35	受资助学生毕业偿还助学贷款比例	0.28
		受资助学生的人生规划意识	0.39
		资助育人工作师生满意度	0.33
回馈效果	0.27	受资助学生参加志愿服务活动次数	0.19
		受资助学生参加感恩活动次数	0.23
		受资助学生毕业参加三支一扶等基层工作人数	0.31
		学生家庭对学生受资助及学生成长的满意度	0.27

在回收的问卷调查中,我们得到了每一项第二级语言价值指数的10套评语。在此基础上,提出了一种新的评价方法,并对评价结果进行了分析,提出了一种基于评价结果的评价方法,见表8-24。

表 8－24　各级指标评语数据

	目标层				
Ex	71.52				
En	25.46				
一级指标	D1	D2	D3	D4	D5
Ex	81.96	70.94	62.42	88.10	90.73
En	15.02	14.24	22.99	17.06	8.49
二级指标	D6	D7	D8	D9	D10
Ex	92.03	90.99	93.53	76.40	54.96
En	6.82	8.73	9.13	6.67	4.91

⑦加权相似性度量。

度量系统的云重心：在评估指标体系中，有3个一级指标，它们组成了一个3维的云 $T=(T_1,T_2,T_3,T_4)$，其中 $T_i=a_i\times b_i$，则云重心见表8－25。

表 8－25　云重心

	a	b	T
云重心	(81.96, 70.94, 62.42, 88.10)	(0.0495, 0.0808, 0.1099, 0.0767)	(4.053, 5.734, 6.866, 6.759)

各评价集状态下的云重心：评价集设定为 $H=\{H_{-2}=差,H_{-1}=一般,H_0=中等,H_1=良好,H_2=优秀\}$，第 t 个语言值评语的云状态表示为 $T^{0t}=(T_1^{0t},T_2^{0t},T_3^{0t})$，$t=1,2,3,4,5$，且云的位置可以用 $T_i^{0t}=a_i^{0t}\times b_i^{0t}$ 表示，其中 $a^{0t}=(Ex_1^{0t},Ex_2^{0t},Ex_3^{0t})$，则每个语言值评语的云的位置见表 8－26。

表 8－26　语言值评语的云的位置

评价集	a^{0t}	b^{0t}	T^{0t}
差	(0, 0, 0, 0)	(0.0495, 0.0808, 0.1099, 0.0767)	(0, 0, 0, 0)
一般	(30.9, 30.9, 30.9, 30.9)	(0.0495, 0.0808, 0.1099, 0.0767)	(1.528, 2.498, 3.399, 2.371)

续表

评价集	a^{0t}	b^{0t}	T^{0t}
中等	(50, 50, 50, 50)	(0.0495, 0.0808, 0.1099, 0.0767)	(2.472, 4.043, 5.5, 3.836)
较好	(69.1, 69.1, 69.1, 69.1)	(0.0495, 0.0808, 0.1099, 0.0767)	(3.417, 5.586, 7.601, 5.301)
好	(100, 100, 100, 100)	(0.0495, 0.0808, 0.1099, 0.0767)	(4.945, 8.084, 10.999, 7.671)

评价结果：根据云模型的度量，学校资助育人评价的目标层数学期望为71.52，归属于论域区间[60，80]之间，通过对评价集合的论域区间的分析，得出该方法的评价值接近于"良好"，从而得出该方法的结论是"良好"。通过对系统云重心与评价集云重心的余弦相似度、欧氏距离以及加权相似度进行分析，我们可以发现，系统云重心与每一个评价集云重心的余弦相似度都是差不多的，而且都是接近1的。因此我们可以得出，系统云模型与评价集云模型在方向上是一致的，不存在显著的差别。但是，当用距离来衡量其差别时，系统云重心向量与良好云重心向量的距离是最小的，而且良好状态云重心与系统云重心的加权相似度是最大的，因此，我们可以将评价等级判定为良好。

第三节 结 论

本章讨论育人成效精准的成才型资助育人体系，尤其是研究如何对该体系下采取的资助措施和该体系实施的成效开展评价。

第一部分：在现有学说的基础上，通过调研厘清了大学生成才的基本概念以及新时代学生成才的基本要求，在此基础上归纳表征大学生成才的指标体系，并采用层次分析法对大学生成才度开展综合评价；其次以S大学为例，阐述了成才型资助的内涵、措施；然后在前两项工作的基础上，对标大学生成才达成度采用人工神经网络和层次分析法融合的方法，构建数学模型对成才型资助育人工作进行了评价，形成了一套较为完成的有理念、有措施、有评价、有反馈的知识体系。

第二部分：在调研CIPP资助育人有效性评价模型指标体系的基础上，分为主观和客观两个维度对资助育人的有效性开展了评价。采用模糊综合评价方法从环境、资源和过程方面进行了客观维度的评价；采用云模型从绩效表现方面进行了主观维度评价。通过评价实验，充分说明了方法的有效性。

总的来说，本章以构建成才型资助育人体系以及提出其评价模型为中心命题，分别探究了该命题中隐藏的逻辑核心，一一进行了研究阐述。运用量化评价的思想，构建数学评价模型并运用该模型进行了实例验证，一方面给出了对S大学成才型资助育人工作的评价，另一方面说明了模型的可实施性。

参考文献

[1] 梁红军. 德育视野下的高校资助育人体系研究 [D]. 赣州：赣南师范学院，2010.
[2] 财政部 教育部. 关于印发《高等学校毕业生学费和国家助学贷款代偿暂行办法》的通知 [Z]. 财教〔2009〕15 号.
[3] 财政部 教育部. 关于印发《高等学校学生应征入伍服义务兵役国家资助办法》的通知 [Z]. 财教〔2013〕236 号.
[4] 刘占平. 脱贫攻坚中高校学生精准资助的育人体系探讨 [J]. 科教文汇（上旬刊），2020（11）：21－22.
[5] 习近平. 决胜全面建成小康社会 夺取新时代中国特色社会主义伟大胜利——在中国共产党第十九次全国代表大会上的报告 [M]. 北京：人民出版社，2017.
[6] 庞宇宏. 高校家庭经济困难学生精准认定研究 [D]. 郑州：河南大学，2018.
[7] 马艳梅. 高校家庭经济困难学生有偿资助价值研究 [D]. 西安：长安大学，2016.
[8] 中华人民共和国教育部. 践行资助育人理念 促进学生全面发展——教育部召开高校资助育人工作座谈会 [EB/OL]. [2016－07－28]. http：//www.moe.gov.cn/jyb_xwfb/gzdt_gzdt/moe_1485/201607/t20160728_273235.html.
[9] 徐子欣. 高校学生资助育人功能研究 [D]. 成都：四川师范大学 2016.
[10] 周学增，张敬杰，肖德成. "三全育人"视域下高校资助育人工作体系创新研究 [J]. 文化创新比较研究，2021，5（01）：38－40.
[11] 谢云. "立德树人"新形势下高校精准资助育人机制的探索 [J]. 文化创新比较研究，2019，3（31）：16－17.
[12] 马克思恩格斯全集（第三卷）[M]. 北京：人民出版社，1995.
[13] 段玉青. 大学生资助的思想政治教育功能研究 [D]. 武汉：湖北大学，2017.
[14] 陈玥. 论大学生资助工作的育人功能 [D]. 重庆：西南大学，2012.
[15] 马克思恩格斯选集（第一卷）[M]. 北京：人民出版社，1995.
[16] [美] 马斯洛：人性能达的境界 [M]. 昆明：云南人民出版社，1987.
[17] 王传旭. 论高等教育成本分担与学生资助的关系 [J]. 淮南工业学院学报（社会科学版），2002（04）：1－6.
[18] 杨广锐. 教育成本分担机制下助学贷款风险管理研究 [D]. 石河子：石河子大学，2020.
[19] D. 布鲁斯·约翰斯通，李红桃，沈红. 高等教育成本分担中的财政与政治 [J]. 比

较教育研究，2002（01）：26-30.
[20] [英] 亚当·斯密. 郭大力，王亚南译. 国富论 [M]. 北京：商务印书店，2009.
[21] 穆勒，J. R.）. 政治经济学原理 上卷. [M]. 北京：商务印书馆，1991.
[22] 舒尔茨，吴珠华. 论人力资本投资 [M]. 北京：北京经济学院出版社，1990.
[23] 马晓强. "科尔曼报告"述评——兼论对我国解决"上学难，上学贵"问题的启示 [J]. 教育研究，2006（06）：29-33.
[24] 徐瑞，郭兴举. 文化资本理论视阈中的教育公平研究——皮埃尔·布迪厄的教育社会学思想摭拾 [J]. 教育学报，2011，7（2）：15-20.
[25] （瑞典）托尔斯顿·胡森. 国际教育百科全书 [M]. 中央教育科学研究比较教育研究室译），贵阳：贵州教育出版社，1991.
[26] 刘婷婷. 高校思想政治教育人文关怀研究 [D]. 太原：太原理工大学，2017.
[27] 武娜娜. 高校思想政治教育"三全育人"研究 [D]. 石家庄：河北师范大学，2020.
[28] 中共中央国务院关于打赢脱贫攻坚战的决定 [N]. 人民日报，[2015-12-08].
[29] 陈宝生. 进一步加强学生资助工作 [J]. 中国高等教育，2018（6）：4-5.
[30] 中华人民共和国教育部. 教育部 财政部关于认真做好高等学校家庭经济困难学生认定工作的指导意见 [EB/OL]. [2007-6-26]. http://www.moe.gov.cn/srcsite/A05/s7052/200706/t20070626_181382.html.
[31] 白雪秋，宋国兴. 社会经济学 [M]. 北京：中国经济出版社，2007.
[32] 中华人民共和国教育部. 教育部办公厅关于进一步加强和规范高校家庭经济困难学生认定工作的通知 [EB/OL]. [2017-01-09]. http://www.moe.gov.cn/srcsite/A05/s7505/201701/t20170122_295524.html.
[33] 中华人民共和国教育部. 教育部关于进一步加强高等学校学生资助工作机构建设的通知 [EB/OL]. [2006-05-10]. http://www.moe.gov.cn/s78/A04/s7051/201006/t20100608_181282.html.
[34] 中华人民共和国教育部. 中共教育部党组关于印发《高校思想政治工作质量提升工程实施纲要》的通知 [EB/OL]. [2017-12-05]. http://www.moe.gov.cn/srcsite/A12/s7060/201712/t20171206_320698.html.
[35] 中国教育. 发放国家助学贷款的"四定""三考核" [EB/OL]. [2002-02-10]. https://www.edu.cn/edu/gao_deng/gao_jiao_news/200603/t20060323_24486.shtml.
[36] 中华人民共和国教育部. 勤工助学（本专科生）[EB/OL]. [2015-08-10]. http://www.moe.gov.cn/jyb_xwfb/xw_zt/moe_357/jyzt_2015nztzl/2015_zt06/15zt06_gxzzzc/gxzz_bzks/201508/t20150810_199221.html.
[37] 孙晓彤. 高校研究生"三助"岗位工作的问题及其对策研究 [D]. 哈尔滨市：哈尔滨师范大学，2020.05.
[38] 四川新闻网. 高校学生应征入伍资助政策实现专本硕博全覆盖 [EB/OL]. [2018-08-02]. http://scnews.newssc.org/system/20180802/000895726.html.
[39] 西南石油大学. 西南石油大学学生临时困难补助管理办法 [EB/OL]. [2017-07-12]. https://www.swpu.edu.cn/xgb/info/1038/4594.htm.

[40] 西南石油大学. 西南石油大学"大学生爱心基金"管理章程 [EB/OL]. [2011-05-2]. https://www.swpu.edu.cn/xgb/info/1038/4581.htm.

[41] 西南石油大学. 关于做好 2020 年"圆梦基金"评审推荐的工作通知 [EB/OL]. [2020-09-29]. https://www.swpu.edu.cn/xgb/info/1035/13793.htm.

[42] 周洪嫒. 高校家庭经济困难学生心理调查及影响因素研究 [J]. 文化创新比较研究, 2020, 4 (25): 1-3.

[43] 刘晓强. 新时代大学生成才观存在问题及引导策略研究 [D]. 长春市: 长春理工大学, 2020.

[44] 曾汉君. 试论中华优秀传统文化中青年教育思想对青年成才的价值 [J]. 中共珠海市委党校珠海市行政学院学报, 2019 (04): 21-25.

[45] 武颖, 杨蔚. 马克思恩格斯的青年成长思想及其现实意义 [J]. 北京交通大学学报 (社会科学版), 2016, 15 (02): 137-141.

[46] 毕洪东. 习近平新时代青年思想的主要内容与基本逻辑 [J]. 青年发展论坛, 2019, 29 (02): 3-9.

[47] 杨珊珊. 中华优秀传统文化与青年价值观培育融合研究 [J]. 当代教育实践与教学研究, 2020 (06): 241-242.

[48] 吉喆, 崔艳龙, 杨弘. 论时代新人的时代意涵、现实困境与实践路向 [J]. 东北师大学报 (哲学社会科学版), 2020 (06): 125-131.

[49] 杨珊珊. 中华优秀传统文化与青年价值观培育融合研究 [J]. 当代教育实践与教学研究, 2020 (06): 241-242.

[50] 吴玉敏, 李福坤. 基于模糊层次分析法的高校青年教师职业能力评价 [J]. 现代职业教, 2021 (09): 102-103.

[51] 王云云. 基于发展型资助的高校资助育人体系建构探析 [J]. 教育财会研究, 2019, 30 (01): 85-88.

[52] 刘雨鑫. 贝叶斯网络及其应用研究 [D]. 成都: 西南石油大学, 2017.

[53] 唐业喜, 杨蔓红, 马艳. 基于 CIPP 模型的高校资助育人成效评价体系研究 [J]. 教育财会研究, 2020, 31 (03): 71-75.

[54] 唐业喜, 杨蔓红, 马艳. 基于 CIPP 模型的高校资助育人成效评价体系研究 [J]. 教育财会研究, 2020, 31 (03): 71-75.

[55] 梁博通. 基于 CIPP 模型的大学生社会实践育人成效评价体系研究 [D]. 北京: 华北电力大学, 2019.

[56] 吴玉敏, 李福坤. 基于模糊层次分析法的高校青年教师职业能力评价 [J]. 现代职业教育, 2021 (09): 102-10.

[57] 林旭旭. 云理论及其在教师能力评价中的应用 [D]. 成都: 西南石油大学, 2016.